배움이 없는 학교, 프레임을 바꿔라

배움이 없는 학교, 프레임을 바꿔라

(4차 산업혁명시대, 학교의 미래와 배움의 모든 것)

[행복한 교과서®] 시리즈 No. 32

지은이 ㅣ 이성대
발행인 ㅣ 홍종남

2017년 11월 15일 1판 1쇄 인쇄
2017년 11월 22일 1판 1쇄 발행

이 책을 만든 사람들
책임 기획 ㅣ 교육연구소 배움
북 디자인 ㅣ 김효정
교정 교열 ㅣ 주경숙
출판 마케팅 ㅣ 김경아

이 책을 함께 만든 사람들
종이 ㅣ 제이피씨 정동수 · 정충엽
제작 및 인쇄 ㅣ 다오기획 김대식 · 유재상

펴낸곳 ㅣ 행복한미래
출판등록 ㅣ 2011년 4월 5일. 제 399-2011-000013호
주소 ㅣ 경기도 남양주시 도농로 34, 부영e그린타운 301동 301호(도농동)
전화 ㅣ 02-337-8958
팩스 ㅣ 031-556-8951
홈페이지 ㅣ www.bookeditor.co.kr
도서 문의(출판사 e-mail) ㅣ ahasaram@hanmail.net
내용 문의(지은이 e-mail) ㅣ jungam@gmail.com
※ 이 책을 읽다가 궁금한 점이 있을 때는 지은이 e-mail을 이용해주세요.

ⓒ 이성대, 2017
ISBN 979-11-86463-28-4
〈행복한미래〉 도서 번호 059

배움이 없는 학교,
프레임을 바꿔라

| 이성대 지음 |

교육혁신, 어떻게 이룰 것인가?

"교육의 역할은 무엇일까?"

이 책을 선택한 당신이라면 식상할, 전혀 새로울 것 없는 질문을 던지고 시작해야겠다. 교육이 시대의 변화와 소명에 조응하는 것이어야 한다는 데 동의한다면, 교육의 역할에서 중요한 요소는 미래사회의 변화를 예측하고 이런 상황에 능동적으로 대응할 수 있는 학습시스템을 구축하는 것과 사회적 불평등을 개선하고 공공의 선을 위해 기여하는 시민을 기르는 것이라고 할 수 있을 것이다. 이것이 미래를 위한 투자로서의 교육이 필요한 이유다.

이제 인류는 4차 산업혁명의 소용돌이에 직면해 있다. 그 깊이도 범위도 알 수 없는 강력한 에너지 속으로 빨려 들어가느냐 아니면 그 힘을 타고 더 멀리 비약할 것이냐는 우리의 대응에 달려 있다. 전망은 불확실하다. 어쩌면 늦은 것인지도 모르겠다. 그러나 현재가 어찌됐든 변화는 피할 수 없는 대세이고, 우리 사회의 지속가능한 미래를 위해서는 교육개혁에 많은 것을 걸어야 하는 것이 현실이다. 지속가능성을 위한 교육개혁은 사회적 합의와 참여를 통해 이루어진다. 무상교육의 확대, 대학입시제도, 누리과정 등 교육과 관련된 우리 사회의 논쟁과 문제들은 쉽지 않다. 어느 하나 결론짓기 어렵고 선과 악으로 나누는 것도 불가능하다. 정치적 이해관계나 이념 차이를 극복하는 사회적 합의가 문제를 해결할 수 있는 출발점이 될 것이다. 이런 사회적 합의를 통해서 장기적으로 교육개혁을 추진하는 것이 현재 주어진 교육의 가장 중요한 과제이자 지속가능한 개혁을 보장할 수 있는 길이다.

시대의 변화는 인재상에 대한 재정의와 역량에 대한 재규정을 요구하고 있다. 그에 따라 대학입시제도도 상당히 변화해왔으며, 이것이 유초중고 교육에서 학생들의 다양한 가능성과 재능을 발굴할 수 있는 학생중심 교육에 관심을 촉발하는 계기가 되었다. 학교교육이 미래의 인재를 양성하고 국가의 지속적 발전에 기여하는 핵심적인 역할을 할 수 있도록 대학입시제도의 개선방향과 초중고 교육의 혁신을 지속할 수 있는 지원이 필요하다.

초중고 및 대학교육의 역할 못지않게 평생교육의 질적 전환 역시 요구된다. 미래사회의 특징은 급격한 변화와 예측 불가능한 사회라는 것이다. 이런 사회적 특징으로 수많은 직업이 생기고 소멸될 것이다. 따라서 직업은 고정된 것이 아니고 평생 수많은 직업과 일을 가져야 할 미래사회에서 평생학습의 중요성은 더욱 강조될 수밖에 없다. 대학의 평생교육 기능을 강화하는 정책적 고려가 필요하다. 학령인구의 대학 진학보다는 취업 후 대학 진학의 문호를 개방하고 문턱을 낮추는 제도적 접근을 고려해야 한다.

미래사회에서 학교의 모습은 크게 달라질 것이다. 학교의 벽을 넘어서 다양한 체험과 삶을 위한 학습이 이루어지게 될 것이다. 이러한 학교의 물리적 구조와 역할의 변화는 학교가 학교 밖의 자원을 충분히 활용할 수 있을 때 가능해진다. 현재 시행되고 있는 진로교육이나 중학교 자유학기제에서 문제로 지적되고 있는 것들도 활용할 수 있는 학교 밖의 인프라가 부족하기 때문이다. 이러한 인프라는 지역사회와 지자체가 학교 밖의 교육 및 돌봄에 대한 책임의식을 제고할 때야 가능해질 것이다.

교육개혁의 내용은 국가의 지속적인 발전과 생존을 위한 미래 교육의 가치와 방향을 설정하기 위한 핵심적인 정책이어야 한다. 그것은 과거 정책의 성과와 한계를 분석하고, 다른 국가의 교육개혁 과정과 성과로부터, 그리고 미래에 대한 면밀하고 합리적인 예측을 통해서 얻어지는 것일 때 올바른 효과를 기대할 수 있다.

지금까지 교육에 의미 있는 변화를 불러일으켰던 교육정책들의 특징은, 학력평가 점수를 높이기 위한 세부 정책이나 단기적인 사업들이 아니라 장기적이고 개선을 동반한 개혁과 참여, 그리고 교사들이 진정성을 갖고 주도한 시도들이었다. 당장 수업을 바꾸는 것보다 철학을 이해하고 교사들이 신념과 가치를 갖도록 하는 것이 우선되어야 한다. 그러기 위해서는 교육개혁의 철학과 방향이 학생들의 배움을 개선할 수 있다는 믿음을 주어야 하며, 교사들 스스로 개혁을 설계하고 실천할 수 있는 자율권을 주어야 한다. 교사들에게 전문가로서의 위상에 걸맞은 권한과 책임성을 부여할 때 가능한 일이다.

교육개혁을 추진할 때 자주 범하게 되는 오류는 무조건 성공한 사례를 따라하는 것인데 다른 나라의 교육개혁 사례를 참고한다고 해서 그대로 따라하는 것은 미련한 방법이다. 다른 국가의 성공적인 시스템을 그대로 이식한다고 제대로 작동하지는 않는다. 그 지역의 고유한 문화적 배경과 자원을 고려한 조화가 필요하다. 그러나 핵심적인 가치와 철학은 분명히 배울 것이 있다. 또 싱가포르나 핀란드처럼 작은 나라의 사례라고 해서 일방적으로 배격하는 것은 바람직한 자세가 아니다.

그들의 인구와 인종의 다양성은 우리나라 대부분의 시도교육청과 비슷하거나 더 높은 수준이라는 점을 잊지 말자. 현재 중요한 교육개혁 과제로 대두되고 있는 것이 유초중고 교육 부분을 교육부에서 시도교육청으로 이관하는 문제이다. 이것은 각 지역마다 각 학교마다 특색 있는 고유한 교육을 할 수 있는 기반을 만드는 첫걸음이다. 북유럽이나 싱가포르의 교육시스템은 충분히 우리에게 반면교사가 될 조건을 갖추고 있다.

기술의 발전을 어떻게 활용할 것인지에 대한 고민은 미래에 대한 면밀한 검토를 필요로 한다. 많은 학교와 교사들이 스마트폰의 사용에 대해 걱정하고 부정적인 태도를 보인다. 그러나 스마트폰은 이미 일상적인 문화다. 어떻게 유용하게 활용할 수 있는지를 가르치는 것도 학교의 역할이다. 금지와 통제만으로는 아무런 교육적 효과를 얻을 수 없다. 교사들은 이런 기술적인 활용에 전문가가 되어야 한다. 교육이 기술을 주도해야 한다.

스마트 환경을 이용하면 더 효율적으로 전통적 지식을 배울 수 있다. 적극적으로 활용하는 교사들이 아이들과의 소통과 관계에 더 적극적이고 밀접하다는 사례도 충분하다. 기술은 더 빠르게 놀라운 수준으로 발전할 것이다. 우리가 거부하고 부정한다고 해서 해결될 문제는 아니다. 이런 인류의 성과를 어떻게 교육에 적극적이고 유용하게 활용할 것인지를 고민해야 한다. 그것은 교육의 효과를 높일 뿐만 아니라 기술의 발전을 자신의 삶에 유용하게 활용할 수 있는 사람들을 길러내는 과정이 된다.

교육혁신을 위해서 무엇보다 중요한 것은 책임성이다. 책무성은 수동적 가치, 책임성은 능동적 가치이다. 책무성은 실패를 두려워하게 만들지만, 책임성을 강조하는 것은 실패를 두려워하기보다 실패로부터 교훈을 얻으려는 자세를 만든다. 책무성을 강조하면 안정적인 선택과 변화에 저항하는 자세를 불러오지만, 책임성을 강조하면 위험을 무릅쓰는 창의적인 도전을 가능하게 한다. 학교에서 아이들을 매일 만나고 그들의 생활에 영향을 미치는 것은 교장, 교감, 교사들이다. 이들은 아이들의 학습에 지속적이고 장기적이며 결정적인 영향을 미치는 주체다. 이 주체들이 자신들의 역할을 중요하고 의미 있게 인식해야 제도가 부여하는 책무를 다하는 역할에서 멈추는 것이 아니라 전문적으로 사고하고 책임감 있게 행동하게 될 것이다. 이런 인식의 전환이 이루어질 때 학교와 교사는 국가교육정책의 실행자가 아닌 학생들의 성장을 위해 끊임없이 연구하고 숙고하는 실천적 사상가가 된다.

밀레투스섬 출신의 탈레스는 이오니아의 첫 번째 과학자로서 인류의 문명에 위대한 진전을 가져온 인물이다. 탈레스는 '만물의 근원은 물이다'라고 주장한 것으로 유명한데 땅도 물 위에 떠 있다고 생각했다. 또한 탈레스는 일식을 예측하고 수학의 기하학적 방법으로 이집트에서도 가장 큰 피라미드라고 알려져 있는 쿠푸 왕의 대피라미드의 높이를 측정했다.

현대의 과학으로 보면 만물의 근원이 물이라는 것은 잘못된 생각이었지만 중요한 것은 사물과 현상을 설명할 때 신과 신화를 끌어들이지 않고 자연철학적인 새로운 사유의 길을 열었다는 점이다. 탈레스가 내린 결론의 옳고 그름은 큰 문제가 아니다. 탈레스에 와서 인간의 사유에 '아르케(arche)'가 등장하게 되는데 아르케는 '처음', '근원'이라는 뜻의 그리스어이며, 라틴어로는 '원리'를 뜻한다. 탈레스는 모든 사물의 근원에 대한 질문을 던진 최초의 과학자이며 그래서 서양 철학은 탈레스로부터 시작된다고 하는 것이다.

여기에서 우리는 배움이 무엇인지에 대한 근원적인 해답을 찾을 수 있다. 배움은 정확한 답을 얻는 것을 의미하지 않는다. 만물의 근원이 물이라는 탈레스의 주장은 명백히 틀린 것이지만 탈레스가 보여준 사물과 현상의 근원에 대해 의문을 가지고 질문하는 자세, 바로 그것이 배움이다. 비록 탈레스는 틀렸지만 그가 신과 신화를 배격하고 근원에 대한 질문을 던짐으로써 인간은 진리에 한 발짝씩 다가갈 수 있게 된 것이다. 이것은 우리가 아이들을 평가하면서 객관식 정답 찾기를 시키는 것이 얼마나 배움을 배신하는 행위인지를 잘 보여준다. 객관식 정답으로 보면 만물의 근원이 물이라고 한 탈레스는 0점짜리 답을 한 학습부진아이다. 그러나 논술형 문제에 대한 답으로 치면 충분히 높은 점수를 줄 수 있는, 그리고 학생부에 놀라운 사고력을 지닌 학습자로 기재할 수 있을 것이다.

그래서 탈레스가 유클리드에 앞서 유클리드 기하학을 증명했다는 따위의 업적은 그가 인류에게 제시한 근원과 원리에 대한 탐구 정신에는 비할 바가 아니다. 문제해결을 위한 그의 접근법 자체가 위대한 것이다. 세상과 자연현상은 신들의 계획에 의한 것이 아니라 사물들이 서로 영향을 주고받는 물리적 힘의 결과라는 생각은 당시 사고의 근본을 뒤흔드는 발상의 대전환이었다.

탈레스는 이론만이 아닌 실제 세상을 살아가는 지혜도 뛰어났다고 한다. 아마도 상업이 발달한 이오니아의 영향일 것이다. 탈레스와 관련한 일화에 올리브를 이용해서 큰 수익을 올린 이야기가 있다. 탈레스는 올리브 생산량이 급감한 다음 해에 올리브가 풍작이 들 것을 관찰하고 올리브 수확철 전에 미리 마을 사람들의 기름압착기를 빌려두었다. 예상대로 올리브가 풍작이 들자 기름압착기가 모자라게 되었고 탈레스는 비싼 값으로 기름압착기를 대여해 큰 돈을 벌 수 있었다. 이렇게 세상을 통찰하는 눈은 삶의 어느 곳에서나 지혜로 작동하게 된다.

이것이 미래사회를 살아갈 인류에게 배움이 왜 새삼스럽게 강조되어야 하는지에 대한 대답이 될 수 있을지도 모르겠다. 이 책에서는 제대로 배운다는 것은 무엇을 배우는 것이며 어떻게 배워야 제대로 된 배움이 일어나는지에 대해 이야기함으로써 교육개혁의 방향이 어떠해야 하는지에 대한 올바른 시각을 공유하고자 한다.

필자가 생각하는 올바른 배움에 대한 정의는 《논어》의 〈학이〉 편에 나오는 학즉불고(學則不固)로 간명하게 정리할 수 있을 듯하다. 배운다는 것은 자신의 협소한 사고의 완고함으로부터 자유로워져서 유연한 사고로 진리에 다가감을 의미한다는 내용이다. 올바른 배움은 사실을 기억하거나 정보를 많이 아는 것이 아니다. 인류와 자신의 무지를 인식하여 끊임없이 새로운 지식을 추구하고 정답이 아닌 해결책을 찾아가는 과정을 의미한다.

　　이미 정보기기에 다 기억되어 있는 죽은 지식을 암기하고, 정답 찾기 연습에 시간과 노력과 돈을 낭비하고 있는 우리의 교육이 새로운 시대를 위한 올바른 길을 찾기를, 그리고 그 길고 어려운 과정에서 이 책이 다함께 지혜를 모을 수 있는 단초가 되기를 바란다.

차 례

:1부:

'왜' 배움이어야만 하는가?

:3부:
'어떻게' 배울 것인가?

배움이 없는 학교,
프레임을 바꾸라

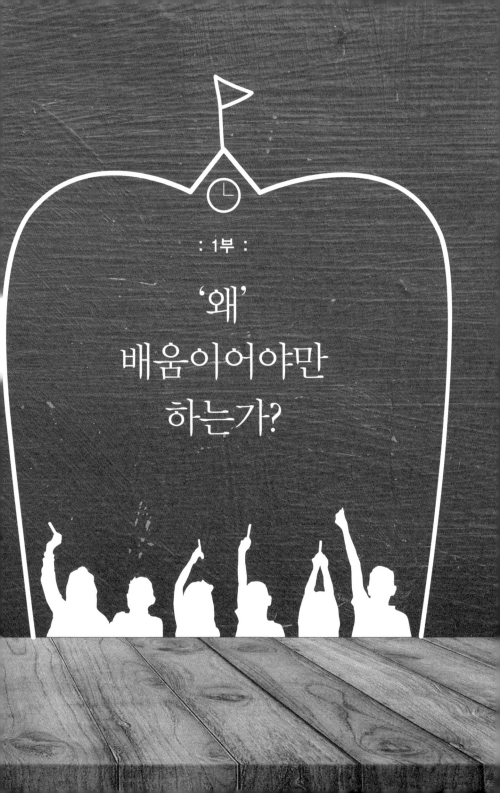

:1부:

'왜'
배움이어야만
하는가?

이.
미래, 과거가 닿지 못할 낯선 세상

이제 바야흐로 4차 산업혁명의 시대에 들어서긴 한 모양이다. 경제 분야에서만이 아니라 모든 분야에서 4차 산업혁명이란 말이 빠지지 않는다. 교육도 예외는 아니다. 그런데 아직까지는 모호한 개념이라 다들 한마디씩은 하지만 누구도 4차 산업혁명에 대한 분명한 상을 제대로 제시하지는 못하고 있는 듯하다.

어찌 보면 그 모호함은 당연한 것일지도 모른다. 미래란 정해져 있어서 그대로 실현되어 가는 것이 아니라 인간들의 도전에 의해서 만들어지는 것이기 때문이다. 미래학자들이 수많은 예견을 하지만 그대로 실현된 것은 별로 없는 것 같다. 전체적인 흐름이나 경향에 대한 전망은 들어맞기도 하지만 각론에서는 항상 그들의 상상을 뛰어넘는 것이 인류의 놀라운 능력임을 역사가 증명하고 있다.

휴대폰이 처음 나왔을 때 누구도 휴대폰이 지금처럼 다양하고 막강한 기능을 갖게 될 거라고 상상하지 못했다. 걸어 다니면서 통화할 수 있다니? 보행 중 통화만 할 수 있어도 엄청나다고 생각했었는데, 그 단순한 편리함과는 비교도 할 수 없는 놀라운 일들을 만들어낸 것이 인간이다. 단지 휴대폰만이 아니다. 모바일 환경이라는 새로운 플랫폼이 형성되자 그것을 활용한 여러 가지 비즈니스나 기술이 생겼고 그것들이 다시 다양한 기술로 분화되며 진화했다. 이것이 3차 산업혁명, 즉 디지털 정보화 시대의 전설이다. 이제 우리는 다시 4차 산업혁명을 이야기하고 있다. 4차 산업혁명의 시대 역시 지난 3차까지와 마찬가지로 커다란 흐름에 대한 줄기만 드러나고 있을 뿐이다. 지금은 상상도 하지 못하는 일들을 누군가는 만들어낼 것이다.

지금 우리는 4차 산업혁명의 시대라는 거대한 바다의 가장자리에 서 있다. 그 거대한 파도에 휩쓸려서 사라지고 말지 아니면 그 거대한 바다 한가운데로 항해해 나아갈 수 있을지는 우리의 선택과 대응에 달려 있다.

선택과 대응은 미래를 향해 있지만 그 출발은 과거로부터 시작된다. 3차 산업혁명의 시기에 디지털과 정보화라는 플랫폼이 주어지자 그 위에 올라타서 수많은 것들을 창조해낸 사람들은 누구일까? 그들은 어떤 사람들이고 그들은 어떤 선택을 했는지를 통해서 우리는 미래를 예측할 수 있다. 그것이 참된 배움을 고민하는 이 책의 시작을 4차 산업혁명에서 풀어나가는 이유이다. 다가오는 미래, 4차 산업혁명시대에서 배움은 단순히 지식을 머릿속에 보관하거나 많은 문제 유형을 익히는 것일 수 없다.

인류가 한 번도 경험하지 못한 새로운 문제가 우리 앞에 다가오게 될 것이다. 그러나 이것은 인류가 늘 경험해왔던 일이기도 하다. 유형이 다르기는 하지만 인간의 삶을 뿌리째 바꾸어 놓은 그런 시기를 우리는 '역사의 격변기'라고 부른다. 농경사회에서 처음 증기기관이 발명되었을 때 사람들이 받았을 충격은 지금 우리가 받고 있는 문화적 충격에 비해 절대 덜하지 않았을 것이다. 증기기관이 가져온 기술적, 경제적, 사회적 변화는 인간 사회에 수많은 문제를 야기했다. 그 문제들도 인류가 이전에는 한 번도 경험하지 못한 새로운 문제였다는 것에서 앞으로 우리가 경험하게 될 문제들과 다르지 않다. 그런 문제를 해결하고 새로운 기술과 사회의 발전을 이끌어내기 위한 끊임없는 도전 속에서 우리는 존재해왔고 존재하게 될 것이다. 그러나 '4차 산업혁명의 시대'로 불리게 될 가까운 미래, 아니 이미 현재이기도 할 사회는 이전과는 확연히 다른 특징을 가지고 있다는 점에서 과거와는 전혀 다르다고 할 수 있다.

그것은 4차 산업혁명시대가 가진 '복잡성, 속도, 모호함'이라는 세 가지 특징 때문이다. 과거의 사회에서도 이런 특성이 없었던 것은 아니다. 우리의 이전 세대에게도 세상의 변화는 정신을 빼놓을 정도로 빠르고 따라잡기 힘들만큼 복잡했었다. 그러나 4차 산업혁명시대에 경험하게 될 사회의 복잡함과 변화의 속도, 그리고 앞으로 벌어질 세상의 모호함은 과거의 사회와는 비교할 수 없을 정도로 전면적이고 급격하다는 특징이 있다. 그 급격한 변화는 기하급수적이라고 할 수 있을 만큼 엄청난 규모와 속도가 될 것이다.

이런 환경에서는 과거의 경험이 세상을 이해하고 문제를 해결할 수 있는 결정적인 요소가 되지 못한다. 과거의 경험이 전혀 필요 없다는 말은 아니지만 과거처럼 단순히 지식을 가지고 있는 것만으로는 문제 해결에 큰 역할을 하지 못할 것이다.

부동산 하나 없이 숙박업을 하고, 자동차 한 대 소유하지 않고도 택시사업을 하는 사회는 다른 방식으로 세상을 바라보았기 때문에 가능해진 결과다. 휴대폰의 발달은 통신사에게 무조건 유리할 것이라 생각했었지만 현실은 그렇게 간단하지 않았다. 아이폰의 등장은 휴대폰의 기능을 통화와 메시지 전달이라는 간단한 것에서 인터넷, 메신저, 게임, 음악과 동영상 감상 등으로까지 확대시켰다. 이것은 통신사의 속도경쟁을 가져왔고 메신저에 밀려서 문자를 무료로 서비스하는 손해를 감수하게 만들었다. 한 분야의 기술 발전이 다른 분야의 기업들에게도 영향을 미치고, 이들의 이해관계를 복잡하게 얽히게 만드는 결과를 가져온 것이다. 여러 이해관계가 얽히면서 변화의 속도는 더욱 빨라지고 가속화되는 특징을 보이게 된다. 이렇게 세상은 예상과는 전혀 다른 모습으로 진화하고 있으므로, 그 안에서 변화의 모습과 방향을 정확하게 읽어낼 수 있는 능력이 개인과 그 개인이 속한 사회의 생존을 위한 결정적인 요소가 된다.

매우 다양한 관계와 요인들이 복잡하게 얽혀서 빠르게 변화하는 경계를 구분할 수 없는 새로운 사회에서는 주어진 여건에서 문제를 제대로 이해하고 새로운 아이디어를 접목시킬 수 있는 능력이 필요하다. 그것도 일차원적인 한 단계 수준의 문제가 아닌 두 단계, 세 단계로 생각이 발전할 수 있어야 한다. 다른 방향에서 사물과 현상을 바라보는 새로운 시각이 필요하다. 분야와 분야의 경계를 넘는 통찰적 사고와 협력이 선택이 아닌 필수가 되었다.

그래서 배움이 달라져야 한다. 새로운 시대와 사회에 맞는 참된 배움이 개인과 우리 모두의 생존을 결정하게 될 것이다. 지금은 결코 빠른 시기가 아니다. 어쩌면 이미 늦었을지도 모른다.

02.
뉴노멀 시대, '더 열심히'는 미친 짓이다

부정하고 싶지만 우리나라의 전망은 밝지 않다는 것이 솔직한 평가다. 우리는 지금 성공한 경험의 저주에 빠져 있는 것인지도 모르겠다. 선진국이 수백 년에 걸쳐 이룬 산업화와 근대사회를 단 몇십 년 만에 이루어낸 성과가 앞으로도 유효할 것이라고 믿는 것은 솔직히 미친 짓이다. 이미 우리 사회는 저성장의 덫에 걸려 있다. 이전의 방식이 이제는 통하지 않는다. 그런데도 우리 기업과 사회는 지금까지와 똑같은 방법으로 더 열심히 하면 잘 될 것이라고 믿는 것 같다. 대기업 위주의 산업구조, 저임금 장시간 노동, 노동과 자본투입 중심의 경제성장 정책 등 과거에 놀라운 경제성장의 원동력이 되었던 방법에서 벗어나지 못하는 한 우리 사회는 성장과 도약은 커녕 도태의 길을 걷게 될지도 모른다는 위기감은 결코 기우가 아니다. 대기업보다는 강한 중소기업, 창의적인 인재들이 도전적으로 새로운 기술과 비즈니스를 창출하고 성장시킬 수 있어야 우리의 성공이 지속될 수 있다. 핵심은 사람이고, 그런 사람을 길러내는 것이 교육이다.

이런 점에서 교육은 매우 중요한 역할을 기대 받고 있다. 그래서 교육개혁은 시대적 과제다. 그러나 4차 산업혁명시대의 교육개혁을 이야기하면서 우리는 여전히 과거의 사고에 갇혀 있다. 새 정부가 혁신학교를 전국적으로 확산하겠다는 정책을 내놓은 것은 과거의 사고에서 벗어나지 못했다는 반증이다. 이제 혁신학교의 철학도 낡은 것이 되었다. 그것을 뛰어넘는 새로운 사고가 나와야 한다. 그것이 혁신학교, 혁신교육의 철학을 이어나가고 발전시키는 길이라는 것을 이해하지 못하면 교육을 통한 미래사회의 준비는 헛된 꿈이 될 것이다.

혁신학교와 혁신교육이 나온 지 거의 10년이 되어 간다. 그동안 사회는 놀라운 속도로 바뀌고 있다. 혁신학교는 아이들과 배움이 밀려난 학교에 다시 아이들의 배움과 성장을 중심으로 되돌려 놓기 위한 학교문화 변혁 운동이었다. 그 당시에는 비정상적인 상황을 정상으로 되돌려 놓는 것만도 불가능해보일 정도로 학교와 교실의 붕괴가 심각한 상황이었다. 제대로 배울 수 있는 정상적인 교실과 학교, 이 당연한 것을 우리가 혁신이라고 불러야 했던 학교가 바로 혁신학교다. 물론 여전히 대한민국의 많은 학교들이 아직도 이 정상적인 상태에까지도 도달하지 못하고 있지만 이제는 학교에서의 배움에 전면적인 전환이 필요하다.

그것은 새로운 학교를 상상하고, 다양하고 새로운 교육적 시도를 의미한다. 왜? 아이들이 제대로 배워야 하기 때문이다. 아이들이 무엇을 배워야 하는지를 상상한다면, 어떻게 성장해야 하는지를 고민한다면 이제 현재의 학교 시스템을 기반으로 한 사고를 깨뜨려야 한다.

왜 지금 새로운 배움을 이야기해야 하는지 이해하려면 과거에 대한 이야기를 하지 않을 수 없다. 과학이 인간의 눈에서 장막을 걷어내기 전에는 이 세상은 신의 세계였다. 자연현상에 대해 제대로 이해하지 못하던 시기에는 자연현상은 경이롭고 두려운 대상이었다. 자연현상은 신의 뜻이자 신의 행위로 설명되었다. 그러나 수천 년 동안 인간의 인식을 지배하던 종교적 세계관이 무너지고 자연과학이 그 권위를 대체하면서 우리는 점점 더 분석적으로 세계를 이해하려고 시도했다. 그것이 현재 학문의 체계이고, 그에 따라 현재 교과의 구분이 형성되었다. 그러나 암흑 속에 가려진 세상의 본 모습을 밝은 빛으로 이끌 것이라 믿었던 과학적 분석방법으로도 더 이상 세계를 이해할 수 없는 한계에 부딪쳤다. 모든 학문을 더 잘게 쪼개고 더 세분화해서 세상을 분석하려는 시도는 커다란 벽에 부딪친 것이다. 새로운 방법이 필요해졌다. 그래서 통섭과 융합이 새로운 대안으로 떠오르고 있는 것이다.

이것은 아이들의 배움이 바뀌어야 함을 이야기하고 있다. 이제 창의성, 협력, 시민성은 보편적인 교육적 조건이 되었다. 4차 산업혁명 시대에는 이런 교육적 조건 위에 어떻게 새로운 시대를 주도할 신인류를 길러낼 수 있는 교육체제를 만들어 갈 것인지에 대한 해답을 제시해야 한다. 복잡성의 시대는 다양한 관심과 재능을 요구한다. 다양한 관심을 중심으로 한 교육은 학습자의 나이와 지식의 축적에 구애 받지 않는 흥미와 몰입을 유발한다. 같은 관심과 흥미를 가진 다양한 연령과 지식수준의 아이들이 함께 학습하는 것이 가능해지고 더 높은 교육효과를 보이게 될 것이다. 따라서 나이나 학년에 의해서 구분되거나 교과에 따른 구분체계를 가진 현재의 학교시스템의 대대적인 개편이 필요하다.

인정하자. 혁신학교에서 외쳤던 교육과정이 중심이 되는 학교, 교사의 전문성을 존중하는 학교, 구성원이 만들어가는 민주적 학교만으로는 이제 새로운 미래를 준비할 수 없다. 시스템의 근본부터 대변혁이 필요하다. 지금까지 유지되었던 우리의 교육시스템과 학교구조에 대한 전면적이고 획기적인 변화가 필요하다. 지난 대선에서 주장되었던 학제개편이 이제는 정쟁의 차원이 아닌 미래교육의 방향에 대한 고민의 차원에서 새롭게 논의되어야 한다. 학제개편에 대한 논의에서 쏟아지던 과거 지향적인 사고에서 느꼈던 절망감은 비관적이지만 핀란드의 교육개혁, 미국의 다양한 학교 실험을 주의해서 살펴보면 우리가 가야 할 길이 보일 것이다. 지금까지와 똑같은 방법으로 더 열심히 하려는 미친 짓을 중단하고, 진심으로 새로운 시대에 필요한 교육을 고민해야 한다. 4차 산업혁명 시대는 우리를 엄중한 도전으로 이끌고 있기 때문이다.

03.
아이디어와 상상력 vs 자본,
시대가 원하는 답에 응답하라

그러면 배움의 전면적인 전환이란 무엇을 의미하는 것일까?

요즘 트렌드처럼 벌어지고 있는 알파고를 교육과 연결하려는 시도에 대해서는 개인적으로 별로 달갑지 않다. 물론 알파고라는 단어 속에 미래사회의 전반적인 변화의 특징을 담으려는 의도를 모르는 것은 아니지만 미래에 대한 통찰적이고 본질적인 이해 없이 그냥 시류에 편승하려는 이들도 적지 않음을 우려하는 마음이 있기 때문이다.

결론부터 말하자면 알파고로 무슨 큰일이나 난 것처럼 호들갑을 떨 일은 아니라는 말이다. 이미 우리 인류는 상상하지 못할 충격적인 변화를 여러 차례 경험해왔다. 그것이 우리 인간들의 삶이요, 본질이다.

수렵생활을 하던 인간들이 농사기술을 발견해서 정착생활을 하게 된 농업혁명, 거대한 기계가 인간들의 일자리를 모두 집어 삼킬 것이라는 공포를 자아냈던 산업혁명이 그렇다. 어느 날 인류의 거대한 진전의 발자국을 달에 남긴 일이 그랬고, 인터넷이라는 인간의 삶의 근간을 바꾸어 놓은 신기술이 그랬다.

누구도 상상하지 못하는 놀라운 변화를, 그 어려운 것을 해내는 것이 인간이라는 존재들이다. 놀라울 뿐이다. 그러나 산업혁명 당시 많은 사람들에게 인간의 노동을 대체할 수 있는 기계의 등장은 충격이자 위협이었다. 노동자들은 자신들의 일자리를 빼앗기고 실업에 내몰리자 '기계를 부수자'는 러다이트 운동을 전개하는 등 반발하기도 했다. 그러나 시대의 흐름은 막을 수 없다. 기계의 등장은 제일 먼저 단순노동자들의 일자리를 사라지게 했지만 시간이 흐르자 기계의 도입으로 인한 산업발전과 기술진보는 사라진 일자리보다 더 많은 새로운 직업을 창출해냈다. 혹자는 4차 산업혁명은 과거와 다를 것이고, 지금까지의 산업혁명과 달리 일자리가 줄어드는 전혀 다른 방향으로 진행될 것이라고 이야기한다. 물론 전혀 근거가 없는 말은 아닐 것이다. 그러나 우리의 인식은 새로운 미래를 예측하기에는 너무도 미약하고, 인간은 그 인식의 한계를 뛰어넘기 위한 새로운 분야에 대한 도전과 혁신을 멈추지 않는 존재들이다.

'알파고 시대'로 통하는 우리 사회의 변화는 좀 더 전문적인 용어로는 '4차 산업혁명 시대의 도래'이다. 우리에게는 아직 익숙하지 않지만 이미 미국은 스마트팩토리, 독일은 인더스터리 4.0으로 새로운 형태의 산업이 주도하는 시대를 열어가고 있다.

4차 산업혁명의 시대에서 알파고는 그저 한 부분을 차지하는 특징일 뿐이다. 4차 산업혁명이 가져올 변화는 지금까지 이상의 거대한 무엇일 것임이 분명하다. 이런 4차 산업혁명의 현실적인 결과에는 더 이상 인간의 노동력이 필요 없어진 공장의 모습도 들어 있다. 그로 인해 많은 사람들이 일자리를 잃게 되는 상황이 올 수도 있다. 로봇들이 끊임없이 움직이고 사람이라고는 드문드문 생산과정을 살피는 몇몇이 전부인 그런 공장의 모습이 이미 현실화되고 있다. 이렇게 로봇들이 모든 생산 과정을 담당하는 공장은, 로봇을 생산라인에 배치할 수 있는 막대한 자본력을 갖춘 자본가들이 아니면 꿈도 꿀 수 없다. 그래서 부의 쏠림과 양극화는 더 심화될 것이라는 부정적인 전망이 설득력을 얻고 있다.

자본주의 사회에는 두 가지 중요한 진입장벽이 있다. 자본과 기술이다. 4차 산업혁명의 시대에도 전자가 더욱 더 중요한 요소가 될 것이다. 지금도 자산의 대물림을 통한 부의 세습은 별로 새삼스럽지도 않은 일반적인 현상이지 않은가? 자본 없이는 뛰어들 수 없는 플랜트 사업처럼 대규모 자본이 없으면 모든 산업분야에 진입하기가 더 어려워질 것이라는 전망도 있다. 너무 암울하다고 느껴지는가? 현실이다. 고도의 기술을 가지고 로봇을 생산하거나 아니면 막대한 자본으로 이 로봇들을 사들여서 생산라인을 구축하는 것, 둘 중 하나가 아니면 길이 없어 보인다. 물론 전자도 막대한 자본을 투자해야 개발이 가능한 기술이므로 결국은 자본을 가진 자가 최후의 승자로 축배를 들게 될 것이라는 불길한 예감이 현실화되는 것을 지켜보아야 할 듯하다.

이렇게 로봇이 인간이 하던 일들을 대체하는 것은 여러 가지 측면에서 자본가들에게는 구미가 당기는 일이 될 것이다. 로봇은 인간들처럼 휴식시간이나 휴일이 필요하지 않다. 전기만 끊어지지 않는다면 24시간 365일 쉬지 않고 열심히 돌아간다. 게으름 피울까 걱정하지 않아도 된다. 게다가 복지에 돈을 지출할 필요도 없다. 보건휴가나 출산휴가도 요구하지 않을 것이다. 노조를 만들어서 경영자에 맞서 자신들의 권리를 주장하지도 않을 것이다. 자본가라면 도입하지 않을 이유가 없다. 앞으로 수십 년 내에 대량실업으로 거리로 내몰릴 수많은 이들의 불행한 미래와 달리 이들에게는 황홀한 미래가 예약되었는지도 모르겠다.

그러나 너무 그렇게 불안해할 일이 아닐지도 모른다. 사회의 변화는 또 다른 세상을 이야기하고 있기 때문이다. 산업혁명 이후로 산업의 흐름은 대량생산을 통한 저렴한 상품을 양산하는 규모의 경제였다. 유행이라는 이름으로 대부분 비슷한 상품을 소비하고 그 집단에 속하느냐 아니냐가 그 사람의 사회적 지위를 결정하는 역할을 해왔다. 아파트 이름을 브랜드화하고 그것이 아파트 가격을 좌우하는 것은 이런 집단성을 상징하는 사례다. 그뿐만이 아니다. 지금은 시들해졌지만 전국의 학교에서 아이들이 교복 위에 '등골 브레이커'라고 불리는 모 아웃도어 업체의 패딩 점퍼를 입었던 것도 또래집단 내부에서 형성되는 동조현상으로 집단 속에 들어가고 싶은 욕구의 표현이다. 다수의 생각과 행동을 따라가는 밴드왜건(bandwagon) 효과가 지배해온 사회였다.

그러나 요즘은 동네 빵집과 자기만의 색깔을 가진 작은 식당이 뜨고 있다. 자기 주체성과 개성이 강한 세대들이 자라는 과정에서 생긴 결과다. 이미 많은 사람들이 자신만의 패션을 고집하거나 라이프스타일을 추구한다. 길거리에서 자신과 같은 옷을 입은 사람을 만나면 하루 종일 기분이 언짢다는 젊은 세대들의 이야기는 더 이상 낯설지 않다. 이것은 '다품종 소량생산'이라는 용어만으로 설명하기 어려운 현상이다. 이것을 타인과 거리를 두면서 차별적인 소비를 추구하는 스놉(snob) 효과로 해석할 수 있을 것이다. 이제 소비자들은 개인별 맞춤형 생산 시대로의 전환을 요구하고 있다. 물론 아직은 일반적인 것은 아니다. 얼마 전 모 회사에서 야심차게 내놓았던 모듈형 휴대폰이 예상과 달리 성공하지 못한 것은 여러 가지 이유가 있겠지만 아직은 시장이 무르익지 않은 단계라는 것을 보여준다. 그러나 분명한 것은 이런 현상이 일시적인 특별한 일이 아니라 점차 일반적인 대세가 될 것이라는 점이다.

그런 점에서 미래의 시장이 대규모 자본을 가진 집단의 지배력에 상당한 균열을 만들 것이라는 전망이 전혀 허황된 것만은 아니다. 이런 상황이 중요한 이유는 자본이라는 시장 진입장벽이 무의미해지기 때문이다. 이제 반드시 대규모 자본이 있어야만 시장에 진입할 수 있다거나 절대적으로 유리한 입장이 된다고 말하는 것은 사실이 아닐 수 있다. 꼭 자본이 필요한 경우 클라우드 펀딩이라는 강력한 수단을 활용할 수도 있다. 자본이 없으면 만들면 되는 것이고, 필요한 것은 아이디어와 상상력이다.

04.
아이디어와 협력,
새로운 세상을 마주할 자의 필수자격

미래의 교육을 이야기할 때 빠지지 않는 것이 창의력과 협력이다. 좋은 말인 건 알겠는데 정말 왜 이렇게 창의력과 협력, 소통을 강조하는 것일까? 가르치는 사람들이 그 이유를 정확히 완벽히 이해하지 못하면 아이들을 제대로 된 배움으로 이끌 수 없다. 결론부터 말하면 다양한 생각들이 뒤엉켜서 부딪치고 새로운 생각으로 발전해가는 과정에서 아이디어도 협력도 생겨난다는 것이다. 이를 강력하게 증거하는 사례가 클라우드 소싱과 클라우드 펀딩이다.

제이크 니켈과 케이컵 디하트는 온라인 티셔츠 디자인 대회에서 만났다. 당시에 둘 다 일정한 직업이 없던 상태였다. 그들은 이런 대회가 1년에 한 번이 아니라 매주 열렸으면 좋겠다는 생각을 하게 되었고, 매주 대회를 개최하는 웹사이트를 만들어 보자는 단순한 생각으로 시작했다. 좋은 티셔츠 디자인을 가진 사람이라면 누구나 참가할 수 있었고, 커뮤니티에 속한 사람들이 투표로 최고의 티셔츠를 뽑을 수 있도록 했다. 우승자는 100달러의 상금과 사이트에서 티셔츠를 판매할 수 있는 특전을 누릴 수 있었다. 이 새로운 벤처 회사의 이름이 스레들리스닷컴(Threadless.com)이다. 사람들은 티셔츠에 투표하는 것을 좋아했고, 니켈과 디하트는 미국에서 세 번째로 큰 티셔츠 제조업자가 되었다. 이제 스레들리스는 일반인들도 디자인할 수 있는 프로그램을 제공한다. 웹사이트에 가입하고 다운로드받은 프로그램으로 티셔츠를 디자인해서 온라인에 올리고 상품화되면 2000달러를 상금으로 받는 방식이다. 디자이너를 고용하지 않고도 티셔츠를 제작하는, 기존의 사고로는 도저히 상상할 수도 없는 일이 벌어지고 있다.

클라우드 소싱이 보여주는 교훈과 미래의 전망은 진입장벽으로 여겨지던 것들이 더 이상 문제가 되지 않는다는 점이다. 클라우드 소싱으로 디자인처럼 전문성을 요하는 매우 정교한 작업도 쉽게 아웃소싱할 수 있는 길이 열렸다. 이제 문제로 남은 것은 우리의 상상력과 아이디어이다. 거대한 자본이 필요하던 일이 자본 없이도 가능해졌다. 수많은 사람을 고용해야 했던 일들도 프리랜서만으로 가능해졌다. 몇몇 뛰어난 사람들에 의해 장악되었던 일들이 집단의 지성으로 가능해졌다. 아주 기발한 제품 아이디어가 떠올랐다고 하면 인도의 엔지니어를 시켜서 기능을 구현하고, 한국에서 디자이너를 구해서 디자인을 시키고, 중국에서 시제품을 만든 다음, 생산은 베트남에서 하면 된다. 이제 거대한 자본 없이도 혼자서 집 안에서 수십억 규모의 회사를 설립하는 것도 불가능하지 않다.

프로젝트의 규모가 크다고 해서 불가능한 것은 아니다. 과거 방식처럼 프로젝트를 수행하는 데 수십 수백 명의 사람을 모으고, 거대 기업 간에 또는 국가 간에 협약을 해야 하는 시대는 지나갔다. 물론 여전히 이런 방식을 고집하는 기업도 있을 것이다. 그것이 익숙할 테니까. 그러나 다른 쪽에서는 마우스 클릭 몇 번으로 똑같은 규모나 그 이상의 프로젝트를 거뜬히 수행해낸다. 어떤 쪽이 살아남을지는 너무도 분명해 보인다. 클라우드 소싱은 대규모 구매자보다 소규모 또는 개인 수요자들의 요구에 더 잘 대응할 수 있다.

필자는 경제 전문가가 아니니 로봇이나 경영의 이야기는 이쯤 해두자. 단지 세상이 우리가 생각하지 못하는 방향으로 흘러갈 것이고, 그것을 결정하는 것도 바로 사람들이라는 점을 강조하고 싶었을 뿐이다.

이런 이야기를 들으면 다들 세상의 변화에 놀라기는 하지만 대부분의 사람들은 변하지 않는다. 왜? 익숙한 것에 대한 미련 때문이다. 익숙한 것은 편하다. 변화는 어색하고 불편하다. 인간은 누구나 편안한 것을 추구하고 그것에 안주하려는 심리 때문에 새로운 것을 선택하는 데 두려움이 있다. 그래서 변화에 저항한다. 그러나 미련을 떨쳐버리고 두려움을 극복할 때 새로운 길로 나아갈 수 있다. 이미 모두가 변화하려고 할 때, 그것이 새로운 익숙함이 되었을 때 시작한다면 당연히 늦다.

앞에서 이야기한 것처럼 이제 중요한 것은 상상력과 아이디어, 그리고 다양한 사람들의 협력이라는 것은 더 강조할 필요도 없다. 대기업에서도 이미 오래 전부터 클라우드 소싱을 통해 포장디자인, 성분제안 등을 받고 있다. 소비자들로부터 제품에 대한 평가를 받는 것은 물론이고 제품 개선안을 수렴한다. 제한된 부분에서 작은 규모로 진행되었지만, 이제 그것이 전혀 다른 양상으로 강력하게 확대되고 있는 것이다. 특히 기술의 발전으로 연결성이 높아지면서 더 많은 사람들이 클라우드에 참여할 수 있게 되었고 클라우드 소싱으로 할 수 있는 일들의 한계 역시 사라지고 있다. 클라우드에 참여하는 사람들은 대가 없이도 자신의 능력을 다른 사람을 돕기 위해서 사용하는 데 주저함이 없다. 오히려 더 적극적이다. 스스로를 실현하는 데 더 관심이 있는 것이다.

다시 눈을 돌려서 우리 사회를 살펴보자. 클라우드라는 플랫폼을 활용하면 자신의 아이디어를 마음껏 실현해볼 수 있다. 중요한 것은 아이디어와 상상력, 도전하는 정신이다. 협력의 힘을 믿고 네트워크를 만들어내는 능력이 필요하다.

정작 오늘날 우리의 모습은 안정적인 삶을 위해서 수많은 젊은이들이 공무원시험에 매달리는 것이다. 교직이 인기 있는 이유는 교육에 대한 사명감이나 헌신성 때문이 아니라 안정적이고 퇴근시간이 일정한 좋은 직장이기 때문이다. 창업을 하거나 스타트 업에 도전하는 사람들이 점점 줄어들고 공기업이나 대기업에 취업하기 위한 좁은 문에 머리를 디밀고 박이 터져라 경쟁한다. 자신이 하고 싶은 일이라서가 아니라 안정적인 생활이 가능할 거라 믿기 때문이다.

투자에 있어서 세계 3대 귀재라는 짐 로저스는 젊은 시절에 무엇을 할지 제대로 찾지 못해서 로스쿨을 갈지 의학전문대학원을 갈지 방황했었다고 한다. 그러나 결국은 자신이 좋아하는 일을 하게 되었고 그것이 성공의 비결이었다고 이야기한다. 그가 젊은이들에게 들려주는 이야기는 뻔한 말처럼 들린다.

"좋아하는 일을 찾아라. 본인이 좋아하며 열정을 가지고 할 수 있는 일을 끊임없이 찾아야 한다. 만약 적성을 찾는다면 그 분야의 일은 노동이 아닌 놀이가 될 수 있다. 즐거운 마음으로 열심히 일한다면 돈은 자연스럽게 따라오게 되어 있다."

그러나 그가 우리나라 청년들에게 던지는 말은 우리를 뜨끔하게 만든다.

"많은 청년들이 자신이 진정으로 좋아하고 하고 싶은 것이 무엇인지 알고 있지만 두려움 때문에 시도조차 하지 않는 점이 안타깝다. 스스로에 대한 의심과 주변 사람들의 시선을 떨쳐버리고 도전하길 바란다. 자신이 생각한 것을 실행해봐야 한다."

우리 사회의 진짜 고민은 당장의 청년 실업이나 저성장이 아니다. 자신이 하고 싶은 일을 하고 자신의 아이디어로 승부하려는 도전정신이 없음이다. 어디서부터 잘못된 것일까? 우리 젊은 세대의 잘못만은 아니다. 최소한의 안전망조차 없는 사회의 문제다. 한 번 실패하면 나락으로 떨어져 다시는 기회가 주어지지 않는 사회 구조 문제다.

그리고 그 책임의 다른 한 축에 교육이 있다. 우리 교육은 아이들에게 협력의 가치보다는 경쟁을 가르치고 다양한 생각과 새로운 아이디어를 억누르고 실수하지 않는 훈련을 해왔다. 창의적인 사람보다는 정답을 잘 찾는 사람을, 협력적으로 문제를 해결하기보다는 혼자서 작업하는 것에 익숙한 사람을 길러온 것이다.

창의적인 사람은 새로운 생각에 대한 모험을 두려워하지 않고, 어떤 문제 상황을 해결할 때 이성적으로 접근한다. 새로운 변화를 수용하고 이를 적극적으로 활용하며 과거의 익숙함보다 문제를 해결하기 위한 최적의 방법을 선택한다. 이런 능력은 과거로부터 축적된 지식을 암기하고 정답을 잘 찾는 훈련으로는 길러지지 않는다. 실수하지 않기 위한 수

많은 반복 훈련으로부터 나오는 것도 아니다. 지식을 내면화하고 새로운 아이디어로 발전시키며 여러 사람의 생각을 수용함으로써 더 훌륭한 해법을 찾아가는 진정한 배움으로부터 얻어지는 참 학력이다.

이것이 우리가 고민해야 하는 배움의 내용이다.

지식인, 인식의 한계는 시대의 한계다

수학적 논증의 객관성 및 확실성을 신봉했던 피타고라스학파는 아이러니하게도 정십이면체와 무리수의 존재에 대해 논하기를 거부하면서 스스로의 오류를 수정할 기회를 놓치게 된다. 그들에게 이러한 신성한 지식은 소수 집단의 전유물이었던 것이다. 그것은 현재에도 여전히 드러나는 편협한 지식인의 세계이다.

전문가나 대학자에 대한 지나친 기대나 신뢰 역시 위험하기는 마찬가지다. 당대 최고의 학자나 지식인이라 불리던 사람들도 그 시대의 지적 한계를 뛰어넘기는 쉽지 않다. 때로 자신들의 지적 권위를 스스로의 안위를 추구하는 데 활용하거나 기득권을 수호하기 위해 야합하는 것을 서슴지 않았다. 예로부터 배울 수 있는 기회를 가졌던 사람들은 사회적으로 기득권을 이미 획득한 사람들이었고, 자신들의 기득권을 지키기 위해 노력해왔으니 당연하다고 해야 할까?

데이비드 흄은 이성주의 철학자였다. '아무것도 믿지 마라' 즉 모든 것을 의심하라는 이 주장은 우리의 감각기관으로 받아들인 것조차도 철저하게 의심해야 한다는 수준까지 나아갔다. 예를 들어 백조가 하얗다는 것은 우리의 경험으로 알 수 있는 것이지만 어딘가에 검은 백조가 없으리란 법도 없다는 것이다. 이렇듯 흄은 과학적으로 사실로 알려진 경우에 있어서도 '절대'라는 단어는 붙일 수가 없다고 보았다. 그러나 이 철저한 이성주의 철학자 역시 혜성에 대해서는 행성이 별들의 짝짓기를 통해 태어난다고 생각했다고 한다.

근대 과학의 토대를 만든 뉴턴도 혜성에 관한 당대의 지식의 한계로부터 자유로울 수 없었다. 뉴턴도 혜성에 관심이 많았는데, 혜성을 불길한 일을 예고하는 전령이라고 믿는 오래된 미신을 걷어내려는 과학자로서의 도전이었다. 혜성의 궤도를 과학적으로 증명하는 데는 성공했지만 인간의 영혼이 주로 혜성에서 왔다는, 지금으로 보면 매우 생뚱맞은 주장을 하기도 했다.

명확한 증거와 이론적 근거를 요구하는 자연과학 분야에서도 위대한 학자들과 전문가들이 이런 많은 오류를 범했음을 생각하면 인문학을 비롯한 사회적인 문제에서의 한계와 오류는 더 말할 나위가 없을 것이다. 자연과학에서 일어나는 오류는 잘못된 정보로 인한 '사회적 경제적 손실'을 유발하는 특성을 갖는 반면에 사회적 문제에 대한 인식의 한계는 주로 '차별과 억압'으로 나타난다.

인류의 역사에서 중요한 진전으로 여겨지는 프랑스 혁명을 고무한 원칙인 자유와 평등의 정신은 1789년 8월 20일부터 8월 26일 사이에 프랑스 국민의회가 채택한 '인간과 시민의 권리선언'에서 천명되고 있다. 이 선언의 17개 조항은 1791년에 제정된 헌법의 전문이 되기도 했다. 그러나 자유와 평등을 외치며 함께 혁명에 참여했던 여자들에겐 그 '인간과 시민의 권리'가 주어지지 않았다. 당시 프랑스 사회의 전반적 인식은 인간과 시민의 권리는 오로지 성인 남성들만 갖는 것으로 이해하는 한계를 보여준 결과다. 이런 인식의 한계는 모든 사람이 자연적으로 동등하다고 전제한 《사회계약론》을 쓴 루소마저도 '여성은 남성에게 복종하도록 창조되었다'는 주장을 할 정도였다는 것을 보면 잘 알 수 있다.

자연과학의 오류는 기술의 발전으로 인간이 관찰할 수 있는 영역이 확장되면서 자연스럽게 그 허구성이 드러나고 새로운 이론으로 대체된다. 물론 이 새로운 이론조차도 완벽하지는 않아서 또 다른 오류를 포함하고 있을 수 있지만 이전에 생긴 오류로부터는 자유로울 수 있다. 그러나 사회제도와 관습의 변화를 위해서는 그것에 도전하는 누군가의 희생을 요구한다.

'인간과 시민의 권리 선언'에서 여성의 권리가 무시당하자 함께 혁명에 참여했던 여성 올랭프 드 구주는 여성에게도 참정권이 부여되어야 한다는, 당시로서는 혁신적인 주장을 하였다. 지금은 너무도 당연해서 그런 주장을 했다는 것조차 낯설게 느껴진다. 그러나 당시 프랑스 사회는 이런 주장을 받아들일 만큼 성숙하지 못했고 그 사회가 수용할 수 있는 한계에 도전했다는 이유로 마리 앙뜨와네트와 함께 단두대에 올라 사형을 당했다. 당시 그녀를 단두대에 세운 이유는 그녀가 여성의 참정권을 보완해서 발표한 '여성인권선언문' 때문이었는데, '자신의 성별에 적합한 덕성을 잃어버린 사람'이라는 것이었다. 그녀의 희생에도 불구하고 프랑스에서는 1944년에야 여성들이 참정권을 획득하게 되었다. 그 이후로도 수많은 여성들의 투쟁과 도전이 있었다.

이것을 인간의 천부적인 권리에 대해 무지했던 과거 한때의 이야기로만 볼 수는 없다. 오늘날에도 차별과 배제, 억압과 통제는 여전히 현실이며, 민주주의의 기본인 인간의 권리는 언제나 퇴보될 수 있다는 생각을 갖게 하는 일들이 사회 전반에서 목격되고 있다. 특히 그것이 전문가의 권위에 의해 정당화되고 합리화되는 일들이 비일비재하다.

민주주의의 발전과 사회의식의 성장은 우리가 일반적으로 믿고 있듯이 전문가나 위대한 학자들 덕분이 아니라 억압과 차별의 시대를 먼저 살아간 사람들의 오랜 투쟁을 통해 얻어낸 결과라고 봐야 할 것이다. 지적 권위자라고 불리는 일부 지식인에게만 기대기에는 우리 인류는 제도와 관습 같은 사회 시스템뿐만 아니라 자연과학 분야에도 무지하며 너무 많은 한계를 지닌 존재이다. 인간의 지식은 매우 불완전하고 허약하다. 암의 정복은 여전히 끝이 보이지 않는 난제이며, 정복한 줄 알았던 바이러스들의 귀환 역시 목격되고 있다. 자연과학의 한계뿐만 아니라 우리 사회의 문제를 해결해줄 것으로 기대되었던 사회경제이론들의 붕괴는 사회를 혼란과 절망 속으로 몰아넣고 있다.

이런 점에서 조지 오웰의 탁월한 식견은 놀랍다. 그의 소설 《1984》에 나오는 '노블랑그(novlangue)'라는 조어는 지식인들이 애매한 표현을 통해 여론을 조작하는 것을 의미한다. 피에르 브루디외는 현대의 지식인들이 바로 조지 오웰이 예언한 그대로 행동하고 있다고 지적한다.

"아직도 자신을 진보주의자라고 여기는 지식 활동가들이 이번에는 '소외, 소수자, 정체성, 다문화주의'라는 애매한 용어들을 과도하게 사용하고 있다. 이들은 거의 모든 담론에서 미국식 수사법을 그대로 동원해 세상을 분석하려 든다. '세계화'도 이들의 수사법에서 빠지지 않는다."

그들이 사용하는 세계화 유연성, 신경제, 포스트모던, 다문화주의, 소수자 정체성 등의 노블랑그는 상징적인 제국주의의 산물이라는 점을 지적하고 있는 것이다. 특히 미국적 노블랑그에서는 경제성장이란 노조운동이 억압받고 오직 가치-주주만을 기반으로 한 기업개념이 득세하고 고용은 불안해지고 사회의 불안감도 커지는 상황임을 의미한다.

토론에서 정말로 필요한 것은 논지의 완벽함이지 그 논지가 지니는 권위의 무게가 아니다. 그러나 권위가 과도하게 작동하면 가르치는 것을 업으로 하는 이들의 권위가 배우고 싶어 하는 자들에게 장애의 요인으로 작용하여, 결국 학생들이 스스로의 판단력을 믿지 못하도록 만든다. 권위의 무게가 중시되는 사회에서는 주어진 문제의 답을 스승이 내린 판단에서만 찾으려 하기 때문이다.

다윈보다 앞서 진화론의 일면을 주장한 아낙시만드로스는 스승인 탈레스에 대한 반박으로부터 자신의 독자적인 사상을 구축해나갔다. 이렇게 새로운 생각은 권위에 대한 도전으로부터 시작된다. 우리가 배워야 하는 이유와 배워야 할 것은 지적 권위자들이 결정하고 전달해주는 정보가 아니다. 탈레스의 한계를 지적했던 아낙시만드로스의 사고도 분명 한계를 드러냈고 그 후진으로부터 도전받았다.

우주 속에서 우리가 살고 있는 이 푸른 별 지구는 티끌의 티끌만큼도 되지 않는 미미한 존재이고, 우리는 아직도 그 우주라는 무한한 바닷가 해변에 서 있을 뿐이다. 권위에 대한 도전이 필요한 이유는 여전히 우리가 알고 있는 지식은 한정되어 있고, 우리가 밝혀야 할 무지의 세계는 무한하기 때문만은 아니다. 전문가들의 보여준 무능함과 도덕적 해이로 인해 발생한 심각한 문제들은 책임과 윤리를 망각한 전문가가 사회에 해악이 될 수 있음을 각성하게 했기 때문이다. 따라서 깨어 있는 지성으로 이를 감시하고, 생활·안전과 관련된 중요한 문제를 결정하는 과정에 참여할 수 있는 시민으로 성장하는 것이 배움의 전면적인 전환이 필요한 이유이다.

06.
과학교육, 우리는 왜 노벨상이 없을까?

일본은 꽤 자주 과학 분야 노벨상 수상자에 이름을 올리고 있다. 노벨상 수상자가 발표되는 가을이면 부러운 마음으로 우리의 현실을 돌아보게 된다. 왜 우리는 아직까지 노벨상 수장자를 배출하지 못하는 것일까? 노벨상에 목숨을 걸어야 한다는 말이 아니다. 노벨상 수상은 그 나라의 연구문화와 수준에 대한 많은 것을 이야기하기 때문에, 그 이유는 무엇인지 우리의 문제를 되짚어보아야 한다는 것이다. 또 다시 노벨상 프로젝트니 뭐니 하는 낯 뜨거운 일을 벌이는 것은 아무런 도움이 되지 않는다. 우리의 학문풍토와 연구문화뿐 아니라 사회전반의 구조적 문제임을 인식하고 이를 근본적으로 바로잡으려는 근본적인 노력이 필요하다.

이런 점에서 일본의 노벨 물리학상 수상자인 가지타 다카아키(梶田隆章 · 57) 교수의 인터뷰 기사는 많은 것을 생각하게 한다. 달변은커녕 어눌하기까지 했지만 자신이 하고 있는 연구를 설명할 때는 어린아이처럼 눈이 반짝거렸고 과학에 대한 자신만의 명확한 철학을 피력했다고 기사는 전하고 있었다. 기사에 나온 그의 말을 인용하자. "과학은 남이 하지 않는 새로운 것이 무엇인지를 고민하는 것에서 시작한다." 남이 하지 않는 새로운 것을 추구하는 것은 창의성이라고 해석할 수도 있지만 단순히 창의성으로만 이해하기에는 부족하다. 남이 가지 않는 길. 어떤 의미에서는 아무도 관심을 가져주지 않는 외로운 자신과의 싸움만이 존재하는 길일 수도 있고, 그만큼 배고프고 힘든 삶을 의미할 수도 있다. 대학을 선택하거나 진로를 결정할 때 중요한 요소가 사회적 인정이나 보수이고, 그러다 보니 화려하고 돈이 되는 분야만 쫓는 우리의 세태와는 다른 모습이다. 세계적인 석학인 가지타 교수는 이런 개인적인 결단이나 선택의 문제도 있지만 더 중요한 것은 '그 사회의 문화'라고 이야기한다. 우리 젊은 세대들이 사회적 안정을 쫓아서 공무원시험에 매달리는 현재의 사회 분위기에 뭔가 심각한 문제가 있다는 것은 분명하다.

다시 가지타 교수의 이야기로 돌아가보자. 가지타 교수는 폐광에 지은 소립자 검출 장치인 수퍼카미오칸데에서 중성미자를 연구해 노벨상을 받았다. 이 연구를 위해서 만든 수퍼카니오칸데는 무려 1000억 원이라는 돈이 들어간 거대 장비였고, 1995년부터 짓기 시작했다고 한다. 막대한 예산도 예산이지만 소요된 시간과 사건도 적지 않다. 2000년대 초반 완공 직후에는 이 장비를 구성하는 핵심부품인 광센서가 불과 10초 만에 몽땅 터져버리는 사고가 발생하기도 했다. 원인도 찾지 못한 채 복구에만 5년이 걸렸다고 한다. 여러 어려움과 긴 시간 동안 믿고 지원해주는 정부와 국민이 없었다면 불가능한 일이었을 것이다. 얼마 안 되는 연구비를 지원해주고는 매년 성과와 결과를 기대하는 우리 정부의 태도와는 사뭇 다르다. 그 결과가 노벨상으로 나타나고 있다고 보는 것은 과한 것일까.

당장의 취업률을 대학의 학과를 재편하는 기준으로 삼는 근시안적이고 단편적인 인식이 지배하고 대학이나 학문에서 눈앞의 결과를 요구하는 문화가 팽배해 있다. 이런 구조에서 세계를 선도하는 학문적 성과를 기대하는 것은 로또를 사는 기대심리와 다르지 않아 보인다. 이 세계적인 석학의 인터뷰는 우리로서는 너무 부러운 이야기들을 담고 있다.

"일본 정부와 국민은 과학자들을 믿는다. 기초과학에 당장 상용화되거나 곧바로 실생활에 영향을 미치는 것을 요구하지 않는다. 노벨상이 많이 나온 것도 이런 문화의 산물이 아닐까 한다. 과학자들은 '우리의 연구가 인류 전체의 지식을 한 단계 끌어올릴 수 있다'는 것을 보여주기만 하면 된다. 정부가 일일이 과제를 만들고 기획하지도 않는다. 그건 어디까지나 과학자들의 몫이다."

기초과학의 성패는 얼마나 기다릴 수 있는지에 달려 있으며 결과가 나올 때까지 차분하게 자신을 믿고 그 길에 매진해야 한다고 이야기한다. 이 말은 과학자들이 자신의 연구에 매진할 수 있는 분위기와 여건이 갖추어져 있다는 의미이기도 하다. 국가의 지원은 기본이고 취업이 안 되고 돈이 안 되도 자신이 좋아하면 할 수 있도록 지원하는 문화가 필요하다는 충고이기도 할 것이다.

노벨상이 목을 매야 할 만큼 중요한 것은 아니지만 우리나라에서 노벨상이 없다는 것도 문제이긴 하다. 그 이유가 우리 과학자들에게 실력이 없어서가 아니라는 것을 이 세계적인 석학은 말하고 있다. 수퍼카미오칸데에서 중성미자 연구를 진행할 때 가장 훌륭한 팀원은 한국인이었으며, 그 분이 지금은 우리나라 대학에서 세계적으로 중성미자 연구를 이끌고 있다고 한다. 이런 훌륭한 학자들이 있어서 많은 학생들이 한국으로 물리학을 공부하러 온다는 것만 봐도 우리나라 물리학의 수준을 알수 있을 것이다. 문제는 훌륭한 학자들이 자신의 연구에 집중할 수 있는여건과 문화이다. 그것은 그대로 우리의 수준을 말해주기도 한다.

얼마 전에 《세상은 왜 존재하는가》라는 책을 읽으면서 느꼈던 부러움과 씁쓸함이 다시 입맛을 쓰게 한다. 우주의 근원에 대한 물음으로 이루어진 책이다. 천체물리학, 양자역학 등 말만 들어도 머리가 아픈 학문적인 내용들이 담겨 있다. 그것을 과학적으로 그리고 철학적으로 풀어나가면서 우주의 탄생에 대한 근본적인 질문과 대답, 그리고 반박이 반복된다. 과학적 지식이 일반인보다는 풍부한 필자도 읽기 쉽지 않은 내용이었다.

놀라운 것은 이 책이 《뉴욕타임즈》가 선정한 '올해의 책 베스트 10'에 선정되었고 아마존닷컴의 베스트셀러라는 것이다. 그 책이 우리나라에서 얼마나 팔렸는지는 알 수 없지만 그리 많이 팔리지는 않았을 것이다. 놀라움의 본질은 이런 책이 베스트셀러가 될 수 있는 그 나라의 문화적 수준이다. 일반 독자의 독서수준이 얼마나 높기에 이런 책이 그렇게많이 팔릴 수 있을까. 이 책에 등장하는 수많은 연구자들을 지원하는 대학과 정부의 태도 역시 또 다른 부러움의 대상이었다. 돈도 되지 않고 실생활에 도움도 되지 않는 연구에 엄청난 지원을 하는 그들은 도대체 뭐하는 인간들인가 싶은 경이로움까지 느꼈다. 우리나라에서 그런 학자들이 대학에 발을 붙일 수나 있을까? 입학 지원율과 취업률이 교수와 학과의 능력을 평가하는 절대기준이 되는 환경에서 그런 학자들을 수용할 공간은 없을 듯하다.

07.
상식, 시대가 바뀌면 가치도 변한다

우리는 학교에서 절대 변하지 않을 진리와 상식을 배운다고 생각한다. 그러나 그것은 착각이다. 사실 착각은 상식에 대한 우리의 오해에서부터 시작되었다. 우리는 '상식' 또는 '상식적'이라는 말을 인류의 시작부터 늘 함께 있어온 것을 의미하는 것으로 생각하지만 사실은 전혀 그렇지 않다. 상식이라는 개념은 근대의 산물이다.

소피아 로젠펠드는 그의 책 《상식의 역사》에서 상식이 구조적 검열의 한 형태로 작동했음을 지적하고 있다. 상식이란 일반화되고 집단화된 문화적 규제의 수단이라는 것이다. 상식은 심미안의 바탕과 비판적 규칙들을 제공하는데, 이런 규칙들을 위반할 경우에는 과도한 상상이라거나 외설이라는 비난을 듣게 된다. 그리고 예술작품도 그 규칙들과 일치하는 작품일 경우에는 칭송을 들었다. 그러나 이런 비난과 칭송은 영원한 것이 아니다. 살아생전 단 한 작품만 팔린 고흐의 작품이 지금은 상상하기 힘든 가격에 거래된다. 고흐는 상상이나 할 수 있었을까? 과거에 외설이라는 이유로 아예 꿈도 꿀 수 없었을, 여성 관객만 입장할 수 있는, 남성의 몸이 주제가 되는 뮤지컬이 버젓이 공연되고, 좌석을 꽉 채운 사람들의 연령대마저 매우 다양한 이런 일들이 실제로 벌어지고 있다.

우리가 변하지 않을 진리라고 믿고 있는 사실들 역시 언젠가는 변한다. 과학적 사실도 다르지 않다. 아리스토텔레스의 세계는 오래 전에 무너졌다. 이를 대체하는 진리로 자리 잡았던 뉴튼의 세계도 아인슈타인에 의해서 일부 제한된 영역에서만 적용 가능하다는 것이 드러났다. 아인슈타인의 세계도 이미 그 한계를 위협받고 있다.

심오한 사변과 엄밀한 관찰, 측정으로 쌓아올린 과학의 세계에서조차도 이렇게 많은 허점과 오류를 드러내면서 인간의 한계를 명확하게 보여주고 있다. 그러니 눈에 보이지 않는 상상과 다수의 믿음에 기반한 상식이라는 것의 취약성은 당연한 것일지도 모른다. 아동과 여성이 불완전하고 열등한 존재라는 믿음은 천동설보다도 오래 지속되었다. 이것이 모든 인간은 평등하다는 상식에 자리를 내어주는 과정이 얼마나 비상식적이었는지를 보면 상식이라는 것의 실체를 제대로 이해할 수 있고, 상식은 포퓰리즘적이며 당연히 시대의 흐름에 따라 변할 수밖에 없는 허약한 구조로 되어 있음을 인정할 수밖에 없다.

게다가 평범한 일반인들은 인류를 지탱해온 기반을 흔드는 복잡한 세계의 등장에는 별로 관심이 없다. 그저 자신들에게 이미 익숙한 믿음을 세상에 둘도 없는 진리라고 확인받고 싶을 뿐이다. 여전히 색깔론이 판을 치는 우리나라, 흑인에게 끊임없는 폭력과 차별이 가해지는 미국사회나 명예 살인이 자행되는 이슬람 사회, 모두가 상식이라는 미신에 사고가 마비되어 쉽게 선동에 휩쓸려버린 사례이다.

일반의 상식이 변화의 조짐을 보여주는 사례가 바로 우리 사회에서 좀체 용납되지 않던 '양심적 병역거부권'에 대처하는 자세이다. 최근 1년 사이에 9건의 양심적 병역거부자에 대해 법원이 무죄를 선고한 것이다. 물론 이 판결은 모두 하급심에서 이루어진 것이고, 양심적 병역거부자를 처벌하도록 한 이 법 조항에 대해 헌재는 2004년과 2011년 두 차례 합헌 결정을 내린 바 있으므로 상급심까지 유지되기는 어려워 보인다.

'전쟁 준비를 위해 총을 들 수 없다는 종교적 양심에 따라 입영을 거부했으며, 이는 헌법상 양심의 자유에 근거한 양심적 병역거부권 행사'라고 주장하며 입영을 거부한 '여호와의 증인' 신도에 대해 '사회봉사나 대체복무 등으로 피고인의 기본권을 침해하지 않고도 국가에 기여할 방법이 있음에도 불구하고 정부가 대안을 마련하지 않고 형법적 처벌만 하는 것은 부당하다'는 판결을 내린 것은 아직까지는 우리 사회 대다수의 정서에는 맞지 않을 것이다. 그러나 양심의 자유와 국방의 의무 사이에서 갈등하는 국민에 대해 정부가 대안을 위한 최소한의 노력도 하지 않은 것은 국가가 책무를 방기한 것이라 할 수 있다.

양심적 병역거부에 대한 이례적인 판결이 적지 않게 나오는 것만큼이나 놀라운 것은 이런 판결에 대한 반발이나 이슈화되는 수준이 낮아지고 있다는 점이다. 시대의 흐름에 따라 가치관과 판단 기준이 변했고 양심적 병역거부를 받아들이는 온도에도 커다란 변화가 일어나고 있다.

던컨 J. 와츠는 우리가 믿어왔던 상식이나 지식에 대해 의심의 눈초리를 곧게 세워야 함을 강조한다. 그의 저서 《상식의 배반》에서는 누구나 명백하고도 분명한 진리라고 믿는 상식의 한계와 본질, 직관의 오용과 실패 사례를 신랄하게 파헤치고 있다. 우리들이 무비판적으로 수용해온 많은 '상식'이 우리가 세상을 이해하도록 도와주기도 하지만, 동시에 세상을 이해하는 우리의 능력을 심각하게 훼손시킨다는 것을 일깨워준다. 우리가 의심 없이 받아들여 온 많은 지식과 상식들이 전혀 검증되지 않았으며, 실제로는 우리의 믿음과 반대로 작동한다는 것을 보여주는 사례는 수없이 많다.

메기 한 마리를 미꾸라지 어항에 넣으면 미꾸라지들이 메기를 피해 다니느라 움직임이 빨라져서 메기가 없을 때보다 더 건강하고 오래 산다는 이야기는 많은 사람들에게 안락한 환경에 안주하지 말고 적절한 긴장감을 가지고 분발할 때 성공을 거둘 수 있다는 교훈으로 사용되었다. 그러나 메기 효과는 과학적으로 증명된 바가 없다. 오히려 포식자가 존재하면 먹이동물은 건강해지기는커녕 치명적인 영향을 받는다는 것이 실험을 통해서 밝혀졌을 뿐이다. 포식자로 인한 스트레스가 면역 약화를 야기한다는 증거들이 나타났다. 이 이야기는 영국의 역사가인 아놀드 토인비가 애용해서 유명해졌는데, 논리적이고 합리적일 것 같은 학자들도 이렇게 검증되지 않은 일반적인 믿음을 진실처럼 인용하는 것이다. 아니 오히려 사람들에게 적절한 위협과 압박이 필요하다는 논리를 심어주어 권력자나 자본가의 행동을 정당화하기 위한 이데올로기로 작동하였다.

기업 경영이나 조직의 혁신과 관련해서 자주 언급되는 '개구리 삶기' 우화도 비슷한 경우이다. 익히 들어왔을 이 이야기의 요지는 '개구리를 끓는 물속에 던져 넣으면 바로 뛰쳐나오지만, 찬물에 넣고 온도를 서서히 올리면 삶아져서 죽을 때까지 자기가 죽는 것을 깨닫지 못한다'는 것이다. 현실에 안주하다가 자신도 알지 못하는 사이에 망한다는 의미로 자주 사용되는 사례인데 이것 역시 낭설이다. 실제로 이것을 실험해본 짓궂은 과학자가 있었다. 오클라호마 대학교의 빅터 허치슨이 실험으로 이것을 증명했다. 이런 과학자의 호기심과 반항심이 인간의 지식을 확장해나가는 것이라는 생각이 든다. 실험에 의하면 끓는 물에 개구리를 던지면 근육이 바로 익어서 빠져나오지 못하는 반면, 미지근한 물에 넣고 온도를 서서히 올리면 삶아지기 전에 개구리가 기어나온다.

잘못된 상식을 의심 없이 받아들이는 경우에 못지않게 우리의 편견이 세상을 왜곡해서 받아들이는 경우도 적지 않다. 이것은 우리가 세상을 이해할 때 똑같은 사물이나 상황을 두고도 자신의 사회경제적 배경에 따라서 다르게 접근하기 때문이다. 이를 빗댄 유명한 우화가 있다.

집 안에서 창밖을 내다보다가 이웃집 빨래가 더러운 것을 본 아내가 남편에게 "이웃집 빨래가 깨끗하지 않네."라고 했다. 매일 아침 이웃집 여자가 빨래를 너는 것을 보면서 아내는 남편에게 이웃집 빨래가 깨끗하지 않은데, 아마 빨래하는 방법이 잘못됐거나 세제를 잘못 쓰고 있는 것 같다고 이야기했다. 그런데 어느 날 아침 이웃집 빨래가 깨끗해진 것을 보고 아내는 "저 집이 이제야 빨래를 제대로 하네."라고 남편에게 말했다. 그러자 남편은 아내를 쳐다보면서 "오늘 아침에 내가 유리창을 닦았어."라고 대답했다. 남의 집 빨래가 더러운 것은 보여도 자기 집 창이 더러운 것은 보이지 않는 법이다.

이 우화에서처럼 우리는 얼룩진 마음의 창을 통해서 세상을 바라보는 것은 아닐까? 자신의 오염된 사고 때문에 다른 사람의 생각을 왜곡하고 편견으로 판단하는 것은 아닐까? 배움이란 바로 이렇게 모두가 당연하게 그럴 것이라고 생각하는 상식에 대해 도전하는 것이다. 자신의 인식마저 의심하고 끊임없이 검증하려는 비판적 사고가 기본이 되어야 한다.

08.
꿈, 강요한다고 될 일인가?

　4차 산업혁명은 IT 기술이 고도화되면서 가져올 지능정보사회로의 전환을 예견한다. 인공지능 기술 역시 우리의 예상을 깨고 가공할 만한 성장을 하고 있다. 사실 4차 산업혁명의 구체적인 내용보다 사람들이 충격을 받은 것은 향후 15년 이내에 기존 직업의 60%가 사라지고, 10년 후의 직업은 아직 생기지도 않았다든지, 그동안 인간의 영역이라 생각했던 예측과 추론의 사고 영역까지 로봇과 인공지능 기술이 대체할 수 있다는 것 등에 대한 막연한 두려움 때문일 것이다.

　우리가 기술이나 사회의 변화를 주시하고 적극적으로 대처해야 하는 것은 분명히 필요한 일이지만 그렇다고 너무 두려워하거나 당황할 필요는 없다. 경험상 그렇게 요란하게 떠들어댄 것들이 그렇게 심각하게 우리에게 영향을 미치거나 위협이 되지는 않았던 것 같다. 가까이에서 찾아보면 컴퓨터 오류를 발생시켜 엄청난 혼란이 올 것처럼 요란을 떨었던 밀레니엄 버그도 민망할 만큼 조용히 지나가지 않았던가. 밀레니엄 버그로 공포 마케팅을 펼쳤던 그들은 누구도 이에 대해 언급하지 않았다. 자신들 때문에 대비를 철저히 할 수 있었다고 생각하는 것일까? 우리는 그들이 존재했다는 사실조차 잊고 일상으로 돌아갔다. 세상에는 이런 일들이 너무도 자주 아무렇지도 않게 일어난다. 사람들은 기상예보에 없던 비가 내리면 기상청을 조롱하며 화를 낸다. 그러나 이렇게 온 세상을 흔들어 놓고도 아무 일 없었다는 듯이 지나가는데도 너무나 무덤덤하다. 너무 큰일이라 현실적으로 다가오지 않는 탓도 있겠다.

더 멀리 역사적으로 보면 20세기 초 2차 산업혁명에서 3차 산업혁명으로의 전환 시점에도 공장 자동화의 가속으로 대규모 실업, 실직에 대한 사회적 우려와 논란이 있었다. 그러나 인간은 인터넷과 모바일 기반의 새로운 서비스 산업을 발전시켰고 적응해왔다. 결국 모든 사회 변화는 인간에 의해 주도되고, 그 안에서 적응해왔기에 이번 4차 산업혁명으로의 사회 진화 역시 또 한 번의 인간의 도전이자 기회가 될 것이다. 미래는 사람들이 만들어 가는 것이지 정해진 것이 아니기 때문이다.

그렇다고 아무 일도 아닌 것처럼 지내야 한다는 것은 아니다. 제대로 준비하고 대비하는 자세는 필요하다. 우리 사회 모든 분야에서와 마찬가지로 4차 산업혁명의 시대를 맞이하는 우리 사회의 지속가능한 성장을 위한 기본 동력이 될 교육의 기능과 역할을 재평가하고, 새로운 시대를 위해 올바른 변화를 위한 방향과 추구해야 할 과제를 설정해야 한다.

그러나 현실은 그리 희망적으로 보이지 않는다. 변화의 방향과 맞지 않는 우리나라의 진로교육이 그 대표적인 사례이다. 이를 포함해서 학교교육의 효용성, 특히 일반고 교육력에 대한 심각한 우려가 제기되고 있다.

어떤 교사가 초등학생들에게 장래희망을 적어내도록 했다. 아이들은 여러 가지 직업을 썼다. 과학자, 의사, 변호사, 교사 등등. 선생님이 아이들의 글을 읽다가 한 학생이 '좋은 사람'이라고 쓴 것을 보고 "너는 질문을 이해하지 못한 것 같은데?"라고 했다. 그러자 그 학생이 교사에게 대답했다. "선생님은 인생을 잘못 이해하신 것 같은데요."

우리나라 진로교육의 문제를 적나라하게 드러낸 사례이다. 중고등학교 다닐 때 어떤 꿈을 가지고 있었나? 돌이켜 생각해보면 매번 바뀌었던 것 같다. 국어선생님이 너무 멋있어서 문학도가 되고 싶었고, 지리 선생님이 너무 예뻐서 교사가 되고 싶기도 했다. 다른 사람들은 어떨지 모르지만 나와 내 주변의 친구들은 이렇게 별 생각 없이 살았다. 대학 시절에도 별반 다르지 않았다. 그냥 눈앞에 닥친 군 입대에 대한 걱정이 가장 큰 일이었고 군대를 다녀와 대학을 졸업하면 대부분 취업을 하겠지 하는 막연한 생각만 했다. 군사정권 시절의 암울한 현실 탓인지는 모르겠지만 무엇이 된다는 거창한 생각보다는 올바르고 정의롭게 세상을 살아야 한다는 의식이 더 크게 우리의 젊음을 지배했었다.

그런데 요즘의 진로교육이란 것을 보면 아이들에게 너무 일찍부터 꿈을 가지라고 강요하고, 진로라는 것이 마치 직업인 것처럼 이런 저런 직업에 대해서 소개하는 수준에 그치고 있다. 그러면서 다른 쪽에서는 미래학자들의 주장을 들어가며 20~30년 후면 현재 직업 중 65% 이상이 존재하지 않을 것이라고 이야기한다. 언제부터인가 진로교육을 강조하기 시작하면서 우왕좌왕 중심도 잡지 못한 채 교육의 중요한 부분으로 자리 잡게 되어 걱정스러운 점이 한두 가지가 아니다.

미래에 어떤 직업이 없어지고 생겨날지 누구도 모르는 것이 정확한 사실이므로 진로교육은 아이들이 자신의 삶에 대해서 고민하고 자기가 하고 싶은 것을 찾도록 하는 것이어야 한다. 그럼에도 불구하고 마치 아이들에게 빨리 미래의 직업을 선택하고, 그것을 위해서 노력해야 한다고 몰아붙이고 있는 것은 아닌지 우려된다. 아직 직업보다는 자기에 대해서 더 알아가고 고민해야 할 아이들에게 직업을 탐색하고 체험하게 해서 빨리 직업을 선택하는 것에 초점이 맞추어져 있는 대부분의 진로교육이 그런 우려를 낳게 한다. 그러면서 10년 후 유망직업이나 미래에 사라질 직업에 대한 예상을 던져주고 그중에서 자신의 미래를 선택해야 하며 그렇지 않으면 낙오될 것이라고 협박하는 것만 같다.

그러나 잘 생각해보자. 10년 후의 유망직업 운운하는 것은 이미 낡은 것이다. 그것은 정년과 더불어 수명이 다하던 산업화 시대의 유물이다. 우리 아이들은 120세, 150세를 넘어서 갑작스런 사고만 없으면 죽지 않게 될지도 모른다. 그 긴 삶에서 10년 정도는 지금 우리가 느끼는 1~2년 정도의 기간에 불과할 것이다. 그리고 지금보다 더 급변하게 될 세상에서, 알파고보다 몇만 배 뛰어난 인공지능이 출현할 세상에 살게 될 아이들에게 10년 후의 유망직업 따위는 다음 주 주식 시세 예측만큼이나 불확실하고 무의미한 것이다.

그런 세상을 살아갈 아이들에게 자신의 삶을 탁월한 삶, 멋진 삶, 자유로운 삶으로 바꿔낼 수 있는 근원적인 깨달음을 추구하도록 가르치는 것이 궁극적인 교육의 목표가 되어야 하지 않을까?

09.
진로와 직업, 시대가 요구하는 자는 누구인가?

과거에는 개인보다는 집단이, 자신이 하고 싶은 일보다는 자신을 위해서 희생하는 부모님이나 가족에게 보답할 수 있는 길을 택하는 것이 당연한 일이었다. 자식 하나만 바라보고 온갖 고생을 마다하지 않는 부모님이나 심지어 동생을 위해 공장으로 외국으로 돈 벌러 떠난 형제를 생각하면 자신만의 생각을 주장하기는 어려웠을 것이다. 그래서 감히 꿈이라는 것을 드러내놓고 이야기하지도 못하는 분위기 탓도 있었으리라.

이제 시대가 바뀌어서 자기주장이 뚜렷해지고 개성이 강조되는 흐름에 따라 자신의 꿈이나 하고 싶은 일들을 자유롭게 이야기할 수 있게 되었다. 그러나 이것이 과잉되다 보니 꿈이 없는 사람은 무능력하거나 이상한 사람 취급을 받기 일쑤다. 대한민국 모든 사람들이 꿈을 갖도록 강요당하는 새로운 획일화 시대가 온 것이다. 그것도 아주 어린 나이부터 무엇이 하고 싶은지가 아니라 무엇이 되고 싶은지를 고민해야 한다. 게다가 진로교육에서 직업이 중심이 되다 보니 학생들 역시 학교에서 배우는 것이 자신이 희망하는 직업에 필요한지 아닌지에 따라 가치를 판단한다.

미래학자들이 전망하듯이 직업은 어느 순간에 없어질 수도 있는 것이다. 그러나 자신의 직업이 없어졌다고 해서 그 사람도 사라져야 하는 것은 아니다. 그래도 살아가야 한다. 이렇게 직업은 삶을 위한 수단이지 목적이 아니다. 직업을 바꾸어 가면서도 멋지고 행복한 삶을 살아갈 수 있는 사람을 길러내는 것이 교육인데, 지금의 진로교육은 직업이 목적이 되어버린 경향이 있다.

우리가 학교에서 다양한 교과목을 배우는 이유는 그것이 특정 직업을 위한 것만이 아니라 인간의 삶을 더 풍요롭고 가치 있게 하는 생각을 만들어가는 데 필요하기 때문이다. 그런데 학교도 아이들도 쓸모만을 생각한다. 자신이 희망하는 직업에 쓸모가 있느냐 없느냐에 따라서 아예 관심을 가지려고도 하지 않는 과목들도 있다. 그러나 지금 쓸모없어 보이는 것들이라도 자신이 희망하는 직업을 위해 필요하다. 당장의 직업을 구하기 위해 빵 굽는 기술이 필요하겠지만 열심히 빵 반죽과 빵 굽는 온도를 조절하는 기술만 배운다고 훌륭한 제빵사가 될 수는 없다. 빵을 구우면서도 더 나은 빵을 만들기 위한 다양한 요소들을 찾고 실험하고 실패를 반복하는 사람이 남들과 다른 빵을 만들어내는 특별한 일을 할 수 있다.

이런 살아가는 자세에 대한 교육이 제대로 된 진로교육일 텐데, 직업의 특성이 뭐고 돈을 얼마나 벌 수 있는지 아는 것으로 진로교육을 했다고 할 수 있을까? 다시 강조하지만 제대로 된 배움의 원리는 다르지 않다. 더구나 학벌붕괴 현상은 진로교육에 대한 새로운 생각을 요구하고 있다. 이미 어떤 대학을 가더라도 취업을 하기란 쉽지 않다. 서울의 유명 대학 졸업식 날 "졸업하면 뭐하냐. 백순데…"라는 현수막이 붙는 것은 낯선 일이 아니다. 이제 좋은 대학을 가서 대기업이나 공기업에 취직하는 것은 매우 가능성이 희박한 도박이 되었다. 기성세대가 살아왔던 산업화와 고도성장이 보장하던 기회의 시대는 이미 끝났다. 이제는 저성장, 고경쟁의 시대를 살아가야 한다. 아무리 노력해도 대다수는 탈락할수밖에 없는 구조이다. 노력하지 않아서가 아니라 미친 듯이 노력해서소진되고 마는 절망스러운 상황을 목격하고 좌절하는 아이들에게 노력하지 않아서라고 다그치는 무책임한 어른들, 그것이 우리의 모습이고 우리 교육의 모습은 아닐까?

또 하나의 심각한 오류는 가정이나 학교에서 아이들의 가능성을 이야기하면서 '무한의 노력'을 왜곡하는 것이다. 실제로는 모든 아이들의탁월성을 진심으로 믿지도 않으면서 모두의 가능성을 억지로 강요한다. 자신들이 멋대로 기준을 정해 놓고 그 기준에 도달하지 못하면 모든 책임을 아이의 노력 부족으로 책임을 떠넘기는 것이다. 그러면서 아이뿐만아니라 자신들마저 괴롭힌다. 아이가 노력이 부족해서라고 다그치다가도 자신들이 조금 더 도와주지 못한 탓이 아닌지 혼란 속에 빠져든다.

아이들이 탁월하다는 것은 저마다 서로 다른 재능과 가능성이 있다는 말이다. 모든 것을 잘한다는 것이 아니므로 잘하지 못하는 것은 솔직하게 잘하지 못한다고 이야기할 수 있어야 한다. 탁월하다는 의미를 '모든 것을 할 수 있다'는 의미로 왜곡하면 잘하지 못하거나 실패하면 노력이 부족한 게 된다. 개인의 책임이 되어 모든 짐을 지게 만드는 것이다. 정말로 노력하지 않은 경우라면 그나마 나은 편이다. 그러나 열심히 했는데도 안 되면 아이들은 자책하거나 남에게 그 탓을 돌리게 된다. 스스로를 원망하고 무기력에 빠지거나 부모, 학교, 세상을 탓하고 원망하는 두 가지 양상을 보이게 된다. 그 어떤 것도 바람직한 모습은 아니다.

기성세대의 탐욕과 무책임으로 우리 사회는 희망이 없는 '헬조선'으로 불리고 있다. 그런데도 아이들에게 희망고문을 하고 꿈을 가지지 않아서 진로에 대한 고민을 하지 않아서 잘못되는 것인냥 책임을 회피하고 있는 것은 아닌지 반성해야 한다. 아이들이 모든 것에 의미를 잃고 무기력해지는 것도 금수저, 흙수저로 자신의 처지를 구분하고 낙담하며 세상을 향해 저주를 퍼붓는 것도 지나치게 아이들을 다그친 결과이다.

누구나 자신이 가진 재능과 가능성을 믿고 훌륭한 삶을 살려고 노력하는 가운데 훌륭하게 성장하고 가치 있는 삶을 살 수 있음을 깨닫게 해야 한다. 그리고 자신이 잘하지 못하는 것이 분명히 있음을, 아니 아주 많음을 당연하게 받아들일 수 있어야 한다. 모든 사람이 보기에 뛰어난 사람도 부족한 부분이 있으며 실제로 아주 많기 때문이다. 다른 이와 비교하며 자신이 부족한 부분을 메꾸려고 발버둥치는 것이 아니라 스스로의 강점과 가능성을 더 키워나가며 이를 세상을 위해 바르게 사용할 수 있는 사람으로 성장해가야 한다. 이것이 진정한 배움이다. 이런 진정한 배움을 통해서 탁월한 삶을 살아가게 되는 것이다.

10.
철밥통 공무원? 더 이상 안전지대는 없다

우리 사회의 공무원 열풍은 어제 오늘의 일이 아니다. 실제로 국가직 9급·7급과 지방직 9급·7급을 준비하는 공시(공무원시험) 준비생은 40만 명에 육박할 것으로 추정된다.

공무원 열풍의 이유는 대다수가 선망하는 대기업과 공기업 정규직이 바늘구멍 통과하기고, 대다수가 인턴이나 비정규직으로 취업하는 상황에서 그나마 공무원에 대한 처우와 직업의 안정성이 훨씬 낫기 때문이다. 이들은 안정된 직장이라는 점에서 공무원이라는 직업을 선택하려는 것이지 공무원이 자신의 적성이나 희망이기 때문이 아니다. 어차피 회사원이 되어도 자기를 실현하기 어렵기는 마찬가지고 회사원이 되면 언제 회사를 그만두어야 할지 모른다. 회사를 그만두면 곧바로 빈곤의 나락으로 떨어지게 된다. 이런 불확실성과 사회 안전망의 부재 때문에 안정적인 직장을 찾아 공시에 매달리는 것이다. 이런 요인들이 복합적으로 작용해서 수많은 청춘들이 공무원시험에 뛰어들어 노량진 동문이 되는 한국적 특이성은 결코 희망적이지 않다.

이런 공무원 열풍은 고등학교에까지 불어 '공딩'이란 신조어가 나왔다. 대학을 나와서 백수가 되느니 일찍부터 안정된 직장에 취업하는 것이 낫다는 분위기가 확산되고 있는 것이다. 어떻게 보면 현실적인 선택이라고 할 수도 있다. 그러나 새로운 아이디어나 비지니스 모델은 창의적인 청년들의 도전적인 자세에서 나오는 경우가 많다. 많은 젊은이들이 자신의 꿈을 위해서 위험을 감수하고 도전하기보다 안정적인 삶을 추구한다면 창의적이고 새로운 아이디어가 국력이 될 미래사회에서 우리나라의 경쟁력을 우려할 수밖에 없다.

실제로 얼마 전에는 모 외고를 자퇴하고 공무원시험에 합격한 어린 여학생의 사례가 화제가 되었다. 그 여학생은 대학입시를 위한 경쟁이 싫었고 대학생이 돼서도 취업 경쟁 속에서 살고 싶지 않아서 공무원이 되기로 했단다. 또 또래보다 빨리 사회에 진출해 앞서 나갈 수 있다는 점도 중요한 이유였다.

본인의 선택을 존중하지만 이런 사례를 바람직한 것으로 보아야 할지에 대해서는 회의적이다. 그 개인의 문제라기보다는 우리나라의 청년들이 더 큰 세상에 도전하지 않고 안정적인 현실에 안주하려고 하는 것은 그만큼 한국 사회가 건강하지 못하다는 것을 의미하기 때문이다. 취업이 인생의 전부라고 생각하는 풍조가 확산된 것을 보면 사회 안전망이 부재한 우리의 열악한 사회구조가 어떤 부작용으로 나타나는지를 잘 알 수 있다.

세상에는 기이한 일들이 참으로 많이 벌어진다. 이것을 문화의 차이나 사회 시스템의 차이로 이해할 수도 있지만 그래도 좀체 동의하기 어려운 일들도 적지 않다.

그런 사례를 보여주는 것이 취업준비 기숙학원이다. 출산율 저하에 따른 학생 수의 감소와 대학입시에서 수능의 비중이 낮아진 영향으로 기숙학원들이 문을 닫는 처지에 놓였다는 기사를 접한 것이 얼마 되지 않은 것 같은데, 취업준비생들이 이 기숙학원을 채우고 있다는 것이다. 서울의 한 명문 사립대를 졸업하고 공무원시험을 준비하는 사람에서부터 전문대학원을 준비하는 사람들까지 그 대상과 연령대는 다양하다. 이들 대부분은 이미 대학입시를 위해서 시험공부에 몰입했던 경험이 있는 사람들이라 오히려 이런 생활에 익숙하다고까지 하니 어떻게 받아들여야 할지 난감하다. 학원에서 정한 일과표에 따라 잠자는 시간과 밥 먹는 시간만 빼고 하루 15시간 넘게 시험공부에 매달리는 것은 기본이고 생활규정을 어기면 벌칙까지 감수해야 한다. 시험 준비를 위해서 하루 24시간을 관리받는 대신 모든 권리와 자유를 포기해야 하는 것이다.

학원생들이 모두 같은 유니폼을 입고 서로의 이름도 공개하지 않으며, 학원이 정해준 스케줄에서 한 치도 벗어나서는 안 되는 그런 엄격한 규율에도 대기자까지 줄을 서는 상황이라고 한다. 이렇게 성인들마저 자신의 목표를 위해서 군대 내무반 같은 생활을 기꺼이 희망하는 것은 우리 학교교육이 어떤 사람을 길러냈는지를 너무도 잘 보여주는 증거다.

모 외고를 중퇴하고 공무원시험에 합격한 사례와 더불어 극도의 경쟁으로 아이들을 내모는 우리 사회의 시스템에 대해서 기성세대로서 뼈아프게 반성하는 마음이다. 그런 미안함 마음과 동시에 우리 청년 세대들이 안정과 편안함만을 찾는 것에 대해 심각한 우려를 하게 된다.

우리 사회의 미래에 대한 우려는 이것에 그치지 않는다. 학업성적이 우수한 학생일수록 의사, 변호사를 희망하는 경향도 심각한 수준이다.

해마다 서울대 합격생 중 합격 포기자의 대다수가 자연계열 학생이라고 한다. 이에 비해서 인문계열 합격 포기자는 매우 적었다. 이렇게 자연계열에서 입학 포기생이 속출하는 이유는 의대·치대·한의대로의 쏠림 현상 때문이라는 것이 입시전문가들의 분석이다. 이로 인해 공과대학을 비롯한 자연계열 학과에서는 학과의 특성을 홍보하고 동기를 부여하기 위한 노력을 고민하지만 합격 포기자를 줄이기는 쉽지 않아 보인다. 이들 대다수가 의대·치대·한의대에 복수 합격한 학생들이고 별다른 고민 없이 의대·치대·한의대를 선택하기 때문이다.

우리 미래세대가 취업만이 유일한 길이라 생각하고, 안정만을 추구하며, 도전 정신이 사라지고 있다는 것이 몹시 안타깝다. 교대에 지원하는 학생들을 보면 고등학교 성적이 최상위권인 경우가 대부분이다. 그들이 선생님이 되려는 이유는 교직이 안정적이기 때문이란다. 고등학교 때부터 공무원시험을 준비하는 것이 낯설지 않고, 영재고나 과학고 출신의 학생들이 의대, 한의대, 약대로 몰리는 현상을 심각하게 받아들여야 한다.

그 이유를 찬찬히 들여다보면 부와 권력을 최고의 가치로 여겨온 우리 사회 전체의 의식에 뿌리가 있음을 발견할 수 있다. 이미 여러 학자들이 지적했었다. 여기에 한 가지 더 중요한 문제가 있다. 이런 현상의 원인을 개인의 문제로만 취급해서는 안 된다는 점이다. 우리 사회는 실패를 용인하지 않는 단판승부의 사회이다. 미국의 벤처기업이 성공확률이 높은 이유는 실패를 허용하는 투자 문화가 있기 때문이다. 위험이 많은 곳에 높은 수익이 있다는 것을 말로만이 아니라 실제 행동으로 실천한다.

미국에서 좋은 아이디어를 가지고 있으면 창업을 하고 투자를 받는 것이 아주 쉽다. 다들 아는 것처럼 창업한다고 모두 성공하는 것은 아니며, 오히려 실패하는 경우가 더 많다. 기업을 운영한다는 것은 정말 어렵고 그것을 성공으로 이끈다는 것은 더더욱 어렵다. 벤처기업 창업환경이 가장 좋다는 미국에서조차 창업 성공율은 18% 정도이다. 물론 우리나라에 비하면 경이적인 수치이긴 하지만, 그럼에도 불구하고 5개의 기업이 창업하면 그중 4개는 망하는 것이다. 그러나 이렇게 성공한 기업들은 망한 기업에 투자했던 것보다 몇 배의 수익을 투자자에게 되돌려준다. 그런 장기적인 안목을 가지고 신생기업을 키우는 문화가 공무원시험을 위해서 기숙학원으로 달려가는 한국 청년들과 창업이 직업선택의 1위인 미국 청년의 차이를 만들어내고 있는 것이다.

우리는 4차 산업혁명 시대를 대비해야 한다고 말한다. 그러나 4차 산업혁명 시대는 일부 막대한 자본이 투입되어야 하는 초거대 산업과 뛰어난 아이디어를 기반으로 하는 작고 강한 기업의 시대가 될 것이다. 이런 작고 강한 기업이 많은 나라가, 그런 기업들을 키워나갈 토양이 갖추어진 나라가 세계의 경제를 주도할 것이다.

그러므로 우리가 고민하고 걱정해야 할 것은 우리 청년들이 안정된 직장으로 취업만 하려 하며 도전정신이 없다는 점이다. 기성세대가 만든 살벌한 정글의 사회, 패자부활이 불가능한 대한민국이 이 문제의 주범이다. 미국의 재창업 성공률이 20%로 최초 창업 성공률보다 더 높다는 사실에서 이제는 무언가를 배워야 하지 않을까? 미국이 멀게만 느껴진다면 중국은 어떤가? 우리가 산업화 시대에 투자했듯 중국은 국가가 나서서 창의적인 기업에 투자하고 있다. 미국 못지않게 창업열풍이 높은 것이 중국사회라는 것이 이를 증명해보이고 있다.

11.
가정교육, 이제 아무도 하지 않는 이야기

교육은 학교와 가정의 공동 책임이다. 이것은 헌법의 정신이자 교육기본법에 명시되어 있는 법적 의무이다. 국가의 기관인 학교는 모든 국민에게 교육을 제공해야 할 의무가 있고, 모든 국민은 자녀에게 국가가 정한 의무교육을 시켜야 할 의무가 있다. 즉, 학교는 국민 모두에게 공평하고 질 높은 교육을 제공해야 할 의무가 있으며, 부모는 자녀가 충분한 성장과 발달을 할 수 있도록 교육해야 할 책임이 있다.

따라서 교육에서 수요자와 공급자라는 개념은 교육의 의미를 제대로 이해하지 못한 몰상식한 발상에서 나온 것이라 봐야 한다. 우리 교육에 가장 큰 영향을 그것도 나쁜 방향으로 영향을 미친 단어가 '교육 수요자'이다. 소비자가 왕이라는 말이 갑질을 만들어냈듯이 '교육 수요자'라는 단어가 교육계의 머리 위를 맴돌기 시작하면서 교육은 망가지기 시작했다. 이제는 학부모만이 아니라 학생들조차 자신들을 무슨 쇼핑하는 소비자로 착각한다. 학부모들은 자신들이 교육의 중요한 책임이 있는 존재임을 망각하고 있다. 유치원 종일반에다 초등학교 온종일 돌봄교실까지 이제 아침부터 저녁까지 아이를 학교에 하루 종일 떠맡기고 정작 부모들은 자녀의 교육에 아무런 책임이 없는 사람처럼 살 수 있다. 그뿐인가? 그나마 학교에서 탈출한 아이들은 여지없이 학원으로 내몰린다. 그러니 방학만 되면 부모들이 난리가 난다. 어찌할 바를 모르는 것이다. 학교와 교사의 교육력에 대한 신뢰는 땅에 떨어지고 불만만 하늘을 찌른다.

그러나 학부모들이 착각하지 말아야 할 것이 있다. 우리나라 교사들은 매우 뛰어난 사람들이다. 도덕성이나 사명감을 눈에 보이게 증명할 수는 없지만 적어도 학업능력으로는 우리나라 학부모를 포함한 성인 대다수 중에서도 아주 뛰어난 사람들에 속한다. 지적인 면에서 함부로 교사들을 평가할 수 있는 자격이 되는지 깊이 생각해보아야 할 것이다. 자존심이 상하는가? 반박하고 싶을 것이다. 그러나 오해하지 말자. 학부모를 무시하려는 것이 아니다. 교사를 인정하고 존중할 때 우리 아이들의 삶이 더 행복해진다는 말을 하고 싶을 뿐이다.

아이들이 칭찬을 통해 놀라운 성장을 하듯이 교사들도 존중을 통해 자신의 능력 이상의 일을 할 수 있게 된다. 교직에 대한 존경과 신뢰가 높아질수록 거짓말처럼 교사들의 태도도 그 수준에 맞게 변한다. 헌신과 사명감으로 무장한 교사들이 아이들의 성장에 관심을 가지고 단순한 업무가 아닌 인간적인 애정으로 아이들을 보살필 때 학교는 아이들이 무한한 가능성을 제대로 살려가는 행복한 공간이 될 수 있다. 곰곰이 생각해보기 바란다. 누가 그런 일을 할 수 있겠는가? 정치인이? 교육감이? 아니다. 교장, 교감, 교사들만이 할 수 있다. 아이들과 매일 마주치고 그들의 삶에 영향을 미치는 것은 부모와 가족을 뺀다면 선생님들이 유일하다.

그래서 선생님들뿐만 아니라 가족과 지역사회가 함께해야 교육이 제대로 자리를 잡을 수 있다고 말하는 것이다. 교육개혁이 성공한 대부분의 지역을 보면 가정과 지역의 역할을 간과한 곳은 없다. 가정과 지역의 공감대를 형성하고, 그들이 가진 자원을 적극적으로 활용하려는 노력과 지원을 아끼지 않는 문화가 교육개혁을 성공으로 이끌었다. 전 세계 어느 나라 어느 지역이나 충분한 재원과 자원을 교육에 투입하기는 어렵다. 많은 학교들이 매일 매일 학생들의 고유한 재능을 살릴 수 있는 다양한 교육을 하기에 부족한 자원의 문제와 싸우는 데 많은 힘을 빼고 있다. 풍족한 지원과 자원으로 성공적인 교육을 하는 곳은 그리 많지 않다. 그런 가운데서 성공적인 성과를 보이고 있는 학교들의 특징은 지역과 교육의 문제를 함께 고민하는 가운데 공감대를 형성하고 지역이 학교교육을 지원하는 역할을 하고 있다는 것이다.

자신은 교육을 소비하는 소비자로서 아무런 책임의식도 갖지 않고 불만과 비판만 늘어놓는 학부모들과 지역이 대다수일 때 학교는 변하지 않고 아이들은 제대로 성장하지 못한다. 교육에 대한 책임을 학교로 떠넘기는 것이 당장은 마음 편할지 모르지만 결국 그것이 우리 아이들에게는 부정적인 결과로 나타나게 된다. 또 당장 자신의 아이 하나 둘도 제대로 감당하지 못하면서 학교 탓만 하는 것은 얼마나 무책임한가?

학생선도위원회에서 일어나는 일을 실제 예로 들어보면 정말 문제가 심각한 학생들의 경우 대부분 학부모가 나타나지 않는다고 한다. 부모가 아이에게 관심이 없거나 아이를 어찌하지 못해서 포기한 경우가 많다. 가정에서 제대로 가르치지 못한 아이를 학교가 어떻게 해주기를 바라는 심정은 이해하지만 불가능한 일이다. 학교교육에 교사와 학생들뿐만 아니라 학부모, 지역사회가 같이 참여하고 책임지는 집단적 책임의식을 형성할 때 학교는 변화한다. 이것은 권한의 위임이고 리더십이 분산되는 새로운 형태의 리더십이다. 집단적 책임의식은 모든 구성원의 신뢰와 배려, 그리고 헌신성과 사명감을 불러일으키는 학교문화의 변혁을 이끌어내는 동력이 된다. 최근 대두되고 있는 마을교육도 가정과 지역사회의 협력으로 아이를 함께 키워야 한다는 개념인데도 불구하고 가정의 역할은 축소되거나 누락되고 있다.

저출산 대책으로 나온 무상보육과 유아 무상교육도 자녀를 낳으면 국가가 키워준다는 구호도 허구의 개념으로 아이의 교육에 대한 부모의 책임감을 약화시키는 역할을 하고 있다. 아이의 양육을 위한 돈을 주거나 기관에서 아이들을 맡아준다고 해서 키워준다고 할 수는 없다. 아이는 부모와의 긴밀한 친밀감 속에서 성장하며 부모의 생활태도와 아이들을 대하는 자세가 아이의 인격형성에 지대한 영향을 미친다. 국가가 지원한다고 해서 꼭 필요하지 않은 가정에서조차 유아기의 아이들을 저녁까지 유치원이나 어린이집에 붙잡아두면서 부모의 책임을 다했다고 할 수는 없다. 이것은 애초에 기관을 중심으로 무상보육을 지원한 탓이다. 꼭 기관에 아이들을 맡겨야 국가의 지원을 받을 수 있는 시스템으로 운영하다 보니 안 보내면 손해라는 인식이 형성된 것이다. 다행히 새 정부에서 육아수당을 지원한다고 하니 맞벌이 가정이 아닌 경우 기관에 꼭 아이를 맡기지 않아도 되는 상황이 될 것으로 보인다. 국가가 키워준다는 구호와 교육 수요자라는 개념이 교육에서 가정과 부모의 책임을 무의식적으로 방기하게 하는 역할을 하고 있다.

자신이 자녀의 교육에 대한 의무로부터 직접적인 책임이 없다고 생각할 때 학교교육이 만족스럽지 못하다는 이유로 아이들을 학원으로 내몰고, 유치원생에게 더 많은 학습을 시키도록 교사들을 압박하게 된다. 종국에는 우리나라에서 가장 학습시간이 긴 아이들이 유치원생이 되는 믿지 못할 일이 벌어지게 된 것이다. 자녀 교육에 대한 부모의 책임의식이 어떤 수준에 이르렀는지는 밤늦게까지 학교에서 아이들을 잡아두라고 민원을 제기하거나 밤늦은 시간까지 음식점이나 술집에서 조는 어린 자녀를 데리고 시간을 보내고 있는 부모들을 보기 어렵지 않은 현실로 충분히 설명되고 있다.

그리고 많은 개혁적인 교육정책들이 학부모들의 여론에 의해 후퇴하거나 왜곡되었던 과거의 사례들이 학부모의 교육에 대한 올바른 인식이 중요함을 보여준다. EBS 수능연계와 같이 학부모들의 항의 여론으로 인해 교육현장이 EBS 사교육장으로 전락한 것이 그 사례이다. 따라서 가정교육, 다시 말해서 학부모의 올바른 교육관에 대한 재인식이 교육의 정상화를 위한 결정적인 요인이므로 중요한 정책으로 다루어져야 한다.

그럼 무엇을 해야 할까? 가정교육의 회복이다. 가정교육의 회복은 교육에 대한 부모의 책임을 재인식함으로써 학교와 부모의 긴밀한 협력과 상호 신뢰가 회복될 때 가능하다. 그래서 학부모 교육의 중심과 시작은 교육에 대한 부모의 책임을 상기시키는 것이어야 한다. 아이의 올바른 성장과 교육의 정상화를 위해서는 학부모가 학교교육에 대해 이해하고 충분히 정보를 확보해야 한다. 제대로 이해할 때 올바로 선택할 수 있다. 학교교육이 어떻게 이루어지는지 이해하면 학교교육에 대한 신뢰가 회복되고 학교교육의 개선을 위한 정당한 목소리를 낼 수 있다.

또한 학교교육을 이해할 때 학교를 믿고 사교육에 의존하기보다는 아이와 함께 배우려는 자세로 아이가 스스로 성장할 수 있도록 지원할 수 있다. 학교의 교육과정을 이해하지 못하면서 학교교육에 대해 비판할 자격은 없다. 그리고 어려운 일이지만 내 자녀만을 위한 이기주의를 버리고 마을의 구성원으로서 모든 아이들의 교육을 위해 참여하고 지원해야 한다. 가정교육의 회복을 위해 부모의 책무를 인식하고 동참하기 위한 사회적 공동선언을 할 필요가 있다. 그 내용은 학교교육에 대해서 이해해야 할 책무, 사교육에 의존하기보다는 공교육을 신뢰하고 아이와 함께 배워야 할 책무, 아이가 스스로 성장할 수 있도록 지원해야 할 책무, 지역 주민으로서 마을의 교육에 참여하고 지원할 책무, 교육 발전을 위해 제도와 재정적 지원을 촉진하기 위해 노력할 책무 등이다.

12.
대학입시, 길을 잃다

대학입시제도가 초중고의 교육을 짓누르고 왜곡시킨다는 주장은 하루 이틀의 일은 아니다. 그러나 이미 혁신학교가 출발하던 시기부터 앞으로 대학입시는 변화할 것이고, 오히려 초중고 교육이 대학입시의 변화에 발목을 잡을 것이라고 예견한 바 있다.

실제로 서울 소재 대학들로만 보면 이제 입시에서는 수시전형의 비중이 80%를 넘어설 것이다. 처음 수시전형이 도입되었을 때 많은 사람들이 문제를 제기하고 확대에 대해 부정적인 입장을 보였다. 그러나 사회의 변화는 대학에서 학생을 선발하는 방식의 변화를 강요하고 있다. 대학이 스스로 변하는 것이 아니라 대학의 생존과 발전을 위해 방향의 선회는 당연하고 필연적인 것이다.

필자가 경기도교육청에서 혁신학교 정책을 기획하고 추진할 때 많은 교사와 학부모들로부터 들었던 이야기는 '취지는 좋고 올바른 방향이지만 우리나라 교육현실 때문에 중학교나 특히 고등학교에는 맞지 않는다'라는 것이었다. 그냥 속내를 그대로 말하면 '대학입시는 어떻게 할 것이냐?'가 핵심이다. 그러던 것이 요즘에는 중학교까지는 혁신학교에 대해 동의하는 수준으로 바뀌었다. 그래도 여전히 고등학교에서는 좀 어렵다는 반응이다.

그러나 어떻게 보면 고등학교가 가장 쉬울 수 있다. 혁신학교를 시작하면서부터 이미 그 이유를 강조했었다. 학교가 변해야 대학입시가 바뀔 것이다. 학교에서 아이들의 다양한 가능성을 발견하고, 수업과 교육 활동 속에서 그 가능성과 재능을 살리고 키워나갈 때 입시의 변화를 이끌고 변화하는 입시에 대응할 수 있을 것이기 때문이다. 당시 대다수가 현실을 모르는 이상적인 이야기라고 했지만 지금 그것이 현실이 되고 있다. 세상은 변하고 그보다 느리지만 교육도 변한다. 코닥과 같은 세계적인 회사도 시장 환경이 변하는데 여전히 과거에 매어서 변화하지 못하다 망한 것을 교훈삼아야 한다.

이미 변화는 시작을 넘어서 탄력을 받고 있다. 줄 세우기 경쟁에서 우위를 점했던 층은 불안할 것이다. 특히 특목고·자사고의 학생과 학부모 그리고 그것을 인생의 목표로 달려온 사람들은 이런 변화가 못마땅하고 저항하고 싶을 것이다. 그래서 수시전형에서 학생부종합의 문제점을 과장하고 공격해서 어떻게 해서든 무력화시키려는 시도를 하고 있다. 그러나 대세는 이미 수시전형의 확대로 넘어가고 수능시험도 쉬운 수능으로 궁극적으로는 수능의 자격시험화로 갈 가능성도 배제할 수 없다.

우리나라에서 사교육으로 유명한 강남 지역의 학원가가 예전같지 않다. 물론 이런 변화가 아직 수도권으로까지 전파되지는 않았다. 그것에 안도하지 말자. 어차피 정보는 그들이 선점해왔다. 그리고 변화를 먼저 인식하는 것도 그들이었다. 그래서 강남에서의 변화는 중요한 의미를 갖는다. 그들이 더 이상 그런 시스템으로 안 된다는 것을 눈치챘다는 것은 변화가 대세라는 것이다.

수시전형이 도입되고 최근까지는 여전히 특목고나 자사고 학생들이 수시전형에서까지 강세를 보이고 있다. 그래서 필자는 특목고나 자사고를 무조건 비판하는 것에는 반대한다. 이 학교들의 교육과정이 아이들의 다양한 활동과 심화탐구를 활발하게 유도하는 장점이 있다는 것은 인정해야 한다. 일반고에 비해 몇 배나 많은 자율동아리와 심화탐구 활동이 전적으로는 아니지만 수시전형에 상당히 유리하게 작용했으리라는 것은 부인할 수 없다.

그러나 이제 일반 고등학교에서도 수시전형에서 단순히 내신만이 아니라 다양한 활동이 필요하다는 것을 깨닫고 적극적인 노력을 시작했다는 점에 주목해야 한다. 입시에서는 그런 노력을 기울인 일반고의 활약이 두드러지기 시작했다. 시작에 불과하다. 앞으로는 수시전형에서 일반고의 성과가 더 높아지게 될 것이다. 대다수의 특목고나 자사고 학생들은 상대적으로 불이익을 당하게 되는 상황이 된 것이다. 대학입시에 대한 이해가 높고 유명 강사에 대한 정보력을 바탕으로 학부모들 위에 군림해 온 소위 '돼지엄마'들의 위세가 전만 못하다는 말이 학부모들 사이에 퍼지고 있다.

이렇게 되자 수시전형(특히 학생부종합)에 대한 집요한 공격이 시작되었다. 수시전형의 확대에 대한 공격은 그 배경과 근거를 정밀하게 분석해야 문제제기의 방향과 문제의식을 정확하게 이해할 수 있을 것이다. 단순히 논란이 된다고 해서 문제가 있다는 식으로 결론 내리고 축소나 폐지를 바라는 것은 아무런 도움이 되지 않는다.

수시전형에 대한 논의는 대학입시 평가방법으로서의 적절성에 대한 것이다. 대학입시의 목적은 대학에서 학습하기에 적합한지를 가리는 선발기능, 학생의 성장가능성을 판단하는 계발적 기능, 유초중고 교육의 정상화에 기여할 수 있는 교육적 기능, 그리고 사회의 불균형을 해소하고 통합을 추구할 수 있는 사회적 기능의 달성에 있다.

　평가방법은 이러한 목적을 추구하면서 자체로서 합목적성과 공정성에 근거해야 할 것이다. 합목적성은 평가가 그 목적에 부합하는지, 평가하는 목적을 달성하고 있는지를 의미한다. 즉 당위성에 해당되는 가치이다. 공정성은 피평가자들을 공정하게 평가하는 방식인지, 사회적 정의를 실현하는 방법으로 평가가 이루어지고 있는지가 핵심 내용이 되어야 할 것이다. 이것은 사회의 정체성에 해당되는 가치이다.

　현재의 대학입시 전형을 사회정의론 차원에서 다시 정리해보면 다른 요소와는 무관하게 전국적인 시험성적으로 더 좋은 학생을 뽑으면 된다는 절차적 정의를 추구하는 전형으로 수능시험이 이에 해당된다. 이런 방식의 전형을 주장하는 측에서는 가장 공정한 입시방법이라는 입장이다.

　학생들의 사회경제적 격차를 고려하지 않고 결과로만 평가하는 것은 그 격차를 고착화시키는 것이므로 주어진 환경 속에서 최선을 다한 학생을 선발하는 것이 바람직한 전형방법이라는 주장은 공동체적 정의를 달성할 수 있다는 믿음에 근거하고 있다. 이는 사회적 균형성에 더 가치를 두는 입장이다. 지역균형선발이 이런 유형의 전형이다.

　다른 주장으로는 획일적인 시험으로는 학생들의 재능을 제대로 파악할 수 없으므로 다양한 측면에서 공부할 준비가 잘 된 학생을 선발해야 한다는 입장이 있다. 이는 목적론적 정의에 근거하는데 적합성이 대학입시에서 가장 중요한 가치라는 주장이다. 학생부종합이 이런 주장에 근거한 전형이다.

이런 주장들 중 어떤 가치가 더 중요하다고 명확하게 결론을 내리기는 어렵다. 모든 주장이 나름대로 타당하고 우리 사회가 추구해야 할 다양한 가치를 담고 있기 때문이다. 따라서 대학입시에서의 이해관계자(stakeholder)들의 입장을 잘 조화하는 적절한 방안을 찾는 것이 필요하다. 어느 한 집단의 이해가 크게 침해당했다는 인식이 확산되면 아무리 정당한 정책도 정상적으로 추진되기 어렵다는 경험은 이미 충분하다. 문제는 당위성만 내세우거나 과장된 여론에 흔들리는 정책이다. 최근의 수능절대평가 논란도 그런 전철을 그대로 답습하는 모습을 드러내고 말았다.

세상은 분명히 변하고 있다. 세상은 이렇게 변하고 있는데 늘 변화를 읽지 못하는 사람들이 있다. 물론 대학입시가 모든 것은 아니며 인생을 좌우하는 것도 아니다. 우리나라 학부모, 학생, 학교의 주요 관심이 대학입시이므로 무조건 외면할 수도 없다. 그러나 대학입시에 무리하게 몰두함으로써 아이들의 가능성을 죽이고 변화하는 입시환경에도 적응하지 못하는 최악의 선택은 하지 말아야 한다. 말로는 모든 아이들이 탁월하다고 하면서, 실제로는 그것을 믿지 못하는 학부모나 학교 때문에 우리 아이들의 가능성과 미래가 위협받는 것은 누구도 원하지 않는 일이다.

이런 상황에서 좋은 대학을 꿈꾸는 학생과 학부모의 욕망을 질타하거나 외면하는 것은 문제해결을 위한 올바른 선택이 아니다. 어느 한쪽을 도덕적으로 몰아세우거나 그 욕망을 억누르는 방식으로 문제가 해결된 사례는 이제까지도 찾아볼 수 없었다. 교육당국이 대학입시 문제를 해결하기 위한 어떤 정책을 내놓아도 학부모들은 자신들에게 유리한 새로운 돌파구를 찾아내고 정책의 본질을 무력화시키는 방식으로 연대해왔다. 이런 과정에 사교육이 깊숙이 개입하고 강력한 힘을 발휘한 것도 사실이다.

근래에 시도되고 있는 대학입시 변화의 방향은 시대의 흐름과 사회의 변화에 순행한다는 측면에서 쉽게 후퇴하지 않을 것이다. 대학입시에서 학생선발 기준이나 방법의 변화를 이해하기 위해서는 먼저 기업의 인재 채용 방식의 변화를 주목할 필요가 있다.

불확실성이 커진 기업 환경은 완전히 새로운 미래에서도 기업을 지켜내고 발전시킬 수 있는 인재를 확보하기 위해 새로운 채용방법을 개발하는 등 심혈을 기울이게 되었다. 스펙 관련 항목을 대폭 줄이고 직무수행 능력 중심의 열린 채용으로 전환하고 있다. 기업이 이렇게 변화하는 이유는 간단하다. 생존을 위해서다. 기업 최고의 목표는 생존과 성장이다. 다시 말하면 기존의 학벌이나 스펙 위주로 선발했던 인력들이 입사후 적응이나 능력에서 만족할 만한 성과를 내지 못했다는 것의 반증이라고 봐야 한다. 입사지원서에 학력이나 성별, 나이를 적지 않도록 하는 등 선입견 없이 그 사람의 가치관, 능력, 적성으로 판단하는 채용방법도 이제는 낯설지 않다.

이렇게 다양한 방법으로 인재를 뽑으면서 기업이 가장 발 빠르게 움직이고 있다. 인재채용에서 기업이 다른 기관보다는 외부의 영향으로부터 비교적 자유롭다는 점도 어느 정도 작용했겠지만, 그보다는 기업의 생존을 위해 최선의 방법을 선택한 것이라고 봐야 한다. 이것이 대학입시에도 영향을 미치고 있다. 대학 역시 수능성적을 기준으로 간편하게 학생을 선발하는 형태에서 다양한 인재를 뽑기 위한 복잡한 선발 방식으로 전환하고 있다. 이미 수시전형으로 신입생을 뽑는 비율이 75%를 넘어섰다. 대학입시는 대세적 방향이 바뀐 지 오래다. 인정하고 싶지 않아도 어쩔 수 없다. 변화를 인정하지 않는 학생과 학부모에게는 힘든 여정이 남아 있을 뿐이다.

13.
수능, 객관적이며 공정하다고 믿고 싶은 미신

우리 사회에서는 평가의 객관성을 대학입시의 가장 중요한 가치로 여겨왔다. 그런데 그 주장을 자세히 들여다보면 객관성과 공정성을 동일한 의미로 보는 시각에 근거하는 경우가 많으므로 이를 공정성의 범주에서 살펴보는 것이 적절할 것이다. 합목적성과 공정성이 충돌할 때는 양자의 입장을 적절하게 조정하는 것이 필요한데 그것은 그 사회가 추구하는 가치에 따르게 된다. 일반적인 관점에서 올바른 평가를 위해서는 평가의 합목적성의 가치가 우위에 놓여야 하는 것이 바람직하다. 양자의 상호관계나 비중의 조정은 논의가 필요한 사항이다.

그럼 현실적인 대학입시 환경은 어떨까? 정말 수능이 모두에게 유리하게 작동하는 공정한 선발제도일까?

서울대학교 입학처의 통계자료는 신입생을 수능성적만으로 선발하는 경우 강남3구가 절대적 우위를 보일 것으로 예상하고 있다. 여기에 학교 유형별로 보면 특목고·자사고 등의 강세가 예측된다. 이것을 입증하는 다른 자료도 많다. 어쨌든 그 모든 자료들이 가리키고 있는 것은 수능이다. 수능은 사교육의 영향력이 가장 크게 작용할 수 있는 시험제도이며, 돈을 많이 투자할수록 그 효과도 커진다. 이것은 단지 학생 개인의 노력만으로 이룰 수 없는 다른 강력한 힘이 작동하고 있다는 점을 분명하게 말해준다.

이런 결과를 불가피하거나 당연하게 보는 입장도 있다. 기계적인 상대주의나 경쟁만능의 관점으로 접근한다면 필연적인 결론일 것이다. 그러나 이것이 우리 사회가 추구하는 가치나 국가가 모든 국민을 대상으로 제공하는 교육이 추구하는 가치에 부합하는지에 대한 제대로 된 검토가 필요하다. 이를 위해서 우리가 당연하다고 여겼던 것들에 대해 의심하고 비판적으로 바라볼 필요가 있다. 앞에서 언급한 평가의 합목적성이나 공정성, 그리고 사회 정의론의 측면에서 대학입시의 정당성에 비추어 현재의 대학입시제도를 바라봐야 한다.

대학입시에서 목적하는 바가 무엇인지 근본적인 질문에서부터 시작해보자. 대학입시는 대학에서 수학할 수 있는 수준을 갖추고 학문을 탐구하며 자신의 성장을 이루어갈 인재를 선발하기 위해 행해지는 평가제도이다. 여기서 대학의 수업을 따라갈 수 있는 기초적인 학력을 의미하는 수학능력을 평가하는 것이 현재 시행되고 있는 대학수학능력(수능)시험이다. 다시 말하면 수능은 대학에 진학해서 공부할 수 있는지 여부를 판단하는 시험이라는 뜻이다. 이런 목적에 충실하려면 수능은 절대적인 기준으로 피평가자를 판단하는 것이 옳다. 수능이 피평가자의 종합적인 능력을 평가할 수 있는 시험이라면, 많은 경쟁자 중에서 비교를 통해 일부를 선발해야 하는 대학입시의 특성으로 볼 때 상대평가가 불가피할 수도 있다. 그러나 수능은 피평가자의 종합적인 능력을 평가하기에는 매우 부적합한, 일부의 능력만을 평가하기 위한 시험이다. 대학에 진학해서 학문을 탐구할 수 있는 가능성을 판단하기에 적합하지 않다. 최근에 쏟아져 나오고 있는 여러 가지 지표들을 보면 수능으로 대학에 진학한 학생들에 비해 상대적으로 피평가자의 종합적 측면을 평가하고 있는 학생부전형으로 진학한 학생들이 더 높은 성과를 보이고 있다. 우리가 일반적으로 알고 있는 사실과는 전혀 다른 결과다. 그러므로 상대적인 등급을 산출하는 현재의 수능은 합목적성에서 벗어나 있다고 할 수 있다.

더 심각한 문제는 평가의 본래 목적과는 별 관계없는, 수험생을 변별하기 위한 수단이 원래의 목적을 밀어내고 핵심으로 자리 잡고 있는 것이다. 변별력이 핵심적인 가치가 되다 보니 수능은 수험생들의 실수를 이끌어내는 것이 출제 목표가 되고 있다는 비판을 초래하고 있다. 문제 하나에 따라서 달라지는 등급에 희비가 엇갈리고 그것으로 자신이 진학할 대학이 결정되는 것 또한 수능의 비교육적인 부작용이다.

이것이 옳은 일일까? 혹시 개입할 수 있는 부정을 우려해서 너무 많은 것을 희생하고 있는 것은 아닐까? 최근의 이대 입시부정으로 인해서 이런 우려가 더 과장되고 있는 것이 사실이다. 이대 입시부정은 예체능 전형에서 일어난 일이다. 예체능 전형의 문제는 어제 오늘의 일이 아니라 아주 오래된 역사를 가지고 있지만 어찌할 수 없는 것으로 받아들여지고 있다. 예체능은 기계적으로 측정할 수 없는 특수성이 있기 때문일 것이다. 그럼 예체능만 그럴까? 대학에서 학문을 할 수 있는 역량은 단지 문제 하나 더 푸는 것으로 결정될 수 없다. 학문에 대한 관심과 재능, 이런 것들을 객관식 문제로 평가하고 시험 답안으로만 평가해서 결정할 수 있다고 믿는 사회가 많지는 않을 것이다. 특히나 우리가 지향하는 사회에서는 찾아볼 수 없는 제도이다.

대학입시의 중요한 목적은 학문을 탐구하고 자신의 성장을 이루어낼 가능성을 갖춘 지원자를 선발하는 것이다. 이런 가치는 단편적인 학문적 지식에 대한 수치의 계량만으로 판단할 수 없으며, 종합적이고 다면적인 평가를 통한 정성적 판단이 필요하다.

대학이 어떤 가치를 중요시 하는지 일일이 확인하지 않더라도 기본적으로 후자가 더 중요한 관심사다. 이런 추세는 이미 기업의 인재 채용 트렌드를 통해서 나타나고 있으며, 대학은 이를 추격하는 형국이다. 대학은 당장의 이윤추구와 생존경쟁의 압박을 기업에 비해서 덜 받는 편이다. 그러나 좋은 일자리에 대한 경쟁이 치열해지고 대학을 졸업해도 취업하지 못하는 청년 실업자의 수가 늘어나면서 대학도 기업이 원하는 인재상에 관심을 가지지 않을 수 없다. 시험성적만으로 평가해서 뽑은 학생들이 이런 사회의 요구를 충족하지 못하는 것이 대학의 고민이며, 첫단추인 선발시스템이 원인이라는 결론에 도달한 것이다.

이런 주장을 뒷받침하는 근거는 각 대학 입학생들의 학교생활에 대한 추적 조사 결과들이다. 각 대학의 자료에 따르면 학생부교과전형 및 입학사정관제 등 생활기록부 위주 전형으로 입학한 학생들의 평균 학점이 논술이나 수능으로 들어온 학생 평균보다 높았다. 2015학년도 서울 소재 모 대학 신입생의 평균 학점을 분석한 결과 학생부종합전형 출신의 평균 학점(3.18)이 논술(2.97)이나 수능(2.97), 기회균형(2.95) 전형으로 입학한 학생들보다 높게 나타났다. 대학의 선발 목표가 과거의 성과가 아니라 앞으로 대학에서의 성장 가능성이라면 어떤 학생을 선발해야 할지는 자연스럽게 판단할 수 있다. 이것이 대학입시의 전환을 이끌고 있는 주된 요인이다. 특히나 최근에 나온 카이스트의 자료는 우리가 믿고 있는 신념을 보기 좋게 배신하고 있다.

평가의 합목적성에 비추어 수능시험 성적만으로 학생을 선발하는 정시전형과 지원자의 학문에 대한 열정과 성장할 수 있는 가능성에 대한 정성적 판단을 중심에 두고자 하는 수시전형, 특히 학생부종합전형을 판단하면 쉽게 결론에 도달할 수 있다.

정부의 정책이 수시전형을 확대하는 방향으로 시행되기도 했지만 이 것이 대학의 필요와 맞아떨어지지 않았다면 정책을 유지하는 것은 쉽지 않았을 것이다. 결론적으로 수시전형의 확대는 사회 변화의 방향과 역행하는 입시제도에 대한 개선 요구와 취업시장의 환경 변화에 따른 대학의 필요성에 따라 이루어진 측면이 강하다.

14.
수시, 저항의 실체는 누구인가?

그럼에도 불구하고 일각에서 여전히 수시전형의 확대, 특히 학생부종합에 대한 비판과 공격이 끊이지 않고 있으므로 그 주장의 실체와 원인에 대해 좀 더 세밀하게 살펴보도록 하자.

학생부종합에 대한 논란은 크게 두 가지로 나누어볼 수 있다. 첫 번째는 학생부종합전형의 공정성에 대한 논란으로 가치에 대한 공격이다. 두 번째는 고등학교가 변화하는 입시제도에 대한 대응과 학생의 진학 지원이 미흡한 것에 대한 불만의 표출로, 미비한 시스템에 대한 공격이다.

먼저 공정성에 대한 문제제기부터 보자. 학생의 전인적인 성장을 평가하는 학생부종합전형이 정성적인 평가로 이루어지고 있어 객관성을 확보하기 어렵다는 점과 학교의 격차를 반영하지 못하는 학생부의 내신 성적의 등가성에 대한 불공정을 지적하고 있다. 정성적인 판단으로 학생을 판단하는 것은 평가자의 주관성이 깊이 개입될 수 있으므로 객관적이지 못하며, 따라서 공정하지 않다는 주장이다. 또 학교 간의 격차가 분명히 존재함에도 내신성적에서 이런 차이를 고려하지 않고 똑같은 수준으로 반영하는 것은 등가성에 심각한 오류가 있으므로 공정하지 않다는 것이다. 이 주장은 한때는 같은 내신 등급이라도 수능성적이 학교에 따라서 큰 차이가 있다는 강력한 증거를 바탕으로 설득력을 얻기도 했지만 지역균형선발로 대학에 진학한 학생들이 결코 대학에서 뒤처지지 않는다는 다년간의 축적된 데이터에 힘없이 밀려나고 말았다. 그들이 진실처럼 이야기한 수능성적이 좋은 학생들이 공부 잘하는 학생이라는 상식은 근거 없는 허구에 지나지 않았던 것이다.

다음으로 제기되는 문제는 학교가 변화하는 대학입시제도에 적절히 대응하지 못하면서 학생들의 진로와 진학을 제대로 지원하지 못한다는 불만이다. 이것은 부모의 사회경제적 위치에 따른 기회의 불균형을 초래하고 종국에는 대학입시에 불이익으로 이어지고 있다는 우려이다. 사교육비 지출 능력 차이에 이어 또 하나의 교육격차가 발생하는 이중고를 학부모에게 전가한다는 비판이다. 이 두 번째 주장은 학생부종합전형을 준비하는 과정에서 사교육 의존도와 부모 인맥의 중요성이 높아지고, 따라서 부모의 영향력이 수능에 비해서 더 강하게 개입될 수 있다는 논리로 많은 학부모들의 불안감을 자극하면서 공감을 형성하고 있다. 먼저 이런 주장의 실체를 면밀하게 분석해볼 필요가 있다.

첫 번째 주장은 정성적 평가의 공정성에 대한 문제제기이다. 이런 주장의 배경에는 정량적 평가의 객관성이 평가의 공정성을 보장할 수 있다는 믿음에서 나온다. 그러나 정성적 평가가 객관성이 보장되지 못하는 평가방법인가에 대한 논란은 차후로 미루더라도 평가의 공정성이 무엇을 의미하며 객관성만을 확보하는 것이 공정성을 보장할 수 있는지에 대한 논의는 필요하다.

평가에서 객관성이란 어떤 환경에서 평가가 시행되더라도 동일한 또는 거의 유사한 결과가 나오는 것만을 의미하지는 않는다. 편향성이 없고 모두에게 고르게 기회가 주어지는 것도 객관적이고 공정한 평가가 갖추어야 할 필수적인 요소이다. 그런 측면에서 봤을 때 주어진 보기에서 정답을 고르는 수능은 전자의 요건은 충족한다고 할 수 있다. 그러나 후자의 관점에서 보면 심각한 결격사유를 가지고 있다. 수능은 수험자의 지식수준, 그것도 대부분 암기를 통해서 얻을 수 있는 지식의 정도를 평가하는 수단이다. 그것도 소위 말하는 주요과목, 국어, 수학, 영어, 탐구, 외국어를 중심으로 이루어지므로 이런 과목에 유능한 수험생들에게 결정적으로 유리한 편향된 평가이다.

이렇게 수험생이 가진 일부 특성만을 판단할 수 있는 시험제도가 객관적이라고 할 수 있을까? 근거는 무엇인가? EBS 수능에 나오는 영어지문의 한글 해석을 열심히 암기해도 점수를 받을 수 있는 평가가 측정할 수 있는 것은 일반적으로 기대하는 목표와는 크게 다르지 않을까? 그러므로 수능시험만이 객관적이라는 주장은 객관적이지 않은 편협한 주장이다. 수능시험 자체가 객관적이지 않을 수도 있음을 인정해야 한다. 대단히 협소한 특성만을 기준으로 사람을 판단하는 것은 편견이 개입될 수밖에 없는 것이다. 그런 것을 우리는 객관적이고 공정하다고 부르지는 않는다.

객관식이라고 부르는 '답안 선택형 시험'이 오랜 시간 동안 우리나라 대학입시에서 유지되어온 것도, 학교 시험을 객관식이 지배해온 것도 바로 이 공정하고 객관적일 것이라는 잘못된 믿음 때문이다. 과거 산업화

사회에서는 이런 평가를 통해 신입생을 선발하거나 사원을 채용하는 것이 크게 문제되지 않았다. 그러나 정보화시대에서 시작되고 4차 산업혁명으로 인해 본격화된 사회의 변화와 지식에 대한 의미 재규정은 더 이상 이런 방식의 평가로는 대학이나 기업이 원하는 인재를 선발할 수 없다는 한계를 드러냈다. 효용가치를 상실한 평가 방식이라는 것 역시 여러 연구와 경험을 통해서 증명되었다.

두 번째 주장은 학교가 대학입시의 변화에 재빨리 대응하지 못하고 이로 인해 적절한 진로진학 지원이 이루어지지 않는다는 것으로, 문제제기가 일부 잘못된 정보에 근거하고 있기는 하지만 큰 맥락에서는 타당하다.

많은 학교에서 학생부종합전형이 확대되고 있음에도 이에 대비하기 위한 진로진학 컨설팅이나 다양한 교육과정과 비교과활동을 지원하지 못하고 있는 것은 사실이기 때문이다. 그러나 학생부종합전형이 특목고나 자사고에 유리한 전형이라거나 소논문처럼 부모가 개입할 수 있는 여러 가지 스펙이 입시전형에서 중요한 판단 요소가 된다는 등의 잘못된 비판은 오해로부터 비롯된 것이다.

학교의 지원에 부족함이 있다는 주장은 학생들의 진로와 진학을 체계적으로 지원할 수 있는 시스템을 구축하고, 학교를 이러한 적절한 지원이 가능한 구조로 변화시켜 나가면 해결할 수 있는 문제이다. 그러나 잘못된 정보에 근거해서 학부모의 과중한 개입과 사교육 의존 필요성이 과장되면 평가제도 자체에 대한 공격으로 변질되기 쉽다. 이미 여러 차례 대학에서도 밝히고 있듯이 학생부종합전형은 활동의 수나 스펙이 중요한 것이 아니라 자신의 교과활동과 그것으로부터 연결되는 비교과활동의 질에 관심을 두는 전형이다.

정책도 학교 밖에서 이루어지는 활동이나 수상경력을 반영하지 못하도록 하는 방향으로 보완되어가고 있으므로 이런 추세는 더욱 강화될 것이다. 모든 정책이 초기에는 예상하지 못한 문제와 부작용으로 인해 제대로 작동되지 못하곤 한다. 학생부종합전형도 초기에는 제도를 악용하는 사례와 부작용이 있었다. 그러나 이것은 보완하고 개선해야 할 문제이지 정책 자체를 폐기할 사유는 아니다. 따라서 학생부종합전형이 제대로 자리를 잡으면 부모의 개입이나 사교육의 영향은 최소한 수능의 영향력보다 크게 줄어들고 학교를 중심으로 한 교육의 정상화에 가장 큰 역할을 할 것이라는 것이 전문가들의 분석이다.

가장 큰 걸림돌은 학교교육에 대한 불신이다. 일반고의 교육역량 저하에 대한 문제제기이며, 학생부종합 시대에 적절한 진로진학 지원이 이루어지지 않는다는 비판이기도 하다. 그러나 이 문제제기는 '일반고의 교육역량에 대한 평가가 공정한가?'라는 질문으로부터 출발해야 한다.

교육여건을 살펴보면 일반고는 자사고나 특목고에 비해 불리하다. 전체 고교 2,318교 중 자율고(165교), 특목고(135교), 특성화고(494교)를 제외한 일반고는 1,524개교(65.7%)이다. 학생 수는 총 1,888,484명 중 1,350,486명으로 71.5%이다. 학교 수에 비해 학생 수 비율이 높은 것만으로도 교육여건이 열악하다는 것을 반증한다. 여기에 일반고는 학생선발에서부터 불이익을 받고 출발한다. 출발 자체부터 불리할 뿐만 아니라 넘어야 할 장애물이 많은 레인을 달려야 하는 이중의 불이익을 당하고 있다는 것을 고려하면 현재 일반고의 성과는 놀랍다고 봐야 한다.

15.
일반고의 반란,
전교 1등이 떨어진 대학에 전교 7등이 붙더라?

여러 가지 교육적으로 불리한 환경에도 불구하고 최근 일반고들이 수시모집을 통해 대학입시 성적이 눈에 띄게 나아지기 시작했다. 물론 수시에서 여전히 자사고 학생들이 좋은 성과를 얻고 있다. 지금까지는 자사고나 특목고가 수시전형에 유리한 많은 동아리나 비교과 활동을 해왔기 때문이다. 이 와중에서 일반고의 약진이 두드러지고 있다는 점에 주목해야 한다. 이런 추세는 더욱 강화되고 확대될 것이다. 외형적으로는 여전히 특목고나 자사고의 대학입시 성적이 좋은 것으로 나타난다. 그러나 잘 살펴보면 특목고나 자사고의 대입성과의 상당 부분은 재수생들에 의한 것이다. 재수생들은 대부분 수능을 통한 정시모집에 지원한다. 따라서 그 길이 점점 좁아지니 재학생들은 수시모집에 몰릴 수밖에 없는데, 수시모집은 학교 내의 내신경쟁이 심한 특목고나 자사고 학생들에게 유리하지 않다.

특히 이제 일반고에서도 수시모집에 적극적으로 대응하는 것이 효율적이라는 것을 인식하고 학생들에게 다양한 활동을 지원하는 등 비교과 영역의 활동을 강조하고 있다. 수시에서 일반고 출신 학생들의 활약이 눈에 띄게 높아지고 있어서 특목고나 자사고에 진학하는 것이 대학입시에 별로 도움이 되지 않을 뿐만 아니라 오히려 불리하게 된 것이다.

이것이 학생부종합전형에 대한 비판과 공격이 늘어난 주요한 원인으로 볼 수 있다. 수시가 복잡하다, 일반고에 불리하다는 이야기는 학원이나 강남에서 만들어낸 이야기일 가능성이 높다. 수시전형이 복잡하게 느껴지는 것은 각 대학마다 전형의 이름이 다르기 때문인데 실제로 모든 대학에서 실시하는 대학입시 전형의 종류는 5개를 넘지 못한다. 사교육 업계는 수능이 사교육으로 대응하기에 좋은 시스템이라는 것을 잘 알고 있다. 거기에 자신들의 경제력을 동원해 효과를 보기 가장 좋은 시스템으로 대학입시를 끌고 오며 그 혜택을 누려온 집단이 있다. 아무리 좋은 입시제도를 내 놓아도 이들에게 불리하면 엄청난 비난과 반대의 여론을 확대 재생산하고 이를 토대로 자신들에게 불리한 입시제도를 무력화시켜왔던 것이다. 아버지의 무관심과 어머니의 정보력, 할아버지의 재력, 할머니의 기동력이 아이의 대학을 결정한다는 이야기는 그냥 우스개가 아니다. 이런 말이 만들어지는 이유는 그럴 만한 이유가 있기 때문이다. 이런 것이 공정한 시스템인지 그리고 유지되어야 할 가치가 있는지 제대로 논의해야 한다.

그런데 또 하나 이들이 수시전형에 대한 문제제기에서 절대 언급하지 않는 것이 있는데 그것은 평가의 합목적성에 대한 판단이다. 현재의 대학입시에서 어떤 전형이 더 선발이 추구하는 가치에 정합하는지에 대한 언급을 최대한 피하고, 공정성에 대한 문제제기를 통해 범위가 정해진 획일적인 시험으로 평가를 몰아가려고 하는 것이다. 이들에게는 평가의 영역이 제한되어야 대응이 가능하다는 한계가 있다. 그래서 스스로 '깜깜이'라는 말을 통해서 자신들의 속내를 드러내고 있는 것이다. 어떤 요소로 파악하는지 모르는 것이 아니다. 그것이 워낙 다양하다 보니 어떻게 대응할 수 없다는 말일 뿐이다. 정해진 영역이 있으면 정보력이 위력을 발휘한다. 사교육으로 집중적으로 투입하면 효과가 나타난다. 이것이 정말 공정할까? 학생 자신의 능력이라고 할 수 있나? 전교 1등이 떨어졌는데 전교 7등이 붙더라? 이것이 비판할 일인가? 아니다. 제대로 된 평가임을 보여주는 것이다.

이 이야기는 분당의 모 고등학교에서 나온 이야기인데 실제로 미국에서 필자가 경험한 사례와 똑같아서 소개한다. 필자의 딸이 다니던 미국의 모 공립고등학교에서 전교 1등과 전교 14등이 동시에 하버드에 지원했는데 전교 14등만 합격했다. 이에 대해서 현지의 한국 학부모들 반응이 어땠을까? 다들 "하버드는 그렇대."라고 당연한 것으로 받아들이는 분위기였다. 누구도 부정이 있었을 거라고 의심하지 않았다. 왜 하버드는 당연하고 우리나라 대학이 하면 문제가 있다고 생각할까? 팩트는 부정이 작용하는 것이 아니라 다양한 측면에서 학생을 평가하고 있다는 것이다. 그런 다양성이 창의적인 집단을 만들고 그것이 우리가 원하는 대학의 모습이다. 앞서 언급한 것처럼 평가란 그 자체로서의 목적에 부합하는 방법을 채택할 때 원래의 가치를 실현할 수 있다. 그런 점에서 대학입시는 대학이 선발하고자 하는 학생상을 제대로 확인할 수 있는 방법을 평가의 도구로 선택해야 한다.

알파고 시대로 일컬어지는 4차 산업혁명시대의 학습은 다르다. 우리가 전통적으로 암기하기를 권했던 개념과 원리는 온라인에서 찾아볼 수 있는 정보로 존재하면 된다. 핵심은 이러한 정보를 토대로 실생활에서의 적용 사례를 스스로 찾아보고, 토론과 논쟁을 통해 자신만의 아이디어를 만들고, 공유할 수 있는 학습 경험이다.

복잡하고 다양한 가치가 핵심이 되는 미래사회에서는 기존의 방식처럼 지식을 암기하고 정답을 잘 맞히는 사람은 더 이상 바람직하지 않다. 따라서 이런 방식으로 아이들의 능력을 판단하고 그런 기준에 맞추어서 아이들이 질주하도록 만드는 것은 매우 위험한 일이다.

대학입시의 목적 역시 자신만의 아이디어를 만들고 공유할 수 있는 학습경험을 가지고 있는 학생을 선발하는 것이 되어야 한다. 이런 대학 입시의 목적에 정합하는 평가수단과 선발방법이 무엇인지가 최우선적으로 고려되어야 할 것이다.

수시의 확대가 점차 긍정적인 시그널을 보내고 있다. 이에 초조해진 것은 그동안 막강한 경제력을 바탕으로 이익을 보아왔던 지역의 학부모들이다. 이들이 공포 마케팅을 확산하고 대대적인 공격을 시작한 것일 뿐이다. 다른 사람의 프레임에 말려들지 말고 변화의 흐름을 제대로 읽고 한발 앞서서 행동해야 한다. 여기에 더 긍정직인 시그널이 작동하기 시작했다. 이미 많은 학부모들이 생각을 바꾸기 시작했기 때문이다. 명문대 입학에 대한 꿈을 끝까지 놓지는 못했지만 그것이 불가능하다는 것을 판단하는 순간 아이들이 고생이라도 덜 하고 학교생활이나마 행복하게 했으면 하는 바람을 갖는 부모들이 점점 늘어나고 있다.

16.
학생부종합전형, 금수저냐 흙수저냐

대학입시의 전반적인 추세는 수능에서 학생부종합전형이 대세로 자리 잡는 것이다. 아직까지 수도권 중심이지만 서울 주요 대학의 경우 학생부종합으로 신입생을 뽑는 비율이 거의 절반에 이르고 소위 인기대학의 경우 70% 수준에 이를 것이라는 예상이 나오고 있다. 특히 서울대는 모집 인원의 80.3%, 고려대는 61.6%를 학생부종합으로 선발한다.

뿐만 아니라 학생부종합으로 대학에 진학하는 학생의 비율은 일반고 출신이 자사고나 특목고에 비해서 월등히 높았다. 《조선일보》에 따르면 연세대의 2016학년도 신입생 중 일반고 출신은 정시모집에서 56%, 학생부종합전형에서는 86%를 차지했다. 고려대와 경희대 등 대다수의 학교에서도 일반고 출신의 합격자가 정시에 비해서 학생부종합전형이 20% 이상 높은 비율을 보이고 있다. 서울대도 일반고 비율이 정시보다 학생부종합에서 3.1% 더 높았다. 주목해야 할 것은 이런 경향이 매년 눈에 띄게 증가하고 있다는 점이다. 이것은 학생부종합전형에서 일반고가 특목고나 자사고에 비해 불리하지 않다는 것을 보여준다.

2016학년도 학생부종합전형과 정시전형 일반고 학생 비율

대학	학종(%)	정시(%)	차이(%P)
건국대	70.0	71.5	▼1.5
경희대	77.7	66.5	11.2
고려대	74.8	56.5	18.3
서울대	50.6	47.5	3.1
서울시립대	86.2	66.0	20.2
성균관대	67.7	65.2	2.5
연세대	86.0	56.0	30.0
이화여대	61.4	58.7	2.7
중앙대	72.3	61.1	11.2
한국외대	68.9	71.2	▼2.3
한양대	56.9	59.4	▼2.5
평균			8.4

※ 자료: 각 대학. 서강대는 응답 안함

그 이유는 일부 특목고나 자사고가 수능 중심의 교육과정 운영으로 교내 프로그램이 이제는 일반고보다 다양하지 않기 때문인 것으로 보인다. 또 서울 상위권 대학에 지원하는 일반고 학생들은 전국 1500여 개 학교에서 성적이 상위권인 자존감이 높고 뛰어난 학생들이기 때문이라는 분석도 있다.

부모의 학력이나 소득수준이 학생의 대학입시 전략에 미치는 영향을 분석한 고려대학교 연구팀의 연구결과는 매우 재미있는 사실을 보여준다. 고려대학교 연구팀(이기혜, 최윤진)이 한국교육학연구 제22권 제1호에 발표한 논문 〈대학입학전형 선발 결정요인 분석: 가정배경 및 학교 관련 요인을 중심으로〉를 보자. 부모의 학력이 높고 소득수준이 높은 가정일수록 대학입시에서 자녀가 주력하는 전형방법이 수시보다는 정시일 확률이 높고, 학력이나 소득수준이 낮은 경우에는 수시를 선호한다. 이런 경향이 나타나는 이유는 수능시험의 성적과 사교육비 지출액의 연관성이 높기 때문인 것으로 보인다. 수시전형은 복잡해서 부모의 인맥과 경제력이 뒷받침되어야 한다는 주장과 별로 연관성이 없어 보이는 결과다.

이 연구에서 보여주는 또 다른 재미있는 현상은 가구소득이 500만 원 이상인 가정의 학생과 351~500만 원 사이의 가구 소득을 보이는 가정의 학생 간에 미묘한 차이가 있다는 것이다. 가구소득이 500만 원 이상인 가정의 학생은 351~500만 원 사이 가구의 학생에 비해 정시전형으로 진학하는 비율이 떨어진다는 것이다. 수시일반 전형에서는 이런 관계가 역전된다. 가계소득이 월 500만 원 이상인 가구의 학생들은 수시일반 전형에서 더 많은 기회를 얻고 있다는 것인데 그 이유가 매우 궁금하다. 이것이 내신 사교육의 영향인지 아니면 대학입시제도의 변화를 감지하는 정보력의 차이인지는 명확하지 않지만 두 집단 간에 미묘한 차이는 유의미한 수준이라는 것은 분명하다.

조심스럽게 그 원인을 예측해보면 대학입시가 학생부전형 중심으로 변화하고 있어도 대학입시에서 수능의 영향력은 여전히 절대적이며, 학생이나 학부모들이 느끼는 체감적인 인식은 변화를 쫓아가지 못하고 있다는 것이다. 이런 현상은 변화에 대해 충분한 정보를 확보할 수 있는 가정의 학생들이 먼저 변화에 대응해서 기회를 잡게 되는 결과로 볼 수 있을 것이다. 사교육에 돈을 쓰기 어려운 저소득층에 비해서 어떻게 하든 쥐어짜면 그래도 사교육에 투자할 여력을 가진 수준의 가정은 대학입시의 변화에 반신반의하면서 여전히 과거의 관성에 의해서 정시전형에 더 의존하는 것이다.

이것은 대학입시의 다양한 경로에 대한 충분하고 확실한 정보를 얻지 못하는 한계로 인한 선택이다. 이들보다 상대적으로 풍부하고 고급 정보를 얻을 수 있는 계층은 이미 수능에만 의존하는 패턴에서 벗어나고 있다. 그것이 무엇을 의미하는지는 매우 분명하다. 대치동의 신화에 매몰되어서 온 나라가 정신없이 그 뒤꽁무니를 쫓아가거나 흉내라도 내보려고 애쓰고 있을 때 이미 그들은 다른 길을 찾고 있었던 것이다. 다르게는 소득이 높은 가정에서는 부모의 능력이나 사회적 인맥이 대학입시에 영향을 미치고 있다는 것으로 해석할 여지는 있다.

어쨌건 고소득층에서는 아직도 부모의 경제력이 확실한 위력을 발휘할 수 있는 수능이 중심이 되는 정시전형에 주력하고 있다. 이것은 학교유형별로 대학입시전형의 비중이 전혀 다르게 나타난 조사결과를 보면 잘 나타난다. 연구팀의 분석에 따르면 학교별로는 특목고 학생들의 정시 진학률이 가장 높았다. 특목고 학생의 경우 70.6%가 정시전형으로 진학했고 수시전형은 26.5%에 불과했다. 이에 반해 일반고 학생들은 55.1%가 정시전형으로 진학했고 수시전형은 44.9%로 특목고 학생들에 비해 정시전형으로 진학하는 비율이 크게 낮아지고 수시전형은 늘어나는 특성을 보였다.

또 다른 자료에서는 지역별로 학생부종합과 수능합격자의 비율을 비교한 결과를 보여주고 있다. 모 대학의 2017년 신입생을 경제적 소득 지표가 되는 지역별로 구분해서 입학전형에 어떤 영향을 미치는지를 살펴본 것이다. 이 조사에서는 학생부종합전형이 사회·경제적으로 열악한 학생들에게 불리할 것이라는 주장을 뒤집는 결과가 나왔다.

결론적으로 보면 경제 소득이 높은 지역의 학생들은 수능으로, 경제 소득이 낮은 지역의 학생들은 학생부종합전형으로 진학하는 비율이 높았다. 대표적으로 소득수준이 높은 서울 강남구와 경기도 성남시 분당구의 경우 수능전형으로 합격한 학생 비율이 학생부종합전형에 비해서 압도적으로 높았다(강남구 수능전형 93%, 학생부종합전형 7%, 성남시 분당구 수능전형 82%, 학생부종합전형 18%).

　반면 서울 성북구와 경기도 이천시의 학생들은 학생부종합전형으로 진학한 경우가 월등히 높다(서울 성북구는 학생부종합전형 85%, 수능전형 15%, 경기도 이천시는 학생부종합전형 92%, 수능전형 8%).

　이 결과로 최근 학생부종합전형이 금수저 전형이라는 주장은 낭설이라는 것이 드러났으며, 부모의 경제적 소득이 높은 지역 학생들은 주로 수능전형으로, 나머지 지역은 주로 학생부종합전형으로 대학에 진학하고 있다는 것이 통계적으로 밝혀졌다.

17.
학생부종합전형, 학교로 돌아오는 아이들

2018학년도 입시를 보면 서울대가 입학 정원의 78.4%를, 서울시내 주요 대학도 신입생의 절반 이상을 학생부종합전형으로 뽑는 학생부종합전형 시대는 사교육 시장에도 변화를 가져올 것으로 예상된다.

학부모들은 이제 학원 정보보다 어떤 교내활동이 대학 진학에 도움이 되는지에 관심이 쏠리고 있다. 이로 인해 학부모들 사이에서 '돼지엄마'의 위세가 눈에 띄게 줄어들었다. 상위권 아이들의 팀을 짜서 유명 강사에게 듣는 수업을 구성하는 것이 돼지엄마의 위세였다. 그런데 이제 학생부종합이 도입되면서 아이마다 공부하는 성향이 다르고 저마다 진로에 따라 쌓아야 할 스펙도 달라지기 때문에 요즘엔 팀 수업을 꺼리기 때문이다. 학원에서 학생부종합에 필요한 대비를 해줄 수 없다는 인식이 확산되고 있고, 사교육을 이용하더라도 자기소개서부터 독서 리스트 등 아이의 진로와 개성에 맞는 맞춤형 입시 전략이 필요하기 때문에 각자도생의 길을 찾고 있기 때문인 것으로 보인다.

학부모들도 학생부종합전형의 핵심은 학교 내에서 이뤄지는 활동이라는 것을 잘 알고 있다. 그럼에도 학교와 학부모가 소통이 안 되고 학부모가 정보가 없어서 자신이 없는 경우 사교육에 의존해서 해결하려는 시도는 여전히 사라지지 않고 있다. 학교의 교육이 다양한 형태로 변화하고 입시가 학교에서의 교육을 중심으로 평가하는 방식으로 확대되어도 사교육은 끊임없이 학부모들의 불안감을 파고 들 것이므로 사교육을 완전히 없애는 것은 불가능할 것이다. 그러나 과거처럼 모든 학생과 학부모들이 사교육에 뛰어 들어 의미 없는 문제풀이 공부로 고통받으며 시간과 돈을 낭비하는 일은 현저하게 줄어들 것이다.

학생부종합으로 우려되는 점은 사교육이 다른 형태로 진화하는 것이다. 학생부종합전형, 자유학기제 등의 확대로 벌어지고 있는 새로운 현상은 학습의 '외주화 현상'이다. 몇몇 극성 부모들은 학생부에 들어갈 독서활동이나 자기소개서를 직접 써주는 일들이 벌어지고 있다. 중학교의 자유학기제나 일반적인 진로교육의 직업체험도 일부 사회적으로 유명한 직업을 가진 학부모 위주로 이루어지는 경우가 많아서 사교육비 지출 능력에 이어 또 하나의 교육격차가 우려된다는 것이 교육현장의 지적이다.

학교와 사교육기관에서 공공연하게 이런 일들을 부추긴다는 것이다. 학교 입시설명회에서 잘 된 학생부종합 준비 사례를 보여주면서 부모의 도움이 반드시 필요함을 강조하는 일들이 벌어지고 있다. 부모와 상담하면서 아이를 학원에 보내라고 권했던 일들이 이제는 학생부종합을 위한 학부모의 부담을 강요하는 형태로 나타나고 있다. 문제는 아이들을 대신 해줄 수 있는 부모가 그렇게 많지 않다는 점이다.

이런 입장의 부모들은 다른 탈출구를 찾으려 한다. 정보가 부족하고 전문성도 떨어지는 학부모들이 할 수 있는 선택은 아이가 스스로 할 것이라고 믿고 맡기는 것과 다른 전문적인 도움을 찾는 것이다. 아이가 스스로 하는 것을 믿고 맡기는 것은 일반적으로 선택할 수 있는 쉬운 길이 아니다. 끊임없이 부모들을 불안하게 하는 주변의 위협은 쉽게 무시하기 어려운 위력을 가지고 있다. 다른 길로는 부모가 전문직에 종사하거나 인맥이 넓으면 자신의 능력을 활용해서 아이를 지원하는 것이다. 학생부종합에 대한 문제제기에서 자주 거론되는 소논문 작성이 대표적인 사례이다. 부모의 영향력으로 대학교수에게 지도받아 소논문을 쓰는 일이 가능하고 이것을 학생부에 기재하는 것이다. 그도 아니면 사교육의 도움을 받는 해결책을 선택할 것이다. 그런데 이런 개입은 부모의 여유시간과 사회적 인맥, 고학력 등을 필요로 한다.

따라서 부모의 경제력이 사교육 활용에 영향을 미치던 것이 이제 다른 형태의 교육격차를 유발하고 있다는 우려는 전혀 근거 없다고 치부하기 어렵다. 학교에서 이루어지지 않는 학생의 성과물을 확인 없이 학생부에 기록해주는 것을 막고, 학생의 성장과정을 중심으로 평가를 전환하여도 여전히 사교육에 기대려는 심리를 막을 수는 없을 것이다.

상황은 이러하나 여기에 중요한 통계자료가 있다. 학생부종합전형이 준비하는 데 너무 많은 돈이 든다든가, 사교육이 많이 필요하다는 주장을 반박하는 자료이다. 대교협이 통계청 자료를 인용해 발표한 자료에 따르면 수도권 S대 신입생의 고등학생 시절 월평균 사교육비는 23만 6천 원이었는데, 학생부전형 신입생은 평균 22만 원을 쓴 반면 다른 전형의 평균은 64만 9천 원이었다. 대교협은 많은 통계를 분석한 결과 학생부종합전형이 다른 전형들에 비해 출신 계층의 영향을 더 크게 받는 전형은 전혀 아니라는 결론을 내고 있다.

그리고 일선 학교에서는 학생부전형 덕분에 학생들이 교실로 돌아온다고 평가하고 있다. 교사와 학부모들부터 환경 탓을 지양하고, 아이가 스스로 입시 주체라는 사실을 주지시키면서 능동적인 학교생활을 하도록 도와주는 것이 수시전형이 확대되고 있는 대학입시에 적절하게 대응하는 방법이다.

2017년 서울시내 10개 사립대학 입시결과를 보면 일반고 학생의 63.5%가 학생부종합으로, 61.6%가 수능으로 진학했다. 서울시내 10개 사립대학에 입학한 일반고 학생의 비율이 63%임을 감안하면 학생부종합과 수능의 비율은 거의 평균으로 볼 수 있다. 이런 결과만으로 보면 학생부종합이 일반고 학생들에게 유리한 것이 아니라는 결론을 내릴 수도 있다. 그러나 자사고와 특목고 출신 학생들의 전형별 비율을 보면 단순히 그렇게 결론 내릴 수 없음을 알 수 있다. 특히 자사고 학생들은 학생부종합(8.3%)에 비해 수능으로 진학한 비율(16.9%)이 2배 이상 높았고 이것은 서울시내 10개 대학의 전체 자사고 입학생의 비율(11.7%)보다 상당히 높은 비율이다. 특목고 출신 학생의 경우 수능과 학생부종합전형의 비율은 비슷했으나, 특기자 전형이 학생부종합이나 수능의 2배를 훨씬 넘는 결과를 보이고 있다.

정리해보면 자사고나 특목고 졸업자들은 수능과 특기자전형에 더 많이 지원하고 있으며 일반고 학생들은 상대적으로 학생부종합이나 수능이 비슷한 수준을 보이고 있다. 그것은 일반고 학생은 학생부종합전형이, 자사고 학생은 수능이, 특목고 학생은 특기자전형이 가장 유리한 전형임을 의미하는 것으로 해석해야 할 것이다.

	학부 종합전형		학생부 교과전형		논술위주 전형		실기위주 (특기자)		수능위주 (정시)		전체	
	인원	비율 (%)	인원	비율 (%)	인원	비율 (%)	인원	비율 (%)	인원	비율 (%)	인원	비율 (%)
일반고	6595	63.5	2062	92	4443	68.9	1226	36	6633	61.6	20959	63
자공고	462	4.5	142	6.3	294	4.6	64	1.9	499	4.6	1473	4.4
특목고	1607	15.5	30	1.3	619	9.6	1317	38.6	1479	13.7	5052	15.2
자사고	859	8.3	5	0.2	976	15.1	216	6.3	1823	16.9	3879	11.7
특성화고	757	7.3	3	0.1	7	0.1	124	3.6	126	1.2	1017	3.1
기타	90	0.9	0	0	107	1.7	463	13.6	203	1.9	863	2.6
합계	10382	100	2242	100	6446	100	3410	100	10763	100	33243	100

출처: 《중앙일보》

18.
대학입시제도, 사교육의 퇴장과 배움의 등장

    우리나라 대학입시에 대한 비판은 어제 오늘의 이야기가 아니다. 그럼에도 불구하고 대학별 본고사가 폐지된 이후 학력고사에서 수능으로 이어지는 대학입시는 객관식 시험에서 벗어나지 못하고 있다. 물론 논술 시험이 도입되기는 했지만 대학입시의 주도권을 객관식 시험이 지배하고 있었다. 대학입시를 바라보는 시각을 두 가지로 나누어서 생각해보고자 한다. 첫 번째는 대학입시에서 유리한 고지를 점하기 위한 프레임 설정의 문제이고, 두 번째는 유초중고 교육의 정상화를 위한 변화의 방향 설정의 문제이다.

    객관식시험, 즉 답안 선택형 시험이 오랜 시간 동안 우리나라 대학입시와 학교 시험을 지배해온 것은 공정성과 객관성에 대한 오해 때문이다. 그런데 이것을 프레임의 문제로 새롭게 접근해야 할 필요가 있다. 왜냐하면 현재의 대학입시 구조를 통해서 유리한 이점을 누려온 특정계층과 이런 방식에서는 결코 유리할 수 없는 계층이 뚜렷이 나누어지기 때문이다.

프레임이라는 것은 구도이자 게임의 룰이다. 그러나 구도는 누구에게나 공평하고 동등한 기회를 보장할 때 그 정당성을 인정받을 수 있는 것이다. 게임의 룰은 누구에게도 불리하지 않아야 하지만 우리는 게임의 룰이 누군가를 위해서 뒤틀리고 변질되는 것을 자주 보아왔다. 운동경기에서도 그렇고 자유 시장경제라는 것에서도 시장을 선점한 기업이나 거대 자본이 끊임없이 게임의 룰을 자신들에게 유리하게 바꾸려고 하거나 아예 룰을 무시하기도 하는 것을 보아왔다. 이제 우리는 게임의 룰이 정말 공정한지 의심하고 되물어야 한다.

물론 학생부종합전형에도 보완해야 할 문제는 있다. 그러나 그것들이 학생부종합전형을 부정해야 할 만큼 심각하게 정당성을 해치는 요인들은 아니며, 보완하고 개선해나가야 할 문제들이다.

학생부종합에 대한 문제제기는 비교과 영역을 너무 강조한다는 것인데 바뀔 필요성이 있다는 주장에는 동의한다. 일부 대학에서 기계적으로 비교과활동을 양적으로 판단하는 경우가 있기 때문이다. 그러나 많은 대학들이 비교과활동은 교과학습의 흥미와 호기심으로부터 발현되고 있는지를 평가한다. 잘못된 정보와 일부 대학에서의 부적절한 평가방식이 비교과활동의 양에 치중하고 이것이 사교육이나 학부모의 부담으로 이어진 것이다. 당연히 해결해야 할 과제이다. 그렇다고 수시를 폐지하거나 축소하자고 하는 주장은 학생부종합전형으로 기존의 우위를 지속할 수 없게 된 집단의 논리를 비판 없이 받아들인 것이므로 주의해야 한다.

이 문제는 학교에서 모든 교육을 해결해야 한다는 사고로 접근해야 해결의 실마리를 잡을 수 있다. 학교는 학생의 교육에 대한 모든 것을 책임져야 하고, 따라서 학생부종합에 담기는 내용은 학교 안에서 이루어진 활동들만 담도록 강제하면 해결될 수 있다. 학교 밖에서 이루어지는 활동은 부모의 개입이 가능하고 사교육의 조력을 받을 수 있다는 점에서 우려스럽다. 따라서 교사가 학생들을 관찰하고 학생 스스로가 해결하고 얻은 성과들에 대해서 자신이 보고 확인한 것만을 학생생활기록부에 적도록 하면 논란이 되는 문제들은 대부분 해소될 수 있을 것이다.

학생부종합의 문제로 제기되고 있는 사교육을 통한 스펙, 다양한 인증, 소논문 등은 학생생활기록부에 적지 못하도록 하는 것 등이 제도적으로 보완되고 있다. 이렇게 제도가 바뀌고 있음에도 의미가 연결되지도 않는 많은 활동이나 스펙을 적으려고 하는 것은 대학의 학생부종합전형을 잘못 이해하기 때문이다. 실제로 사교육 업체에서 내세우는 학생부종합전형에서 준비해야 할 내용이라는 것들은 근거가 없다. 이런 잘못된 정보에 휩쓸려서 학부모들은 학교에 과도한 요구를 하게 되고, 이것들은 다시 학교교육과정을 어지럽히는 결과를 낳는다. 어떤 학교에서는 교내 대회가 수백 개가 되고 그것을 준비하고 진행하느라 교사들이 지쳐서 오히려 정상적인 교육활동을 방해한다고 한다. 학생들은 맥락도 없는 봉사활동 시간을 채우고 사교육업체에서 적어준 생활기록부 기재내용을 그대로 적어달라고 고집을 피우는 경우도 있다고 한다. 분명히 말하지만 이런 것들은 아무 쓸데없는 시간 낭비다. 누군가 그러더라는 말에 현혹되어서 의미도 없는 시간을 허비하고 나서는 나중에 잘못되면 학생부종합 탓을 한다. 말 그대로 마녀사냥이다.

전 서울대 입학처장이 밝힌 바에 따르면 '서울대 합격의 조건'이라고 회자되고 있는 '교내상 48개'는 대표적인 괴담이다. 합격자들의 수상실적은 3~8개 정도이고 그것 역시 합격에 큰 영향을 미치지 않는다고 한다.

어떤 책을 꼭 읽어야 한다는 도서목록도 잘못된 입시준비를 조장하는 그 릇된 정보이다. 서울대 합격생들이 읽은 책 중 같은 책은 몇 되지 않았다. 많은 책을 읽는 것보다 학생 각자의 개성과 학습여정이 드러나는 일관성 이 엿보이는 독서가 설득력을 가진다는 것이다.

학생부종합전형에서 대학들이 강조하는 것은 '활동'으로 이루어진 비교과 스펙이 아니라, 교과학습과 이것으로부터 출발되어서 더 깊고 다 양한 탐구로 이어지는 비교과 활동이다. 내신성적이나 수상실적과 같은 정량적 기준보다는 교과의 학습경험으로부터 생겨나는 각자의 관심과 지적 호기심을 채워가는 과정으로서의 동아리 활동, 봉사활동, 자기주도 학습 등의 기록이 중요하다. 수시전형에서 성공적인 결과를 거둔 일반고 들의 특징은 학생들의 흥미를 자극할 수 있는 다양한 학습경험을 제공하 는 교육과정을 운영하고 있다는 점에 주목할 필요가 있다.

따라서 학생부종합전형을 위해서는 학교 내에 교과와 관련된 수업이 나 동아리 활동을 통해서 이루어진 학생의 성취나 발전을 중심으로 적도 록 해야 한다. 이를 위해서는 수업이 바뀌어야 한다. 그러면 고등학교에 많은 동아리들이 생겨나고 학생들 스스로 탐구하고 협력하는 활동이 이 루어지게 될 것이다. 궁극적으로 교육이 바뀌는 계기가 될 것이다. 부모 들이 직접 뭔가를 하려고 하지 말고 학교를 믿고 학교에 요구해야 한다.

학생부종합에 쏟아지고 있는 비난을 해결하는 과정에서 학교교육이 개선되는 선순환이 이루어질 수 있다는 것도 매우 중요하다. 유초중고 교육 특히 고등학교의 파행적 운영이 대학입시에 큰 영향을 받는 것은 부인할 수 없는 사실이다. 그러나 대입제도가 바뀐다고 고등학교 교육 이 정상화될 수 있을 것인지에 대한 진지한 고민은 필요하다. 수능이 통합적 사고를 요하는 형태로 바뀌었지만 여전히 고등학교에서는 문제풀이식의 교육을 답습하고 있다. 이러한 교육형태가 대학에서 필요로 하는 인재에 대한 충분한 정보를 얻을 수 없도록 하고 이로 인해 입학사정관제 역시 자리를 잡지 못하게 하는 주요한 원인이었다.

따라서 대학입시만 탓할 것이 아니라 유초중고 교육에서 창의적이고 다양한 능력을 갖춘 학생들을 길러내기 위한 교육과정을 운영하고, 이것을 증명하는 시스템을 갖출 때 대학에서 학생을 선발하는 방식도 바뀔 수 있다. 지금 대학입시가 바뀌고 있다. 그런데 아직도 우리 유초중고 교육이 바뀌지 않고 있다면 누구의 탓일까? 대학입시와 유초중고 교육의 변화, 어느 한쪽이 먼저 이루어지기를 기대할 수는 없을 것이다. 고등학교에서 교육과정의 다양화를 통해 학생들이 자신의 재능과 희망하는 진로에 따라서 심화된 학습을 하고 이것을 대학의 학생선발에 반영하도록 할 때 유초중고 교육의 정상화가 가능하다.

학생부종합전형의 확대는 학교의 교육활동과 문화를 바꾸는 결정적인 역할을 한다는 점에서 그 중요성이 매우 크다. 학생부종합에서 요구하는 것은 수치로 계량된 지식의 총량이 아니라 그 학생이 갖추고 있는 흥미와 관심, 그리고 진로에 대한 열정과 가능성이다. 이것을 파악하기 위해서는 학교의 기록이 매우 중요하다. 그것은 학교에서 이루어지는 교과활동과 이것으로부터 발전되어가는 학생의 개인활동(동아리나 봉사활동)이 중심이 되어야 한다.

이런 상황에서 많은 학부모들이 우려하는 것이 하나 있다. '교사가 얼마나 제대로 학생의 성취와 성장을 적어줄 수 있을까?' 사실을 말하면 현재의 고등학교 구조에서 학생과 학부모가 원하는 만큼 충분한 내용을 생기부에 적는 것은 물리적으로 어렵다. 이를 위해서는 고등학교에서 교육과정 편성의 자율권을 갖고 학생들이 희망에 따라 다양한 교과를 선택할 수 있도록 해야 하는데 현재 우리 고등학교의 여건으로는 쉽지 않은 일이다. 이런 조건이 갖추어지기 위해서는 교원의 충원, 충분한 교실의 확보(교과 교실제 전면 실시), 교사가 학생의 성장과정을 제대로 관찰하고 기록할 수 있는 학교의 여건, 그리고 학생의 진로와 학습을 지원하는 아카데믹 어드바이저 등이 지원되어야 한다. 이것은 막대한 예산이 수반되는 일이므로 이를 실천해갈 수 있는 구체적인 계획이 필요하다. 이런 일들이 단기간에 가능하지 않다면 단기적 대안을 마련하는 것도 고려되어야 한다.

이런 필요성과 요구가 높아지면 학교의 구조가 변하지 않을 수 없다. 학교가 아이들의 결과적 지식축적을 확인하는 것에 초점을 맞추는 것이 아니라 아이들의 배움의 내용과 질에 관심을 두고 이를 관찰하고 기록하는 것에 집중하게 된다. 이를 위해서는 현재의 학교의 구조를 바꾸지 않을 수 없을 것이다. 학급당 학생 수를 낮추고 교사를 더 확보하며 교육과정 운영의 근간을 혁신하여야 한다. 이를 통해서 학생 하나하나에 관심을 갖는 개별화학습이 이루어지고 이것이 학교에 대한 사회적 신뢰로 이어지게 될 것이다.

학생의 배움과 성장을 교사가 기록하고 이를 바탕으로 학습과 진로에 대해 적극적으로 협의하고 지원하면 평가의 공정성에 대한 학부모들이 갖는 우려도 대부분 불식될 것이다. 이렇게 평가방법이 달라지고 학생을 바라보는 관점이 달라지면 학생들의 다양한 진로에 따라 다양한 가능성과 재능을 존중하게 된다. 또한, 자신의 흥미와 관심은 다양한 동아리나 학교 내 활동으로 이어지고 이것은 자신의 진로에 대한 확신으로 이어지게 된다. 이것은 많은 아이들이 자신의 가치를 증명하고 인정받으면서 자존감이 높아지는 결과로 이어져서 학교생활에 대한 만족감이나 행복도가 높아지고 있다는 것이 일선 교사들의 평가이다.

중요한 것은 이런 활동이나 기록은 사교육을 통해서 해결할 수 없으며 학교 내에서만 가능하다는 점이다. 아직은 여전히 다수의 학생과 학부모들이 사교육에서 해답을 찾으려고 하지만 교육당국의 의지가 확실하고 학교의 인식도 바뀌고 있어서 점차 이런 시도는 줄어들게 될 것이다. 학교교육이 주도권을 되찾고 신뢰를 회복하는 변곡점에 서 있는 것이다. 학생부종합이 교육에 미치는 이런 긍정적인 측면을 고려하면 교육 정상화의 기회라는 판단은 전혀 허튼 주장은 아닐 것이다. 대학입시만 바뀐다고 교육이 바뀌지는 않는다. 대학입시의 변화에 따른 학교교육의 변화가 동반되지 않으면 다시 대학입시의 효용성에 대한 지루한 논란으로 빠져들고 그것은 과거로 돌아갈 좋은 기회를 제공하는 것이 될지도 모를 일이다.

19.
배움, 답정너에게 질문을 퍼부어라

한때 처세술 관련 책들이 서점 진열대를 장악했던 때가 있다. 여전히 서점에는 '성공하려면...', '성공하는 OO 습관' 등의 처세술 관련 책들이 적지 않다. 꾸준히 팔린다는 이야기일 것이다. 그러나 그동안 많은 사람들이 처세술로 성공하지 못한다는 것을 눈치챈 것 같다. 그것은 많은 처세술 책들이 다루듯이 사람을 대하는 기술이나 겉으로 드러나는 행동을 바꾸는 것으로는 다른 사람에게 지속적인 공감을 주고 영향을 미치지 못하기 때문일 것이다. 근본적인 사고와 철학을 바꾸지 않으면 안 된다는 이야기이다. 자신의 몸에 배인 고유한 느낌, 오랜 기간 형성되어온 시각과 인식은 나도 모르는 순간순간 불쑥 고개를 내민다. 책 몇 권을 읽는다고, 사람을 대하는 기술 몇 가지 익히는 것으로 되는 일이 아니다.

마찬가지로 창의성과 상상력이 강조되니까 어떻게 하면 창의성을 기를까 고민하는 사람들도 늘어나고 있다. 그러나 아서라. 창의성이란 게 문제를 많이 풀거나 학원을 다닌다고 길러질 수 있는 것이 아니다. 창의성이 길러지는 학원이 진짜 있다면 필자도 다니고 싶다.

우리나라의 영재교육이 영재를 길러내지 못한 이유는 영재교육이라는 것이 어려운 문제를 푸는 훈련을 통해서 가능하다고 생각하기 때문이다. 그래서 모두들 영재반에 들어가기 위해서 선행 사교육학원에서 문제만 열심히 푼다.

창의성이란 훈련을 통해서 길러지는 것이 아니다. 스스로의 깨달음이 있을 때 새로운 상상력이 나올 수 있는 것이고, 그것이 창의성의 원동력이다. 과거의 지식을 스스로 해석하고 내면화하며 다른 사람의 생각을 수용함으로써 나의 사고를 확장하고 이를 통해서 새로운 아이디어를 만들어 갈 수 있게 된다. 즉 창의성은 지식에 대한 흥미와 열정으로 진지한 탐구를 해나갈 때 자연스럽게 생겨나는 것이다. 모두가 당연하게 생각하는 것에도 의문을 가지고 끊임없이 질문하고 답을 찾아가는 비판적 사고와 사물의 본질을 꿰뚫는 직관과 통섭의 힘으로부터 나온다.

그러니 자신의 생각을 키우는 것이 답이다. 생각을 키우기 위해 인문학의 중요성이 강조되다 보니 인문학에 대한 관심이 높아지고 있지만 그것도 거품이 많은 것 같다. 예전의 처세술 책들이 유행하던 패턴을 닮아 있다고나 할까. 인문학에 관심을 갖는 이유가 취업에 도움이 되겠지 하는 기대나 대학입시를 목적으로 하면 실패하기 마련이다. 이런 의도가 깔려 있으니 책을 제대로 읽기보다는 일부 발췌된 내용만 읽고 그것을 써먹으려고 한다. 그래서는 생각이 길러질 수가 없다. 독서는 책을 몇 권 읽었는지가 중요한 것이 아니다. 책을 읽되 그대로 받아들이려고 하지 말고 질문하는 태도가 필요하다. 모든 것은 질문으로부터 시작된다.

'기쁨이나 슬픔이라는 감정은 어디서 나오는 것일까? 기쁠 때는 가슴이 뛴다고 하고 슬플 때는 가슴이 아프다고 하는데 그럼 가슴 어디엔가

감정을 느끼는 부분이 있는 것일까? 이런 느낌을 생각이라고 하면 머리에서 일어나야 하는 것은 아닐까?

이런 당연히 일어나는 일들에 대한 의문을 갖는 것이 새로운 생각을 가능하게 한다. 창의적인 생각은 하늘에서 뚝 떨어지는 것이 아니라 우리가 상식으로 생각하는 것들에 대한 질문에서부터 시작된다. 그 상식을 깨뜨리는 사고의 돌출이 창의적 사고인 것이다.

그렇다고 이것이 매우 고차원적인 철학적 사고나 전문적인 지식을 요구하는 사고를 의미하는 것은 아니다. 여러 가지 다양한 발상으로 생각의 폭을 넓히고 깊은 탐구로 사고의 힘을 길러가야 한다.

창의적인 사람에게 생각의 제약은 없다. 사고의 금기와 예외를 버려야 한다. 헌법에 사상의 자유라는 것이 있다. 인간의 기본적 권리로서 어떠한 생각을 하거나 신념을 갖는 것이 보장되어야 한다는 의미이다. 우리 머릿속에서 어떤 생각을 하던 그것이 행동으로 나타나서 공공의 질서를 해치거나 타인에게 피해를 주는 경우가 아니라면 허용되고 보호되어야 한다. 그러나 우리는 매순간 스스로의 생각에 대해서 자기검열을 한다. 이렇게 내적으로 또는 외부로부터의 강요나 억압에 의해서 스스로의 생각을 검열하는 순간 그 사람은 천부의 인권을 누리는 존엄한 자유인이라고 하기에 적절하지 않은 존재가 된다.

우리는 남이 강요하지 않아도 기존의 관습이나 전통이라는 억제요인에 의해서 늘 자기 생각과 행동을 검열한다. 이런 억압을 스스로 벗어 던지고 깨고 나와야 한다. 성역이 없는 의문과 예외 없는 비판적 접근이 허용될 때 자기만의 생각으로 지식이 형성되는 배움이 가능해진다.

이런 문화를 만드는 것은 질문 자체를 중요하게 여기는 분위기가 조성될 때 가능하다. 의문에 예외와 금기를 만드는 행동은 사고의 정지 상태를 초래하게 된다. 어떤 내용의 질문이라도 존중하고 질문하는 사람을 격려하고 칭찬하는 분위기가 자리 잡을 때 다양한 사고와 창의적인 생각이 활발하게 일어나게 된다. 이런 자세는 교실에서 선생님의 설명에 대해서 의문을 제기하고 질문하는 것을 넘어 교과서에 쓰인 내용에 대해서도 의심하고 확인하게 만든다. 이런 과정이 다른 생각, 새로운 생각을 가능하게 한다.

특히 어떤 사실에 대한 판단이 개입된 내용일 경우라면 이런 자세가 반드시 필요하다. 예를 들면 우리는 조선시대의 붕당정치가 조선을 망친 원인이라고 배워왔다. 이것을 대표적인 식민사관으로 비판하는 학자들이 있다. 이 파당을 부정적으로 기술하는 것이 정당한지 스스로 판단할 수 있어야 한다. 현재의 정치구조를 유심히 살펴보면 당연히 의문이 들어야 할 문제이다. 현대의 정당정치는 정권을 쟁취하는 것이 지상 목표이다. 그것은 당연한 일이다. 그렇게 보면 조선시대의 붕당정치는 세계적으로 앞선 정당정치의 모범이 아닐까? 서로 정책이나 이념을 가지고 경쟁하는 구조를 일찌감치 형성한 우리의 앞선 정치 형태라고 보는 것이 올바른 평가가 아닐지 한번 생각해볼 문제이다. 교과서에 조선시대의 고질적인 병폐로 기술되어 있으니 그냥 나쁘고 부정적인 것으로 판단하는 것은 배움이 아니다. 똑같은 사실이 전혀 다르게 평가되는 것이 무엇 때문인지에 대한 의문을 갖는 것은 당연한 일이다.

이렇게 학문적인 연구 결과나 일반적인 상식으로 인정된 사실에 대해서도 의문을 품는 것이 당연하다면 매스컴에서 나오는 정보나 우리가 상식으로 믿고 있는 것에 대해서도 비판적으로 바라볼 수 있다. 우리가 일상적으로 접하는 언론보도는 왜곡되는 경우가 의외로 많다. 왜곡된 보도는 사회 전체를 나쁜 방향으로 끌고 가기도 하지만 특히 어떤 사실에 대한 잘못된 보도로 개인이나 집단이 피해를 입는 경우 나중에 보도의 내용이 잘못되었음이 밝혀져도 당사자들의 피해는 회복되지 않는다는 점에서 그 심각성이 중대하다.

과학적이고 객관적일 것으로 여겨지는 여론조사의 결과조차도 특정한 의도에 따라 심각하게 왜곡될 수 있다. 이런 여론조사나 다수 의견에 대해서는 특히 더 비판적인 시각으로 바라볼 필요가 있다. 스스로의 검증과 판단을 통해서 진실에 접근하려는 자세가 진정한 지식으로 자신을 이끌어준다.

무엇보다 어렵지만 조심해야 하는 것은 유명인이나 전문가라고 하는 사람들이 하는 말을 맹신하는 것이다. 그들이 하는 말이라고 그대로 믿고 받아들이는 것은 생각이 없음을 증명하는 것이다. 그들이 하는 말에도 의문을 가져야 한다. 의문을 갖는 것은 전혀 이상한 것이 아니다. 국가가, 언론이, 전문가라는 사람들이 국민을 속인 사례를 열거하면 이 책을 다 쓰고도 남을 것이다.

학즉불고(學則不固), 배우는 것은 스스로 자유로워지는 것이다. 의심하고 질문을 던지는 것만으로 만족하지 말자. 이것은 필요조건이지 충분조건은 아니다. 질문에서 멈춘다면 스스로를 주관성이라는 감옥에 가둘 수 있음을 경계해야 한다. 주관성의 감옥에서 탈출하기 위해서는 다양한 의견을 경청하고, 토론과 논쟁의 중요성을 이해해야 한다. 토론을 통해 이해가 깊어지고 본질이 보인다. 모든 사람은 자신만의 사회문화적 경험을 통해서 형성된 고유한 시각이 있다. 이 시각은 세상을 바라보는 자신만의 창이다. 그 창으로 바라보는 세상은 편견이 개입된 세상이다. 이것이 누구에게나 편견이 존재할 수밖에 없는 이유이기도 하다.

이 편견을 깨고 시각을 넓혀가는 것은 배움을 통해서 이루어진다. 즉, 제대로 배운다는 것은 유연한 생각으로 다양한 의견을 받아들여 진리에 접근해갈 수 있는 길을 찾는 것이다. 토론은 이 서로 다른 창으로 세상을 바라보는 사람들이 자신이 본 세상을 나누는 과정이다. 사람의 눈은 어떤 물체의 뒤쪽을 보지 못한다. 우리의 사고도 마찬가지이다. 그래서 서로가 본 사물이나 현상이 본질을 나누어야 하는 것이다. 토론의 과정에서 다른 사람의 시각을 공유하면서 사물이나 현상의 제대로 된 모습을 보게 되는 것이다. 이런 과정에서 자신이 깨지는 경험도 이루어지게 된다. 자신의 왜곡된 이해나 자신의 생각의 결함을 발견하는 과정에서 사고가 발전하게 된다. 그런 점에서 다양성의 가치는 아무리 강조해도 지나치지 않다.

비슷한 사회경제적 환경에서 자란 아이들만 모아 놓으면 이런 다양한 시각이 섞일 기회를 놓치게 된다. 그 아이들에게는 무엇보다 커다란 손실일 수 있다. 그래서 대학에서도 다양한 사회경제적 배경을 가진 학생들을 선발하려고 노력하는 것이다. 그것을 단순히 수능성적 순으로 뽑지 않는다고 비난하는 것은 배움에 대한 제대로 된 인식이 없기 때문이다.

제대로 된 토론은 논쟁으로 이어지기도 한다. 깊이 있는 이해를 위해 논쟁이 절대적으로 필요한 경우가 있다. 동양적 문화는 상대방의 의견에 이견이나 의문을 표하는 것을 예의에 어긋난다고 생각하는 것이 일반적이다. 이런 문화가 논쟁을 가로막고 나아가 제대로 된 토론을 불가능하게 한다. 동양적 문화에서는 토의가 더 편안하다. 그러나 '서로의 의견을 인정하면서 나의 의견은 이렇습니다' 하는 방식으로는 상대방 생각의 밑바닥을 볼 수 없다. 내 생각의 바닥도 볼 수 없기는 마찬가지이다. 제대로 본질을 보지 못하는 껍데기만의 토론으로 끝나기 십상이다. 더 심각한 문제는 논쟁 자체를 터부시하고 논쟁하는 사람은 성격이 이상하거나 문제가 있다고 몰아가는 분위기다. 상대방을 존중해야 한다는 허울 좋은 핑계로 자신의 불완전한 생각의 밑바닥이 드러나는 것을 막으려는 것인지도 모르겠다.

우리의 사고는 대부분 불완전하다. 그것은 우리의 사고가 앞에서 언급한 편견에 지배받기 때문이다. 토론을 통해서 그 불완전한 사고를 그대로 드러내고 그것을 보완하고 완성해가야 한다. 그래서 토론은 자신보다 지위가 높거나 나이가 많다고 해서 자제되어서는 안 된다. 물론 인신공격이나 감정적인 토론이 되는 것은 피해야 하지만 날카롭고 본질적인 사고의 겨룸, 그런 논쟁이 있을 때 제대로 된 사고의 발전과 배움이 일어난다. 이것은 문제의 해결과 혁신에 꼭 필요한 도구이다.

서양에서는 "나는 그렇게 생각하지 않는데." 또는 "아니야."라는 말을 아주 쉽게 한다. 동양적 문화에서 성장한 사람들은 그것을 자신에 대한 반대나 공격으로 생각하고 상처를 받는다. 그러나 이런 반응의 대부분은 상대방에 대한 반대라기보다 더 대화를 이어가서 상대를 이해하려는 자세이다.

필자가 수업시간에 어떤 학생이 의견을 냈을 때 "내 생각은 다른데 왜 그렇게 생각하지?"라고 질문하면 그 학생은 순간 굳어버린다. 교수가 자신을 틀렸다고 비난하는 것으로 생각하는 것이다. 이어서 "자네 생각이 틀렸다는 것이 아니라 더 생각을 자세히 들어보려고 하는 것이야."라고 설명해도 이미 때는 늦었다. 그 학생은 주눅이 들고 상처받아서 더 이상 자신의 생각을 이어가지 못한다. 이것이 동양적 문화이다.

그러나 필자의 경험으로는 우리가 어떤 내용을 설명할 때 상대방이 긍정을 표시하면 다 이해했을 것이라고 믿고 더 이상 자세히 설명하지 않게 된다. 교직에 들어와서 초기에 이런 실수를 많이 저질렀다. 필자가 설명을 할 때 학생들이 고개를 끄덕이면 이해한 것으로 생각하고 그냥 진도를 나가버렸다. 나중에 보면 학생들은 거의 이해하지 못한 경우가 많았다. 그래서 의문을 제기하고 반대 의견을 이야기하는 것은 상대방의 이야기를 더 깊게 이해하는 탁월한 방법이다. 나의 이야기에 이의를 제기하거나 의문을 표하는 사람을 사랑하자. 특히 세상의 일반적인 상식, 관습, 과거의 성공경험에 기댄 주장에는 주저하지 말고 의문을 제기하는 습관을 가져야 한다. 이런 과정을 통해서 진정한 배움이 일어나고 진정한 배움이 있을 때 의미 있는 새로운 아이디어를 만들어내는 능력인 창의성이 생긴다.

그런 면에서 보면 우리의 교육은 배움을 결정적으로 방해하는 역할을 해왔다. 질문을 억누르고 정답이 정해진 문제를 반복해서 풀리면서 지식을 머릿속에 우겨 넣으려고 하는 것이 지금 학교와 우리나라 시험체계가 하는 역할이다. 질문을 하면 오히려 이상한 취급을 받는 것이 교실의 문화다. 우리가 사는 세상의 일들과 그 안에서 벌어지는 문제는 정답이 없는 것들이다. 정답이 없는 문제를 억지로 정답이 있는 것처럼 사고를 박제화하려는 시도는 통제를 필요로 하게 되고 공부가 삶과 괴리된 고통스러운 작업이 되게 하는 것이다.

수학적으로 1+1은 2이지만 우리가 살아가는 일상에서는 1+1은 3일

수도 있고 때로는 10일 수도 −1일 수도 있다. 그것이 우리의 삶이다. 따라서 세상에는 정답이 존재하지 않는 경우가 더 많다는 것을 깨닫는 것이 배움의 시작이다. 정답이 아니라 해답을 찾는 것이 문제를 해결하는 과정이고, 그 해답은 교과서에도 매뉴얼에도 없다. 스스로의 생각으로 찾아야 하는 것이다. 스스로 어떻게 생각하는지, 왜 그렇게 생각하는지 자신에게 의문을 던지고 답을 찾아가는 과정에서 해답을 얻게 된다.

이제는 한물간 유행어 중에 '답정너'라는 말이 있다. 필자는 이 말이 유행한 이유를 매우 긍정적으로 바라본다. 정해진 답을 요구하는 세상이나 사람들을 빗대어 조롱하는 말이라 생각되기 때문이다. 우리 사회도 정답을 요구하는 문화에 반기를 들기 시작한 것으로 해석해도 좋지 않을까?

이미 결론을 내려놓고 의견을 묻거나 질문을 하는 행태에 대한 노골적인 반감은 매우 반갑다. 이렇게 결론을 내리는 주체는 기득권이거나 권위를 가진 존재들이기 때문이다. 이런 기존 질서나 권위에 반감을 가지고 도전하는 분위기가 확산되는 것은 다양한 사고와 새로운 시각에 대한 허용적인 문화를 만들게 된다. 그것은 비판적인 사고를 가능하게 하고 창의적인 생각을 끌어내는 동력이다. 도전하는 사람에게도 도전받는 사람에게도 배움이 일어난다.

그래서 "보통 이렇잖아. 그런 건 해본 적이 없는데."라는 말을 경계해야 한다. 이런 말들이 만연하는 조직에서는 사고가 정지하고 변화를 일으킬 수 없기 때문이다. 틀에 박힌 사고나 행동은 유연한 사고와 새로운 시도를 방해한다. 문제를 인식하는 사람만이 현상을 개선하고 앞으로 나아갈 수 있다. 문제를 문제라고 인식하지 못하면 나락으로 떨어지거나 현재로부터 나아지지 못한다. 우리의 문제는 새로운 사고를 방해하는 죽은 공부, 즉 배움이 없는 교육에 있다. 문제는 배움이다.

20.
기술, 과연 인간의 문제까지 해결할 수 있을까?

인간의 문제는 매우 복잡해서 답을 찾기가 어려운 경우가 많다. 정답을 찾기 쉬운 단순한 문제도 있지만 인간이 부딪치는 대부분의 문제는 정답이 없고 쉽게 해결하기 어려운 것들이다. 그런데도 우리는 학교에서 정답을 찾는 훈련을 받아왔다. 아니 그 정답을 잘 찾는 능력이 가장 중요한 것처럼 믿도록 강요당했다고 하는 것이 맞는 말이다. 그러나 세상에 한 발짝만 내딛으면 정답을 찾는 것은 아무런 의미가 없다는 것을 깨닫게 된다. 마트에서 조금 양이 많아서 남을 것 같지만 세일해서 두 덩이에 10000원짜리 돼지고기 팩을 살지, 당장 필요한 양만큼의 한 덩어리를 7000원에 살지를 결정하는 문제조차 쉽지 않다. 지금 이 시점에 집을 사야 할지 팔아야 할지를 결정하는 단기적 전망에 관련된 문제부터 배우자를 결정하는 것처럼 인생의 중요한 결단을 필요로 하는 문제까지 하나도 간단하거나 쉬운 문제는 없다. 우리의 삶이란 실제 이런 모습이다. 정답까지 있기를 기대하는 것은 시험에만 존재하는 허상을 쫓는 무의미한 희망일 뿐이다.

그럼에도 여전히 우리는 단순하고 투명하다는 이유로 객관식 정답 찾기를 고집한다. 객관식 정답 찾기는 교육을 하는 목적과도 맞지 않고 세상을 살아가는 지혜에도 아무런 도움이 되지 않는다는 것을 인정하면서도 단순히 아이들을 줄 세우고 비교하기에 편리하다는 이유로 그렇게 하고 있다. 그것이 나쁜 이유는 교육의 목적에 맞지 않을 뿐만 아니라 시험의 목적에도 맞지 않기 때문이다. 배움이라는 우리의 화두를 놓고 보면 더더구나 백해무익하다.

다시 원래의 주제로 돌아가자. 인간은 과학기술이 발전하고 인간의 지식이 확대되면 우리가 직면한 많은 문제들이 해결될 것이라고 믿었다. 인류의 역사를 돌이켜보면 이것은 어느 정도 사실이기도 하다. 그러나 인간의 문제가 과학기술의 발전을 통해서 해결되기도 하지만 이런 기술의 발전이 더욱 어려운 사회적 의사결정을 필요로 하기도 한다. 인간의 이동을 편리하게 하기 위해서 개발된 자동차는 인간의 삶을 편리하게 하고 세상을 더욱 가깝게 연결하는 놀라운 일을 가능하게 했다. 그러나 이런 긍정적인 측면과 동시에 자동차로 인해 유발된 또 다른 사회적 문제는 인류에게 더 많은 해결해야 할 과제를 안겨 주었다.

자동차로 인해 발생하는 사고의 종류도 다양하다. 운전자의 부주의로 발생하는 사고, 과속, 신호위반, 졸음운전, 음주운전, 보행자의 부주의, 무단횡단 등은 자동차가 없던 시대에는 상상도 할 수 없었던 일들이다. 게다가 스마트폰의 등장으로 운전 중 통화나 문자를 하다가 발생하는 사고는 물론이고 '스몸비'라는, 길을 걸어가면서도 스마트폰에 정신이 팔려서 일어나는 교통사고가 증가하고 있는 것도 새롭게 경험하는 문제들이다. 이제 공중을 어지럽게 날아다니게 될 드론의 확산은 어떤 일들로 우리를 당황스럽게 할지 기대(?)가 된다. 벌써 드론이 사적 공간을 침범하거나 몰래 카메라 등에 활용되는 문제가 발생하고 있긴 하다.

이렇게 밖으로 드러나는 사고가 다가 아니다. 눈에 띄게 드러나지는 않지만 새로운 기술의 등장은 우리 생활과 생존에까지 영향을 미치고 있다. 예를 들어 누군가의 편리함을 위해서 제공되는 교통서비스는 다른 사람의 열악한 노동조건을 만들기도 한다. 사회는 늘 제한된 재원으로 최대한의 효율을 산출하려는 방향으로 움직이기 때문이다. 어느 블로그에서 한국의 편리함이 주는 불편함과 호주의 불편함이 주는 편안함에 대한 글을 읽은 적이 있었다. 느린 인터넷 속도보다 더 느린 인터넷 설치를 위해서 기다려야 하는 한 달의 시간, 5불짜리 피자를 배달 받으려고 지불했던 5불, 고장난 노트북을 고치지도 못하면서 열어서 확인했다는 이유만으로 5만 원이나 되는 서비스 요금을 요구하는 나라, 모든 것이 불편한 나라 호주. 속이 터져서 이런 나라에 어떻게 살까 싶은 생각이 드는데 그것이 편안하게 느껴진다고 한다.

그에 비해서 세계 최고를 자랑하는 인터넷 속도, 단돈 6천 원이면 집에서 가만히 앉아서 배달시켜서 먹을 수 있는 짜장면, 전화 한 통이면 몇 시간 내에 달려오는 수리기사들, 그리고 오늘 주문하면 내일이면 도착하는 택배들, 그 모든 편안함이 있는 한국이 불편하게 느껴지는 이상한 마음, 무엇인가 잘못된 것 같은 느낌적인 느낌이 충격적으로 다가왔다.

그러고 보니 우리가 너무도 당연하게 생각했던 것들이 다르게 보인다. 제대로 휴식시간이 주어지지 않는 살인적인 노동으로 인해서 벌어진 버스기사의 졸음운전으로 인한 사고, 싸가지고 간 컵라면도 제대로 먹지 못한 채 꽃다운 청춘을 마감한 구의역 스크린 사고, 벨을 누르면 총알같이 달려오는 알바 직원들. 그들에게 인권은 어디로 갔는지 묻는 것은 사치일지도 모르겠다. 우리에게 너무도 익숙한 그 편한 서비스를 누리는 우리 모두도 노동자들인데 그들의 싼 노동력은 돌고 돈다. 서로의 싼 노동력을 서로가 착취하는 것이다.

앞으로 벌어질 현상들은 기존 경제학으로 설명하기는 어려울 것이다. 기본소득처럼 소득이 노동의 대가가 아니며 인센티브로도 작동하지 않는 상황이 현실로 다가오고 있는지도 모른다. 또 디지털과 모바일 플랫폼 위에서 급속도로 성장하고 있는 공유경제는 경제성장에 도움을 주지 않을 뿐만 아니라 새로운 착취의 수단이 되기도 한다는 비판도 있다.

공유경제의 대표적인 사업으로 떠올릴 수 있는 것이 숙박공유업체인 에어비앤비(Airbnb)와 자동차 공유업체인 우버(Uber)이다. 이 중에 자동차 공유사업은 자율주행자동차가 상용화되면 더 큰 성장이 예상된다. 그 반면 자율주행자동차의 상용화는 전통적인 자동차업체뿐만 아니라 철강산업, 그리고 주차장사업에도 큰 타격을 줄지도 모르겠다. 자율주행자동차가 상용화되고 이들을 공유경제와 연결하면 차량 판매량이 크게 줄 것이다. 지금 이 순간 우리가 소유하고 있는 차의 대부분은 거리에 있지 않다. 어딘가 주차장의 자리를 하나 차지하고 편안하게 쉬고 있을 것이다. 이 차들을 공유한다고 생각해보자. 자율주행자동차를 공유하면 내가 차를 굳이 옮겨주지 않아도 내 차를 원하는 사람에게로 차가 알아서 이동한다. 그리고 차의 이용이 끝나면 누군가 다른 이용자에게로 이동하면서 내가 차가 필요한 시간까지는 스스로 알아서 열심히 쉬지 않고 돈을 벌어들일 것이다.

지금까지는 차를 소유한다는 것은 가만히 있어도 시간이 지날수록 돈을 소모하는 행위였다. 그러던 것이 이제는 차를 소유하면 수입이 생긴다. 더 큰 변화는 더 이상 차를 사지 않는 사람들이 늘어날 것이라는 예상이다. 내가 원할 때 언제나 나를 위해서 달려오는 차를 이용할 수 있는데 굳이 주차장 공간을 차지해야 하는 차를 소유할 이유가 없기 때문이다. 전문가들의 예상으로는 차량을 한 대 공유하면 차 소비는 16대가 줄어들 것이라고 한다. 그래서 공유경제가 서비스업은 성장시키지만 제조업에는 타격을 줄 것이라고 예상되고 있다. 철강산업, 자동차산업의 축소는 불가피한 일이지만 주차장사업과 불법주차 단속을 통한 지자체의 수입도 줄어들 것이라는 재미있는 상상을 해볼 수도 있다. 그럼 주차 단속요원들은?

뿐만 아니라 공유경제는 새로운 착취라는 부정적인 영향을 줄 수도 있다. 많은 차들이 우버 서비스에 참여할수록 우버드라이버들의 수입은 줄어들 수밖에 없다. 이에 반해서 택시서비스는 정해진 가격과 일정하게 관리하는 차량 대수로 인해서 그런 문제는 발생하지 않는다. 공유경제를 활용하는 방안도 중요하지만 도덕적인 공정한 공유가 가능하도록 하는 것도 중요하다.

기술의 발전뿐만 아니라 새로운 사회제도의 출현도 우리 삶에 적지 않은 영향을 미칠 것이다. 그 예로 기본소득은 기존의 경제이론으로 설명이 어렵기도 하지만 일반적으로 생각하는 사회 발전의 개념과 다른 방향을 제시하고 있다.

얼마 전 스위스에서 기본소득에 대한 국민투표가 있었다. 일부를 제외하고 대부분의 언론들이 크게 다루지는 않았는데 그것이 사실은 엄청난 일의 서막을 알리는 신호였음을 인지하였다면 그렇게 대응하지 않았을 것이다. 그들의 무심한 대응은 무지함 때문인지 아니면 일부러 관심을 억누르기 위해서인지 모르겠지만.

인류 역사에서 인간 인식의 혁명적 변화는 대단치 않게 시작된다. 처음부터 많은 사람들의 호응이나 찬성 속에 순조롭게 진행된 것은 거의 없다. 엄청난 반대와 거센 저항은 그나마 운이 좋은 사례이다. 상상할 수 없을 만큼 잔인한 폭력과 탄압을 경험하지 않고 기존의 질서와 관념을 바꾸어낸 경우는 거의 없다. 여성 참정권, 노예해방, 존엄사문제 등이 그 사례이다.

기본소득에 대한 공론화가 시작된 것은 얼마 되지 않은 일이다. 그러나 이미 많은 나라에서 시도를 검토하고 부결되기는 했지만 국민투표에까지 부쳐질 정도로 논의에 진전이 있었다. 이 문제는 결코 여기서 그치지 않을 것이다. 논란은 더 거세질 것이고 지금은 낯설고 과격한 주장으로 여겨지지만 어느 순간 현실에 적용되는 순간이 다가오게 될 것이다. 그때 낯설고 과격하게 여겨졌던 것들을 어느새 상식적이고 당연한 것으로 받아들이고 있는 자신들을 발견하게 될 것이다. 그런 사실에 아무런 당혹감이나 어색함조차 느끼지 못한 채 말이다. 그것이 변화의 속성이다. 우리 사회가 얼마나 많은 변화를 경험했는지를 생각하면 쉽게 이해할 수 있을 것이다. 그런데 이 기본소득은 어느 날 갑자기 등장했거나 책상머리에서만 나온 이론적 공상이 아니다.

이미 인도와 나마비아에서 실시된 기본소득 실험이 있었다. 인도에서는 2011년 6월부터 2012년 8월까지 유니세프의 지원을 받아 인도 마디야프라데시(MadhyaPradesh) 주에서 기본소득 실험을 실시했다. 성별, 연령과 상관없이 모두에게, 아무런 조건 없이, 현금으로 직접 지급하는 방식이었다. 첫해에는 성인 1인당 200루피(약 3300원), 어린이 1인당 100루피(약 1600원)를 매달 지급하고 다음 해에는 각각 300루피(약 5000원), 150루피(약 2500원)를 지급했다. 2008년 1월부터 2009년 12월까지 나미비아 내에서도 가장 가난한 마을 중 하나인 오치베라-오미타라(Otjivero-Omitara) 마을 주민 930명을 대상으로 매달 100나미비아 달러(약 8000원)를 지급하는 실험이 진행됐다.

인도와 나미비아에서 실시된 기본소득 실험은 모두 성공적이었다. 인도 사례를 살펴보면 먼저 어린이 영양실조가 크게 개선됐다. 각 나이에 맞는 정상 체중을 가진 어린이는 실험 전 39%에서 실험 후 58%로 늘어났다. 어린이들의 학교 출석률이 높아졌으며, 몸이 아프면 참지 않고 병원에 가기 시작했다. 일반 가정 중에서는 9%만이 소득수준이 나아진 데 비해, 기본소득을 받은 가정 중에선 21%가 소득수준이 향상됐다.

나미비아에서는 기본소득 지급 전 '매일 먹을 음식이 부족하다'고 답한 주민은 전체 중 30%에 달했다. 그러나 기본소득 실험 이후 이 비율은 12%로 하락했다. 영양실조로 고통받고 있던 어린이 비율은 42%에서 17%로 하락했다. 실업률은 60%에서 45%로 15% 감소했고, 성인 1인당 평균소득은 200나미비아 달러(약 1만 6000원)에서 389나미비아 달러(약 3만 1000원)로 상승했다. 기본소득 지급액 이상으로 소득이 늘어난 것이다. 이는 기본소득에 반대하는 측에서 주장하는 기본소득에 대한 사람들의 의존도를 높이고, 사람들이 게을러질 것이라는 논리가 틀렸음을 보여주는 것이다(기본소득네트워크 제공자료 참조).

이제 우리의 고민은 더 복잡하고 다양해졌다. 서비스를 이용하는 대중의 편리함을 위해서 그 서비스를 제공하는 당사자의 희생을 어느 정도까지 요구하고 수용해야 할까? 공유경제는 정말 모두에게 이로운 방향으로 작동할까? 기본소득과 같은 새로운 경제시스템은 실현가능할까?

이렇게 사회의 문제는 기술이 발달하면 발달할수록 더 복잡해지고 다양해진다. 기술이 세상을 복잡하게 만들기도 하지만 그 복잡함 속에서 이루어지는 사회적 결정은 나의 선택의 결과가 다른 사람의 행동과 환경에 영향을 미치기도 하고 다른 사람의 행동에 의해서 달라지기도 하기 때문이다. 내가 다른 사람의 행동을 예측하고 나에게 가장 유리한 선택을 하게 하려고 하는 것처럼 상대도 나의 행동을 예측해서 자신에게 가장 유리한 행동을 선택하려고 한다. 그리고 그 가운데 기술과 환경이 개입한다. 그래서 사회적 문제를 해결하려고 할 때 최적의 선택을 하는 것이 어렵다. 그래서 사회성이 더 중요해진다. 교육에서 소통과 공감의 능력이 중요한 요소로 강조되는 이유이기도 하다.

이런 문제들은 우리가 이전에 경험해보지 못한 새로운 유형의 문제들이다. 그렇다고 너무 두려워할 필요는 없다. 인류는 늘 자신들이 경험해보지 못한 유형의 문제들에 직면했고 그것을 해결해나가는 것이 인류의 삶이 진전해오는 과정이었기 때문이다. 그러나 잊지 말아야 한다. 그것을 해결한다는 것은 적절한 해결책을 찾는 과정이지 정답을 고를 수는 없다는 점을. 그리고 우리가 낙관해도 좋은 이유는 사회적인 상황에서 발생할 수 있는 복잡한 문제들을 해결해가는 과정에서 인간은 자신의 이기적인 본능을 억누르고 타인을 위한 행동을 선택할 줄 알기 때문이다.

배움이 없는 학교,
프레임을 바꿔라

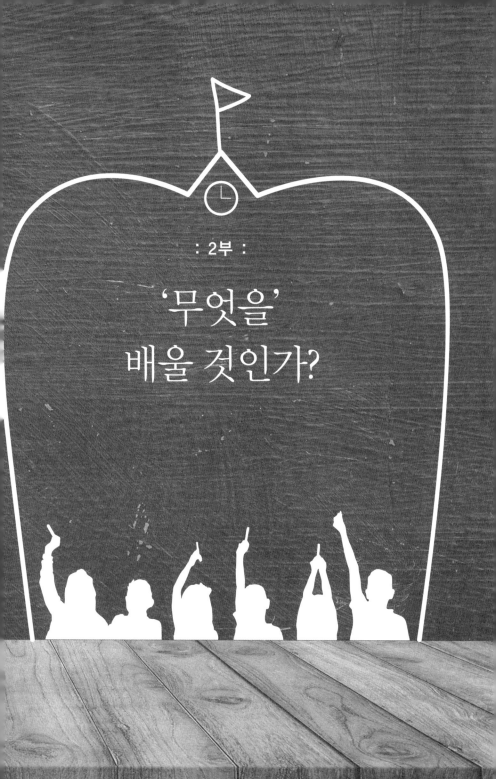

: 2부 :

'무엇을'
배울 것인가?

이.
4차 산업혁명의 파도 위에
교육이라는 구조선을 띄워라

세계경제포럼에서 제시한 4차 산업혁명은 사물인터넷(IoT), 로봇, 인공지능(AI), 빅데이터 등의 기술이 나노기술(NT), 바이오기술(BT), 정보기술(IT), 인지과학(CS)의 융합기술로 발전하고, 이로 인한 지능형 사이버 물리 시스템(Cyber Physical System)이 생산을 주도하는 사회 구조로의 혁명으로 정의되고 있다.

2015년도 ETRI(한국전자통신연구원) 보고서에서는 융합기술 트렌드를 지능화, 가상화, 초연결로 구분하고 있다. 하나씩 살펴보자.

지능화는 인간과 기계의 관계로서 머신러닝, 딥러닝, 빅데이터 등의 기술이 기계가 인간처럼 사고할 수 있도록 진화되는 현상이다.

가상화는 현실세계와 가상세계와의 융합 현상으로, 특히 증강현실(Augmented Reality)이나 가상현실(Virtual Reality) 체험 기술이 발달하면서 사회 구성원들의 물리적 일상이나 사회 경제 활동 전반이 가상화될 것으로 예측된다.

마지막으로 인간과 인간의 관계가 연결되는 사회로의 변화 예측이다.

디지털 네트워크와 모바일 정보기기의 확산은 인간의 교류 범위를 무한정 확대시키면서, 사회 전반에 걸친 글로벌화가 가속화되고, 지구상에 일어나는 모든 정보들이 공유되고, 논의될 것이다.

이는 새로운 집단행동 양태를 일으키면서 전통적 정치, 경제 구조에도 영향을 끼칠 것이다. 전통적 학교의 규모 축소 이외에도 학교의 제도적 유지 기반인 학력 인증이 더 이상 학교를 다니는 이유가 되지 않을 것이라는 등의 예측이다.

즉, 학생들은 온라인 학교를 포함한 비전통적 학교에서 더 많은 시간을 보내고, 검정고시를 보는 학생 수가 증가하게 되며, 공교육과 관련이 없는 다양한 자격증이 나타나면서, 고교와 2년제 대학의 경계가 흐려짐은 물론 4년제보다 교육성과가 좋은 2년제 대학이 늘어날 것이라는 예측 등은 학교의 역할 변화를 가져올 양상이라 할 수 있다. 전통적 학교에서의 수업 방식도 학습 공간의 공유가 활발히 일어나고, 체험 중심의 학습이 확대되며, 교육시스템은 상호 연결되고 학문 간 융합이 일어날 것이라고 예측되고 있다. 결국 학교는 정해진 학제와 학력인증의 역할에서 벗어나 학습공동체로의 역할로 확대될 것이다.

이러한 학교의 역할과 운영에 대한 변화는 결국 사회적 요구에 현재의 학교체제가 제대로 대응하고 있는가에 대한 문제이면서, 급격한 변화로부터 자유롭지 않다는 것을 반증하는 것이기도 하다. 이미 이러한 변화는 다양한 형태의 학교 출현으로 가시화되고 있다. 칸 아카데미(Khan Academy)의 설립자로 유명한 살만 칸은 칸 랩 스쿨(Khan Lab ASchool)이라는 오프라인 학교를 2014년도에 설립하면서, 초등과 중등 정도의 구분만 있는 무학년제를 표방하고, 전적으로 학생들의 흥미와 수준에 맞춘 프로젝트 학습과 시험 평가가 없는 학교 운영 등을 내세우고 있다. 또 다른 예를 보자. 알트 스쿨(Alt School)은 구글 직원이었던 맥스 벤틸라가 2013년도에 설립한 학교로 1500억 원에 달하는 민간 투자로 세운 학교로 유명하다. 이 학교 역시 학생들의 흥미와 특성에 따라 반이 편성되고, 학생들의 활동은 철저히 기록, 관리되면서 학생들 개개인에게 맞춤화된 수업이 제공된다.

고등교육기관의 사례인 미네르바 스쿨(Minerva school)은 2011년에 설립되었지만, 하버드대학의 입학 경쟁률보다 높은 경쟁률로 관심을 받았다. 이 학교는 교수와 20명 이내의 학생이 100% 온라인 수업을 통해 지식을 쌓고, 학생들은 6개국에 위치한 기숙사에서 100% 공동체 경험을 하는 체제로 운영되고 있다.

이런 학교들의 사례에서 볼 수 있듯이 학교의 변화에 대한 단순한 예측은 위험하며 오히려 잘못된 대응을 가져올 확률이 높다. 학교의 미래에 대한 전망은 다양한 요인들이 작용해서 만든 복잡한 경로를 찾아내는 쉽지 않은 과정이다. 예컨대, '칸 랩 스쿨은 왜 온라인 기반의 칸 아카데미를 통해 교과 학습 지식을 충분히 습득할 수 있음에도 오프라인 학교를 설립했을까? 미네르바스쿨은 왜 물리적 공간인 강의실에 교수와 학생이 함께 있지 않아도 되지만, 기숙사 생활은 학생들이 함께 하도록 학교를 운영할까?'에 대한 답을 찾는 과정이다.

학교가 해체되는 수준의 변화 중 동의하기 어려운 것이 있다. 그동안 학교가 해온 중요한 역할은 지식 습득과 학습공동체의 경험을 제공하는 것이었다. 이 중 지식 습득은 다른 대안적 형태로 대체되거나 혼합될 수 있지만, 학생과 학생, 교사와 학생, 학교 내의 규칙이 존재하는 상태에서의 공동체 경험은 학교 체제 내에서만 가능하다.

그럼에도 앞서 거론된 대안적 학교의 사례를 보면 미래의 학교에서의 교육과정은 더 이상 나이에 따라 정해지는 학년, 또는 내가 아닌 학교가 선택한 정해진 교과가 아니라 학생들의 흥미와 적성에 따른 다양한 선택과 개별 학습이 이루어지는 체제여야 함을 말하고 있다.

그런데 우리의 학제개편 논의 과정에서는 연령 차이가 나는 학습자가 동시에 같은 학년으로 수업하는 것에 대해 아주 큰 문제라고 거품을 물며 반대의 목소리를 높이는 사람이 적지 않았다. 그것도 겨우 한 살 차이를 가지고. 앞에서 예를 든 학교들에서는 초등과정 전체, 중등과정 전체가 연령에 구분 없이 수업해도 문제가 없다는 것을 증명하고 있는데 말이다. 이제 학교에서 이루어지는 학습은 지식 습득 중심이 아닌 문제해결과 상상력을 중심으로 전환되고 있다. 1년 차이가 아니라 다양한 연령이 뒤섞인 학습이 이미 시도되고 있다. 이때 수업을 구성하는 기준은 연령이 아니라 아이들의 흥미와 적성이다. 자, 이런 상황이니 우리의 인식이 얼마 뒤처져 있는지 걱정되지 않는가?

또한 이들 학교는 학교 운영에 IT 기술을 적극적으로 도입하고 있다. 이는 학생들의 필수 리터러시로서 IT 기술을 습득하는 차원을 넘어 전체적인 학교교육과정 운영을 지원하는 서비스, 즉 학생들의 학습 활동 정보를 수집·관리하고, 개별 학생들에게 맞춤 학습 정보를 제공하는 서비스로 활용되고 있었다. 그러나 IT 기술을 이야기할 때 주의해야 할 것이 있다. IT 기술은 수업 내용을 효과적으로 전달해야 할 경우나 학생의 학습관리 등에 보조적으로 사용되는 것이지 이것이 교사를 대체하거나 수업에서 중요한 위치를 차지하는 것은 결코 교육적 효과를 높이지 못한다는 점을 인식해야 한다. 결론적으로 학습공동체의 경험을 제공해주고, 학생들의 적성과 흥미가 고려된 선택적 교육과정이 확대되며, 빅데이터, 클라우드 등 IT 기술의 적극적인 도입으로 효율성을 꾀하는 학교가 미래의 학교의 모습으로 남게 될 것이다.

이런 전망과 요구들을 다 담아내려면 미래의 학교는 어떤 모습이어야 할까? 먼저 학교는 교육 생태계의 확장을 추구해야 할 것이다. 더 이상 교육이 학교의 담장 내에 갇혀 있어서는 학교가 존립할 수 없다. 학교를 넘어서는 교육으로 배움이 아이들의 삶과 연결되도록 학교의 교육과정을 창의적으로 설계하고 다양한 지적 경험이 이루어지도록 해야 한다. 이런 교육 생태계의 확장은 학교 인프라만으로는 불가능하므로 지역의 자원을 적극적으로 융합하는 교육을 추구하려는 노력이 필요하다.

그리고 학교는 다양한 학생의 관심과 재능을 존중하는 곳이어야 한다. 더 이상 모든 학생들에게 획일적인 교과목과 천편일률적인 내용을 강요하는 것은 불가능하다. 사회는 더 다양해질 것이고 개인화 맞춤형 교육에 대한 요구는 높아질 것이다. 학교는 모든 인간의 탁월함을 신뢰하고 이를 지원할 수 있는 체제를 갖추어야 한다. 아이들의 다양한 삶에 대한 존중을 바탕으로 자신의 삶과 진로에 대해 여유 있고 진지하게 탐색할 수 있는 교육과정을 제공해야 한다. 그리고 학생들이 자신의 진로를 준비할 수 있도록 고등학교에서도 대학처럼 학생의 교과 선택권을 보장하는 시스템이 갖추어져야 한다. 이것이 요즘 대두되고 있는 고교학점제이다. 초등학교와 중학교 과정에서 학생의 선택권은 좀 다른 방향으로 접근할 필요가 있다. 초등학교와 중학교에서는 사고력을 기르고 진로에 대한 깊고 여유로운 탐색이 이루어지도록 해야 한다. 그러므로 연령에 따른 학년 구분을 완전히 해체하고, 과목 구분에 따른 수업보다 주제와 내용을 중심으로 수업을 기획하고 학생들이 자신의 흥미와 관심에 따라서 수업을 듣는 방식이 더 적합할 것이다.

마지막으로 미래의 학교는 평가의 전면적인 혁신이 이루어져야 한다. 미래사회에서 요구되는 인간의 능력은 다양한 관점에서 평가되어야 파악할 수 있다. 현재의 시험제도처럼 일부 능력만을 평가하는 방법으로는 협력, 소통, 공감, 문제해결력 등을 종합적으로 평가하는 것은 불가능하다. 따라서 학교에서도 학습자의 배움과 성장의 과정을 기록하는 평가의 전환이 이루져야 한다. 이것은 단순한 평가를 이야기하는 것이 아니다. 교사가 학생의 삶에 관심을 가지고 관찰하고 함께 배워갈 때 가능한 일이다. 학생이 어떤 순간에 빛나고 언제 눈에 띄는 성장을 했는지를 기록하려면 교사는 학생에게 애정과 관심을 가지고 관찰하는 방법밖에는 없다. 그래서 아이들을 억지로 줄 세우는 변별력이 아닌 배움을 평가하고 학습자의 성장을 관찰하고 기록하는 것이 교사와 학교의 역할이 될 것이다.

이것은 부분적인 변화로 보일 수 있지만 실제로는 전면적인 학교 시스템의 변화를 요구한다. 교사가 학생을 관찰하고 기록하려면 우선적으로 교사가 수업에서 맡는 학생 수가 줄어들어야 한다. 학생의 성장을 관찰하고 기록하려면 학생의 개인별 수준에 맞춘 맞춤형 교육으로 수업이 전환되어야 한다. 이렇게 되어야만 아이들의 삶과 연결된 교육이 가능해지며 모든 아이들의 탁월함을 존중하고 그것을 자극하고 격려하는 교육, 그리고 아이들 하나하나의 진로에 따른 교육이 가능해진다. 이것이 한 아이도 포기하지 않는 교육이다. 우리가 늘 꿈꾸는 학교의 모습이기도 하다.

02.
사고의 전환, 무지를 인정하고 경계 파괴하기

요즘 인공지능과 관련해서 가장 많이 인용되는 단어는 알파고일 것이다. 알파고가 인공지능을 대표하는 것으로 인식되어서인지 모든 이야기에 알파고가 빠지지 않는다. 알파고 시대의 경제, 알파고 시대의 직업, 알파고 시대의 교육 같은 것들이 화두가 되고 있다.

그런데 정말 알파고를 제대로 이해하고 있는지 궁금하다. 이런 의문을 갖게 되는 이유는 알파고가 의미하는 바가 그렇게 단순하지 않음에도 불구하고 섣부르게 예측하거나 정의를 내리려고 하는 무모한 시도들이 여기저기서 터져 나오고 있기 때문이다.

인공지능 중에서도 딥러닝이 일반인들에게까지 관심을 불러일으키게 된 것은 알파고와 이세돌의 세기의 바둑대결 때문일 것이다. 바둑이라는 복잡한 가능성이 열려 있는 게임에서 애초의 예상과 달리 인간이 속수무책으로 당하는 참담한 모습을 보였다. 그러나 그것은 또 다른 방향으로 흘러갔다. 사람들은 속수무책으로 기계에게 당하기만 하는 인간 이세돌에게 실망한 것이 아니라 감정이 없는 기계와의 외로운 싸움에서 그가 보여준 최선을 다하는 모습과 인간미에 열광했다. 이렇듯 우리가 사는 세상은 단순하지 않다.

우리가 앞으로 살아갈 미래의 모습은 더욱 더 예측하기 어렵다. 그런 미래를 제대로, 아니 일부나마 예측하려면 현재의 세상에 대한 정확한 이해가 필요하다. 그런데도 불구하고 너무 섣부르고 단편적인 해석과 주장을 그것이 전부인양 쉽게 쏟아낸다. 또 이런 것들을 그대로 믿는 사람들이 있다는 것도 문제를 확대시킨다.

알파고와의 대결에서 어떤 IT 전문가라고 자칭하는 분이 이것은 사기 대결이라고 주장하는 걸 본 적이 있다. 물론 큰 관심을 끌지는 못했지만 요지는 이렇다. 알파고는 수백 대의 슈퍼컴퓨터가 연결되어서 이 컴퓨터에서 복잡한 계산을 서로 나누어서 하기 때문에 인간 이세돌 한 명이 수백 대의 컴퓨터와 싸우는 꼴이라 부당하다는 주장이었다. 이 글을 읽으면서 드는 의문은 컴퓨터는 당연히 기본적으로 그런 네트워킹 기능을 가지고 있는 것이 아닌가 하는 것이었다. 이것이 인간과 근본적으로 다른 점이다. 물론 미래에 어떤 기술이 나올지는 모르지만 현재로서는 인간의 두뇌는 서로 독립적이어서 모여 앉아서 회의를 하거나 토론하지 않으면 집단적인 사고를 할 수 없다.

알파고는 알고리즘이 핵심이며 그 알파고의 핵심적인 알고리즘이 수백 대의 컴퓨터를 가동하면서 원하는 일을 하는 것이라는 점을 이해해야 한다. 컴퓨터와의 대결에서는 그런 불리함은 당연히 감수해야 한다. 그 것을 불공정하다고 주장하는 것은 기술에 대한 이해가 부족한 것으로밖에 보이지 않는다. 그럼 프로기사 수백 명이 한편이 되어서 알파고와 대결하면 그 결과가 달라질까? 필자가 보기에는 크게 달라질 것은 없어 보인다. 컴퓨터는 수많은 경우의 수를 각기 다른 컴퓨터에서 계산하지만 인간은 여러 명이 모여 있다고 해서 그런 방식의 사고를 하기는 어렵기 때문이다.

이런 이야기를 하는 것은 사회와 기술이 복잡해짐에 따라서 저마다 전문가라는 사람들이 수많은 분석과 예측을 내놓고 있지만 한 가지 분명한 것은 미래에 대한 가장 확실한 전망은 단 하나, 불확실하다는 것뿐이다. 알파고가 이세돌을 상대로 일방적인 승리를 거둘 것을 아무도 예상하지 못했고, 그것이 실망이 아니라 인간에 대한 또 다른 자긍심을 갖도록 했듯이 우리 앞에 다가올 미래를 확실하게 예측할 수 있는 사람은 아무도 없다. 그렇다고 그냥 아무런 대비 없이 미래를 맞을 수는 없는 노릇이다. 미래에 대한 확실한 전망은 할 수 없지만 큰 줄기의 흐름이나 트렌드는 예측할 수 있다.

미래란 이런 큰 흐름 속에서 개인이나 집단의 선택과 역할에 의해서 창조되어 가는 것이다. 손에 들고 돌아다니면서 통화할 수 있는 전화기가 나올 것이라는 예상은 오래 전부터 있었다. 그것이 현실화된 것이 핸드폰이다. 그러나 그 사람들조차도 오늘날의 스마트폰 같은 획기적인 기기까지는 전혀 상상하지 못했다.

요지는 앞으로 개인의 아이디어와 집단의 선택에 의해서 애초의 아이디어에는 없었던 새로운 기술이나 문화, 생활방식이 창출될 것이라는 점이다. 반대로 확실하게 성공하고 번창할 것이라고 기대되는 분야도 전혀 예상하지 못한 아이디어에 의해 한순간에 사라져버릴 수도 있다.

핸드폰 시장이 활성화되면서 세계적인 혁신기업의 대명사로 불리던 노키아의 신화는 누구도 무너뜨릴 수 없을 것처럼 여겨졌다. 노키아의 사례는 변화의 시기에 적절히 대응해서 성공한 기업이 그 변화에 안주해서 새로운 비즈니스 모델 창출에 소홀했을 때 어떻게 몰락하는지를 잘 보여준다. 과거의 성공적인 경영모델이 결코 미래에도 성공적인 모델이 되지는 못한다는 것을 깨닫게 해주었다.

한때 경이로운 '성공기업'의 대명사였으며 핀란드 국민의 자부심이었던 '국민기업, 노키아'는 휴대폰 사업에 집중하는 선택과 집중 전략을 취함으로써 성공을 거둔 사례로 관심을 모았지만 결국 이카루스 패러독스, 즉 기존 성공의 틀에 매여 혁신하지 못하는 1등 기업의 역설을 피해 가지 못했다. 다들 아는 것처럼 이카루스는 그리스 신화에 나오는 인물이다. 깃털로 만든 날개를 밀랍으로 몸에 붙이고 하늘을 날다 과욕으로 태양 가까이까지 너무 높이 날아올랐다가 태양열에 밀랍이 녹아 추락해 죽는다.

휴대폰 시장은 노키아에 급격한 성장의 기회를 제공했지만, 스마트폰으로 전환된 휴대폰 시장은 노키아를 위기에 빠뜨렸다. 이런 과정에는 과거의 성공 경험이 저주로 작용하게 된다. 소비자의 욕구 파악이 중요하다는 것은 기존의 경영이론에서도 매우 기본적인 내용이었다. 노키아의 성공 이면에도 이런 공식에 충실했던 것이 크게 작용했다. 그러나 글로벌 경쟁이 심화되고 기술의 발전이 급속도로 이루어지는 상황에서 소비자의 욕구에 충실한 경영전략은 이미 낡은 것이며 안이한 대응이었다. 이미 시대는 소비자의 욕구를 그저 따라가는 것이 아니라 창출하는 방향으로 전환되었던 것이다.

노키아의 몰락은 시장을 선도해나가는 기업과 시장을 따라가는 기업이 맞이하는 운명의 차이를 확실하게 보여준다. 기술의 차이가 좁혀지고 경쟁이 치열해짐에 따라서 시장을 만들어가지 못하고 소비자의 요구에 따라가는 기업은 뒤처질 수밖에 없다는 교훈을 남기고 노키아는 휴대폰 시장에서 조용히 사라졌다.

스마트폰의 등장은 전혀 새로운 세상으로의 진입이었으며 스마트폰이 제공하는 모바일 플랫폼 위에서 수많은 디지털 기기와 IT 회사들이 스러져갔다. 그 대표적인 것이 PMP와 MP3다. 모바일의 대표적인 상품으로 여겨졌던 이들 미디어 플레이어들이 스마트폰의 막강한 기능에 밀려서 더 이상 소비자의 선택을 받지 못하는 처지로 전락했다.

스마트폰은 단순히 통화를 하고 메시지를 주고받으며 인터넷을 검색하는 수준을 넘어 손안에 들어온 강력한 컴퓨터의 시대를 선언한 것이다. 인터넷이 되는 이 작은 컴퓨터로 소비자가 요구하는 기능을 구현하는 것이 아니라 소비자를 잡아끄는 수많은 기능을 실현내면서 이제는 스마트폰이 없는 세상을 상상할 수 없도록 만들었다.

메시징 서비스로부터 출발한 여러 가지 부가서비스는 산업구조의 대변혁을 예고하고 있고, 모바일 뱅킹은 인터넷 은행의 등장을 이끌면서 전통적인 은행업계에 심각한 위협이 되고 있다. 또 모바일 게임 시장의 폭발적인 성장도 스마트폰이 가져온 대표적인 지형변화의 예이다.

스마트폰의 등장은 대부분 기업의 경영전략에 큰 변화를 가져오게 되었다. 시장을 유도해야 한다는 것을 알아챈 기업과 그렇지 않은 기업의 차이는 잔인할 만큼 분명했다. 휴대폰을 통화와 메시지를 전달하는 기기로 고정해 놓고 인터넷을 활용하는 다른 부가기능을 갖다 붙이는 정도로 판단한 것이 노키아의 실패를 불러온 것이다. 반면에 하드웨어와 소프트웨어의 일체화 전략을 고수하고 스마트폰을 인터넷 기능을 탑재한 작은 컴퓨터로 생각한 애플의 성공은 경계를 파괴하는 혁신적 사고가 미래사회의 핵심적인 역량임을 잘 보여주고 있다.

필자가 강조하고 싶은 결론은 노키아의 몰락이 다른 세계적 기업의 몰락과 결정적인 차이가 있으며, 그 차이가 시장의 변화를 읽지 못한 것이 아니라 시장의 변화를 주도적으로 선도하지 못한 탓이라는 것에 주목해야 한다는 점이다. 패러다임의 변화가 일어난 것이다. 이렇듯 앞으로 다가올 세상은 기존의 사고로는 이해하기 어렵다. 미래를 예측하기 어려운 상황이다. 그래서 미래를 선점하려면 어떤 상황에서든 유연하게 대처할 수 있는 혁신적인 사고가 필요하다.

다윈의 진화론은 비글호에 타려고 하는 전문 지리학자가 없었기 때문에 가능했다는 비화가 있다. 그가 전문 지리학자가 아니었기 때문에 이미 형성된 고정관념에 제약받지 않고 다양한 사물과 현상을 있는 그대로 받아들일 수 있었다는 말이다. 많은 사례들이 이야기하고 있듯이 과학에서 혁명적인 진전이 일어났을 때 이전에 형성된 이론이나 정보는 거의 도움이 되지 않는다. 과거의 전통이나 상식으로 인한 편견은 객관적으로 수집된 정보마저 부정하게 만드는 경우가 많다. 이런 편견으로부터 자유로운 눈으로 지금의 관찰과 정보를 있는 그대로 받아들이는 것은 지식을 탐구하는 데 있어서 매우 중요하다.

아메리카 대륙을 발견한 사람은 콜럼버스다. 그런데 아메리카 대륙의 이름은 정작 콜럼버스가 아닌 아메리고 베스푸치의 이름을 따서 붙여졌다. 위대한 발견을 한 최초의 탐험가가 자신이 발견한 대륙에 자신의 이름을 붙일 기회를 다른 사람에게 빼앗긴 것은 기존에 자신이 알고 있던 사실에 갇혀서 자신의 무지를 인정하지 않았기 때문이다. 콜럼버스는 자신이 발견한 대륙을 그동안 자신들이 알고 있던 동인도의 어느 지역으로 이해하고 한정시켰으나, 자신의 무지를 인정하고 열린 눈을 가지고 있었던 베스푸치는 그것이 전혀 새로운 대륙임을 알아챌 수 있었다.

창의적인 아이디어를 창출하거나 새로운 발견을 하기 위해서는 다양한 새로운 내용과 방법을 통한 정보 수집이 필수적이다. 그리고 자신이 획득한 지식과 이론조차 완전하지 않음을 전제로 회의하는 태도와 중요한 사실 중 우리 모두가 모르고 있는 것들이 너무 많다는 사실을 인정하는 자세가 요구된다. 전통과 상식이 중요하고 권위를 가지며 대부분의 사실을 알고 있다고 믿는 사회는 변화에 적응하지 못하고 도태되었다.

지금은 새로운 혁명의 시대이다. 과학혁명이 일어났던 시대보다 더 많은 변화가 더 빠르게 이루어지고 있다. 미래에서는 이런 경향이 더 강해질 것이다. 이런 세상에서 살아가야 할 인간은 우리가 속한 집단의 무지를 인정하고 새로운 지식을 추구하려는 자세와 변화를 받아들이고 적응하려는 태도를 갖추어야 한다. 다윈이 진화론에서 이야기한 것처럼 살아남는 것은 가장 강한 종도, 가장 똑똑한 종도 아니라 가장 적응을 잘하는 종이다.

노키아의 이야기가 길어졌지만 이야기의 핵심은 미래사회가 어떻게 변해갈지는 누구도 예상하기 어렵다는 것이다. 그러다 보니 여기저기서 전문가로 자처하는 사람들이 다양한 예측과 주장을 내놓고 있다. 아니면 말고 수준이다. 그래서 미래에 대한 수많은 전망은 가능할 수도 가능하지도 않을 수 있다. 누구도 알 수 없는 일이다.

그 구체적인 사례를 하나 들어보자. 알파고의 충격이 있기 이전에는 앞으로 20년 내에 사라질 직업의 순위에서 교사가 높은 순위를 차지했다. 그런데 알파고로 대표되는 앞으로의 인공지능 세상에 대한 여러 가지 분석이 나오면서 미래에도 꼭 필요한 직업의 상위 순위에 교사가 포함된 것을 보고 속으로 웃었다. 알파고의 충격이 너무 커서인지 아무도 앞의 주장을 기억하지 못하는 듯하다. 그러나 이렇게 서로 모순되는 주장이 아무렇지도 않게 공존할 수 있다는 것을 명심해야 한다.

따라서 미래에 대한 전문가는 없다고 생각하고 자신이 판단하고 자신이 책임져야 한다. 물론 앞에서 언급한 것처럼 큰 흐름이나 트렌드에 대한 미래학자들의 전망은 틀리지 않을 것이다. 그런 정도는 대부분 조금만 고민하면 올바른 정보인지를 판단할 수 있다. 그러나 이런 정보들을 바탕으로 자신의 미래를 선택하고 어떤 삶을 살아갈지 결정하는 것은 오로지 자신의 책임이다.

03.
다름을 인정하는 창의성과 비판적 사고

창의성이 중요하고 꼭 필요한 요소라는 것에 대해서 부정하는 사람은 없다. 그러나 창의성에 대해서 이해하는 방식은 전혀 다르다. 아직도 창의성을 반복적인 훈련을 통해서 기를 수 있다고 믿거나 창의성을 기르는 문제를 열심히 풀다 보면 창의적인 사람이 될 수 있다고 착각하는 사람들이 적지 않은 것 같다.

얼마 전 저명한 육아전문가가 자신의 자녀를 영재고에 보내기 위해서 고액 과외를 한 것이 문제가 된 사례가 있었다. 많은 사람들이 그 자녀가 영재고에 진학한 것을 문제 삼고, 고액 과외를 한 것을 비난했다. 당사자는 월 80만 원의 과외비를 지출했을 뿐이라고 했지만 그 액수가 고액인지에 대한 판단은 쉽지 않다. 그러나 정작 문제는 해명하는 과정에서 나타났다. 아이가 처음에 영재반 시험을 보고 떨어지자 자신이 탈락한 이유가 과학 과목의 선행학습을 하지 않았기 때문이라며 학원을 다니고 싶다고 해서 어쩔 수가 없었다고 이야기한 대목이었다.

재능 있는 아이의 욕심 앞에서 부모로서 원론적인 이야기로 그것을 꺾기란 쉽지 않다. 문제는 그 육아전문가가 영재는 부모의 역할로 길러지는 것이 아니라고 학부모들에게 자신 있게 설명했던 사람이라는 데 있다. 그러면서 자기 아이는 선행을 통해 영재고에 들어갈 수 있다고 믿고 학원을 보낸 것이다. 그냥 학원을 보낸 것과는 다른 차원의 문제이다. 선행으로 영재를 만들 수 있다고 생각한 것 자체가 자신을 믿고 그런 육아법을 실천하려고 노력했던 많은 부모들에 대한 배신이다. 뿐만 아니라 그런 것이 통하는 우리나라 영재 선발방식이 더 큰 문제이다. 그렇게 길러진 영재고나 과학고 출신의 아이들이 대학에서 어떤 모습을 보이고 있는지를 보면 지나친 비판으로 치부할 일은 아닐 것이다. 우리나라에서 아이들의 창의성을 죽이는 것은 창의성을 반복적인 훈련으로 기를 수 있다고 믿는 이들 때문이다.

창의적이라는 말에는 근본적으로 다른 생각이라는 의미가 담겨 있다. 지금까지의 생각이나 주장을 뒤집거나 넘어서는 다른 생각이나 접근을 할 때 우리는 그것을 창의적이라고 이야기하는 듯하다. 그런 의미에서 다르게 생각하는 연습을 꾸준히 하면 창의적인 사람이 될 수도 있을 것 같기는 하다. 그 다른 생각이라는 것은 대상이 있을 때 가능하며, 대상은 모든 것이 될 수 있다. 결국 모든 것을 다르게 바라보려는 태도가 다른 생각을 가능하게 한다. 이런 태도를 몸에 배이게 하는 연습이라면 이런 연습을 통해서 창의적인 사람으로 성장할 수 있겠지만 이런 연습은 이미 연습이 아니다. 이것을 우리는 '탐구'라고 부르고 '참된 배움'이라고 정의한다.

요즘은 우리도 다문화교육을 하지만 필자가 공부했던 뉴욕시립대의 대학원 과정에 '다양성'이라는 과목이 개설되어 있었다. 당시에는 이것이 일종의 문화적 충격이었고 다소 생경하게 느껴졌던 기억이 있다. 다양성이라는 과목은 역사, 인종, 문화의 차이뿐만 아니라 정치적 태도, 성적 선택권까지 다양한 가치를 이해하고 존중하는 태도에 대한 내용을 다루는 과정이다. 개인적으로 이런 수업을 통해 미국에서 왜 창의적 기업과 그것을 만들어내는 창의적 인재가 많은지 그 이유를 찾을 수 있을 것이라고 생각한다. 다양한 가치에 대한 이해와 나와 다른 그리고 내 생각과 다른 것들에 끊임없이 노출되는 사회적 환경이 창의적인 아이디어의 원천이 아닐까? 다르게 바라보는 경험 자체가 창의성의 근원이 되며, 그래서 학교에서 다른 생각들이 부딪치는 경계를 많이 만들어 낼수록 아이들은 창의적이 되어 간다고 믿는다.

다르게 보는 것은 단지 창의성에만 관계되는 것이 아니다. 다른 것을 인정하면 진정한 소통이 가능해지고 진정한 소통이 이루어지면 공감이 일어난다. 그런 공감이 강력한 협력을 이끌어내는 원동력이 되는 것이다. 다르게 보는 태도의 중요성을 아무리 강조해도 지나치지 않은 이유가 바로 여기에 있다.

다르게 생각하는 자세를 일상화하는 것은 결코 쉬운 일이 아니다. 인간이 정신적으로 성장한다는 것은 자신의 가치관을 확립해나가는 과정이기 때문이다. 이런 가치관은 대부분 신념으로 굳어지게 된다. 이 신념이라는 것이 얼마나 강력하고 무시무시한지는 인류의 역사를 통해서 너무도 확실하게 증명되었다. 지구상에 존재하는 생명체 중 자신의 생존과 종족번식의 목적 이외의 이유로 서로 싸우고 심지어 상대방의 생명에 위해를 가하는 존재는 인간이 유일하다. 오늘날 지구상에서 벌어지고 있는 용서할 수 없는 테러 행위들은 잘못 형성된 신념의 위험성을 넘치게 충분히 보여주고 있다. 이 정도는 아니지만 우리 사회에서 벌어지고 있는 갈등과 대립의 많은 부분도 신념의 차이로 인해 발생한다. 여전히 같은 민족이 서로 총칼을 겨누고 대립하고 있는 분단의 배경에도 타협할 수 없는 이념 간의 대립이 자리 잡고 있다. 이런 정치적 신념뿐만 아니라 경제적 신념의 차이는 노사 갈등과 성장과 분배에 대한 합의되지 않는 간극으로 심각한 사회적 비용을 치르는 이유가 되고 있다.

이런 갈등의 원인은 대부분의 사람들이 자신의 신념을 너무도 굳게 신봉하기 때문에 자신의 신념에 대해서는 전혀 의심하려고 하지 않는다는 데 있다. 그러면서 상대방의 신념에 대해서는 무조건 비판하고 적대시하는 태도를 보인다. 평소에는 매우 합리적으로 보이던 사람도 자신의 신념과 대립되는 생각이나 의견에 대해서는 막무가내가 되는 경우를 자주 보게 된다.

이런 신념은 오랜 시간과 경험을 통해서 형성되기 때문에 잘 바뀌지 않는다. 그리고 자신의 신념에 대한 확신이 강해질수록 다른 이에게 강요하려는 경향 역시 강해진다. 이렇게 신념이 변질되면 아집이 되는 것이다. 끊임없는 자기 점검과 반성이 필요한 이유이다. 이런 자세를 다른 말로 깨어 있다고 하며 깨어 있음으로부터 비판적 사고가 나오게 된다.

비판적 사고는 자신의 생각이나 신념을 외부자의 위치에서 객관적으로 바라보려는 태도이다. 즉 자신의 생각을 의심하고 다른 사람의 의견이나 주장을 편견 없이 이해하려는 노력을 의미한다. 그러나 우리가 수없이 경험했듯이 이것은 결코 실천하기 쉽지 않은 일이다. 매번 자신의 색안경으로 세상을 바라보는 스스로를 발견하고 다시금 반성하게 되는 일을 반복한다.

역사를 통해서 많은 사람들이 옳다고 믿었던 것들이 잘못된 신념이라는 것이 드러나거나 시간이 지남에 따라 바뀌는 것을 수없이 확인할 수 있다. 비단 역사만이 아니다. 우리가 살고 있는 현재에도 드물지 않게 목격된다. 그러나 이런 허위의 실체를 드러내거나 잘못된 가치관을 바꾸는 것은 쉽지 않다.

그 이유는 우리 사회가 그런 진실을 깨닫거나 변화하려는 시도를 막는 중요한 걸림돌을 가지고 있기 때문이다. 먼저 이런 진실이 드러나게 되면 그런 시스템에서 이득을 얻었던 세력은 크게 반발한다. '기득권층'이라고 부르는 그들은 온갖 수단, 즉 로비, 뇌물, 미디어 선동, 심지어 폭력까지를 동원해서라도 변화를 막으려고 한다. 자본주의 사회에서 이들이 가진 돈과 권력의 힘은 상상 이상이므로 개혁이 쉽지 않다.

그래서 변화를 가로막는 또 다른 요인인 허위의식이 형성된다. 허위의식은 자신의 이익과 반대되는 신념을 가지게 되는 경우를 말한다. 예를 들어 과거 종합부동산세를 시행하려고 했을 때 이에 해당되지 않는 많은 사람들이 반대했던 것이 이에 해당된다. 부동산 보유에 따른 부담을 늘여 다주택을 소유한 사람들이 집을 팔게 해서 집값을 안정시키겠다는 의도에도 불구하고 집을 소유하지 않은 사람들까지 격렬하게 반대한 것이다. 이런 허위의식은 기득권층이 가진 네트워크를 통해서 생성되고 전파된 것이지만 이를 비판적으로 이해할 수 있는 사고의 힘이 없었기 때문에 광범위하게 파고들 수 있었던 것이다.

그럼에도 결국 모든 것은 바뀐다. 개혁과 변화는 어렵다. 그것이 현실이긴 하다. 그러나 결국 바뀐다는 것 역시 받아들이자. 200년 전에는 노예제도를 폐지하자고 주장하면 비현실적이거나 미친것으로 취급당했었다. 미국의 남북전쟁(Civil War)으로 노예제도가 폐지되고도 오랜 동안 흑인을 차별하는 제도가 유지되어온 것을 보면 변화가 얼마나 어려운 일인지를 느끼게 된다. 100년 전 만 해도 여성이 선거권을 주장하면 감옥에 갈 것을 각오해야 했다. 민주주의가 먼저 꽃피었다는 영국에서조차 여성의 참정권을 막는 이유가 '의견을 들어줄 남편과 남자형제가 있는데 왜 굳이 여자까지 투표를 해야 하는가?'였다고 한다. 지금 생각하면 말도 안 되는 일들이 당연하게 받아들여지던 시기가 분명히 있었다. 왜 문제가 되는지 이해할 수 없다는 인식이 대다수의 사고를 지배하는 상황에서 변화는 불가능해 보였을 것이다. 그럼에도 불구하고 결국 바뀌었다. "이루어지기 전에는 모든 것이 불가능해 보인다"는 넬슨 만델라의 말처럼 불가능해보이던 것들이 바뀌었다. 모두가 당연하다고 생각할 때 누군가 의문을 품고 문제를 제기하면서 그것에 의문을 갖는 다른 생각들에 의해서 이런 말도 안 되는 일들이 개선되고 사회가 변해가는 것이다. 자신이 지지하는 신념이 옳다고 생각되더라도 다른 주장에 귀를 기울여야 하는 이유가 바로 여기에 있다.

실제 다른 문화나 환경을 존중해서 성공한 사례를 살펴보자. 탈수기는 따로 있어도 세탁기에 탈수 기능이 없는 것을 상상하기는 쉽지 않다. 그런데 멕시코에선 탈수 기능을 뺀 제품을 출시해서 멕시코 중저가 세탁기 시장의 65%를 차지한 사례가 있다. 이것은 햇볕이 강한 멕시코에서는 탈수하지 않아도 빨래가 잘 마르는 것에 착안해 탈수 기능을 빼고 가격을 낮추는 전략을 쓴 것이 성공한 사례이다. 쥐가 많은 베트남에선 드럼 세탁기 하단부에 쥐 침입방지용 패널을 달아서 큰 호응을 받았고, 물이 비싸서 가사도우미들이 물을 훔쳐가는 일이 빈번히 발생하는 중동에서는 자물쇠를 단 냉장고가 소비자들의 높은 호응을 받았다.

다름을 인정하고 다양성을 존중하는 것이 창의적인 아이디어를 창출하는 데 더 효과적이다. 또한 똑똑한 동질의 사람들보다 조금 모자라지만 다양한 사람들의 집단이 문제해결에도 더 뛰어난 능력을 보인다.

제2차 세계대전 당시 연합군이 전세를 뒤집고 역전하게 된 것은 영국이 비밀리에 세운 '블레츨리 파크(이하 블레츨리)'가 독일군 암호 대부분을 해독하는 데 성공했기 때문이었다. 블레츨리가 독일군의 교신 내용을 대부분 손쉽게 확인함으로써 연합군을 괴롭히던 U보트의 위치를 파악할 수 있게 되었다. 그런데 재미있는 것은 암호 해독을 위해 블레츨리에 참여한 1000여 명의 사람들의 직업과 학문적 배경이 매우 다양했다는 것이다. 과학자, 기술자 외에도 체스 챔피언, 낱말 맞추기 전문가, 대기업·백화점 간부 등까지 참여했다. 블레츨리의 성공 비결은 다양한 사람들의 다양한 능력 덕분이었다. 다양성의 위대한 힘을 보여준 대표적인 사례이다. 블레츨리에서 사용된 세계 최초의 연산컴퓨터인 콜러서리는 전직 우체국 직원의 아이디어였다.

이것이 다름을 존중해야 하는 이유이다. 올바른 배움에 이르기 위해서는 세상의 복잡성과 자신이 지지하는 신념의 한계에 대한 겸손함과 개방적인 태도를 가지고 다른 사람의 의견을 경청하고 존중하는 태도를 가져야 한다.

04.
낯선 것에 대한 거침없는 호기심
- 프랭클린의 번개

우리 주변에서 일어나는 모든 일들에는 합리적이고 타당한 이유가 있다. 여전히 신비로운 영역에 있는 것들은 우리가 아직 그것들을 발생시키는 논리적으로 정확히 들어맞는 원인을 밝혀내지 못했기 때문이다.

비가 오는 날 프랭클린이 목숨을 걸고 번개 치는 벌판에서 세상에서 가장 위험한 실험을 하기 전까지 번개는 인간에게 가장 두려운 자연현상이었다. 그리스 신화나 북유럽의 신화에 신들이 번개를 무기로 장착하고 등장하는 것은 그런 이유에서 기인한다.

프랭클린은 1752년 6월 21세의 아들 윌리엄과 함께 위험한 실험을 시도했다. 비가 올 것처럼 날씨가 잔뜩 흐린 날 자신이 직접 만든 연을 하늘로 날려 보낸 것이다. 두 개의 삼나무 막대를 교차시켜 묶은 다음 실크 손수건을 펼쳐서 만든 그 연의 위쪽 끝에는 날카로운 철사가 달려 있었다. 반대편의 사람 쪽으로 늘어뜨린 연줄 끝에는 구리 열쇠와 연줄을 잡아당길 수 있는 실크 리본이 매어져 있었다.

한 무리의 먹구름이 몰려와도 연에 아무런 반응이 없어 실망할 즈음 프랭클린은 약간 풀어헤쳐진 연줄의 보푸라기들이 갑자기 일어서는 모양을 볼 수 있었다. 비가 오기 시작하면서 기다렸던 번개가 친 것이다. 그는 즉시 자신의 손가락을 구리 열쇠에 갖다 댔다. 그러자 열쇠에서 퍽하고 불꽃이 일어났다. 프랭클린은 그 순간을 자신의 일기에서 다음과 같이 표현했다.

"매우 강한 충격이었지만 나는 아픔보다 기쁨을 훨씬 크게 느꼈다. 이 실험으로 번개가 구름 속에서 생기는 전기임을 증명했기 때문이다."

어쨌든 프랭클린의 실험으로 번개는 전기현상으로 밝혀졌고 위험한 현상이기는 하지만 더 이상 두려움의 대상은 아니게 되었다. 전기가 흐르는 현상으로 밝혀진 번개는 피뢰침을 이용해서 피할 수 있게 되었다. 이것으로 번개는 신비한 현상에서 자연에서 일어날 수 있는, 당연히 일어나야 하는 과학적 영역으로 그 자리를 옮기게 되었다. 번개가 발생하는 원인과 이유를 합리적으로 설명해냈기 때문이다.

번개가 직접적인 두려움의 대상이었다면 일식은 대부분의 사회에서 매우 불길한 일을 예견하는 징조로 여겨졌다. 대부분의 고대인들에게 있어서 일식은 신의 노여움이나 재앙, 질병을 예견하는 두려움과 공포를 야기하는 자연 현상이었다. 일부에서 일식의 주기를 파악하기도 했지만 17세기까지는 그 원인을 파악하지 못했으므로 신비한 현상으로 인식되었다. 그러나 일식은 달이 태양을 가리기 때문에 발생하는 자연적인 현상이지 신의 의지에 따라서 갑자기 일어나는 신비한 현상이 아님을 과학과 기술의 발전이 드러내고 말았다.

다윈이 주장한 진화론은 여전히 논란에 휩싸여 있다. 다윈이 지구상에 존재하는 생물들이 진화의 과정을 거쳤음을 주장하기 전에는 대부분의 사람들이 생명체는 신의 피조물이라고 생각했다. 그 누구도 창조론에 대해서 이론을 제기하거나 새로운 주장을 하지 않았다. 그러나 오늘날에는 종교적인 이유에 의하지 않고는 대부분이 진화론에 무게를 두고 있다. 물론 다윈의 주장에 결함이 발견되고 있고, 진화의 과정을 정확하게 증명하기 위해 반드시 필요한 몇 가지 영역을 밝혀내지 못하고 있기는 하다.

그러나 이것은 진화의 과정에서 비어 있는 영역을 아직 찾아내지 못했을 뿐이지 그것이 진화론을 부정할 이유가 되지는 못한다. 생명체가 진화하는 과정을 살펴보면 진화론이 사실일 수밖에 없는 자연계의 질서를 발견하게 된다. 우리가 살고 있는 태양계의 질서에서도 이런 일관된 규칙성을 발견할 수 있다.

"우리가 사는 태양계의 행성들은 왜 거의 원에 가까운 궤도를 돌면서 서로 일정한 거리를 두고 태양 주변을 돌고 있을까? 혜성은 왜 아주 찌그러진 모양의 타원 궤도로 태양 주변을 공전하는 것일까?" 이런 의문을 가져본 적이 있는가? 아마 거의 없을 것이다. 우리는 학교에서 이런 것들을 배우기보다는 태양계를 구성하는 행성의 순서 같은 전혀 쓸모없는 것들만 배웠기 때문에 당연히 그런 의문을 가져볼 아무런 계기가 없었다. 아무튼 행성들이 서로 부딪치지 않고 태양의 주변을 잘 돌고 있는 것은 종교적 세계관으로 보면 '신의 놀라운 질서'이다. 별들이 서로 부딪치지 않도록 일정한 거리를 떨어뜨려서 각자의 궤도를 돌게 하고 너무 아무 일이 없으면 심심하니까 가끔씩 그 궤도를 침범하는 혜성을 창조해서 인간들이 긴장하고 신의 존재를 잊지 않도록 한 놀라운 계획이라고 주장할 수 있다. 신비하기는 하지만 참으로 재미없는 설명이다.

그러나 진화론적 관점에서 보면 전혀 다른 이유가 보인다. 그것은 행성은 고참별이고 혜성은 신참별들이기 때문이다. 태양계가 형성되던 초기에는 새롭게 생성되는 행성들이 수없이 많았을 것이다. 행성들이 원형 궤도를 따라서 공전하거나 긴 타원형 궤도를 그리며 태양을 중심으로 돌고 있는 것들이 마구 섞여 있는 모습을 상상할 수 있다. 이때 원형과 긴 타원형의 궤도를 돌던 행성끼리 그리고 긴 타원형을 돌던 행성들끼리 서로 충돌하여 붕괴하는 일들이 벌어졌을 것이다. 이런 일은 아주 오랜 기간을 통해서 일어나므로 거의 모든 가능한 충돌은 이미 발생했다고 볼수 있다. 따라서 그중 서로 궤도가 겹치지 않는 원형 궤도를 돌던 행성들만 남아서 지금의 태양계를 형성하고 있는 것으로 생각된다. 그러나 혜성은 이제 생겨난 지 얼마 되지 않은 어린 별들이므로 그 궤도가 긴 타원형임에도 아직 충돌하지 않고 공전을 계속하고 있다. 우주의 나이로 보면 그렇다는 이야기다. 그렇다면 우리 지구와 충돌하는 혜성이 나타날지도 모른다는 가정은 영화에만 등장하는 터무니없는 이야기가 아니다.

다시 말하면 현재의 행성들은 충돌이라는 자연 선택의 과정에서 살아남은 것들이다. 우리가 살고 있는 우주, 그리고 지구, 우리 사회는 자연의 질서에 따라서 비슷한 과정을 거쳐서 안정에 이른다. 여기에 다시 무엇인가 질서를 무너뜨리는 돌발적인 상황이 개입하면 자연선택의 과정이 다시 발동되고 서서히 안정된 상태로 수렴하는 일들이 반복되게 된다. 진화의 과정도 자연 선택에서 살아남은 돌연변이들의 생존기라는 점에서 태양계의 탄생으로부터 현재의 태양계가 안정되는 과정과 유사한 특성을 보인다.

이렇게 자연현상에서 일어나는 신비로운 일들과 인간 사회에서 벌어지는 복잡한 일들이 보여주는 인과관계의 규칙성은 놀라울 정도로 비슷하다. 자연현상으로부터 인간 사회의 시스템을 예측하고 그 모델을 적용하는 것은 전혀 뜬금없는 일이 아니다. 마찬가지로 인간 사회의 시스템, 즉 인문사회 분야에 대한 이해가 과학적 탐구에 도움이 되는 것도 이런 이유 때문일 수 있다.

그것뿐만 아니다. 세상에 존재하는 모든 것에는 다 이유가 있다. 유명한 이야기로 마오쩌둥과 참새 이야기가 있다. 이 이야기는 마오쩌둥이 1958년 농촌 순방 중에 곡식을 쪼아 먹는 참새를 보고는 "저 새는 해로운 새다. 안 그래도 식량이 부족한데 참새가 그 귀중한 곡식을 쪼아 먹으니."라고 한마디한 것에서 시작되었다. 공산혁명의 열기가 최고조에 달해있던 시기라 최고지도자 마오의 한마디는 중국을 발칵 뒤집어 놓기에 충분했다.

서둘러 '참새 섬멸 총지휘부'가 만들어지는 데는 얼치기 지식인과 행동대원들의 역할이 컸다. 국영 연구기관은 참새 한 마리가 매년 곡식 2.4kg을 먹어치우므로 참새만 박멸해도 70만 명이 먹을 곡식을 더 수확할 수 있다는 계산을 내놓고 마오의 정책을 찬양하기에 바빴다. 그 누구도 반론을 제기하는 사람이 없었고 그럴 분위기도 아니었다.

드디어 중국 전역 방방곡곡에서 소탕작전이 전개되었고 마오의 명령은 일사분란하게 실행됐다. 어른 아이 할 것 없이 10억 인구가 동원되었다. 모두들 새총(고무총)을 들고 다니며 참새를 잡거나 곳곳에 진을 치고 냄비와 세숫대야를 두드리며 참새를 쫓아다녔다. 10억 인구가 동원되다 보니 참새는 새총에 맞아 죽지 않더라도 사방에서 들리는 냄비와 세숫대야 소리에 놀라 이리저리 쫓겨 날다 날다 기진맥진해서 떨어져 죽었다고 한다. 마오의 한마디에 참새 약 2억 1천만 마리가 소탕되었다. 중국 땅에서 참새는 거의 멸종 위기에 이르는 놀라운 일이 벌어졌다. 이제 곡식이 더 수확될 것만 기다리면 될 일이었다.

그러나 결과는 기대와 정반대였다. 해충의 천적인 참새가 사라지자 메뚜기를 비롯한 해충이 창궐했고 농작물은 해충의 피해로 거의 초토화됐다. 결국 참새를 박멸한 첫해부터 중국은 대흉작을 맞게 되었다. 1958년부터 3년 동안 중국인 4천만 명을 죽음으로 몰아간 참사가 마오쩌둥의 한마디에서 출발한 참화였다. 참새 섬멸 작전의 문제점을 깨닫고 사후 약방문으로 소련 연해주에서 참새 20만 마리를 수입했지만 들녘을 휩쓸고 있는 해충을 잡기에는 역부족이었다.

마오쩌둥의 실책은 여기에서 그치지 않는다. 실패를 만회하기 위해 철저한 검증 없이 서둘러서 수확량을 높이기 위한 방책으로 벼를 빽빽하게 심도록 지시한 것이다. 벼와 벼 간격을 최소화하면 소출량이 늘어날 것이라는 아주 단순한 발상이었다. 이 과정에서도 전문가의 역할은 없었다. 그들은 침묵하거나 오히려 잘못된 정책에 정당성을 부여하기 위한 부역에 적극적으로 뛰어들었다.

결국 잘못된 정책은 상황만 더 악화시키는 결과를 가져왔다. 농부들이 벼를 간격을 두고 심는 것은 오래된 경험으로부터 나온 지혜에서 비롯된 농작법이다. 벼를 촘촘히 심으면 서로 경쟁하면서 모두가 제대로 성장하지 못하고 이렇게 부실하게 자란 벼들은 병충해에 취약하게 되어 결국은 아예 낟알이 여물지 못하기 때문이다. 결국 부실한 계획에 따라 실행된 식량 증산운동은 엄청난 참사로 끝났다.

이 사례에서 아무리 중요한 국가 정책이라 할지라도 철저한 계획과 검증 없이 시행되면 그 의도의 선함과 관계없이 상상할 수 없는 재앙으로 이어질 수 있다는 점을 배워야 한다. 그리고 중국 공산당의 실패 과정에서 전문가와 전문기관이 보여준 무책임함과 부도덕적인 불감증은 이들이 자신들의 전문성이라는 권위를 권력이나 특정집단의 의도와 목적에 정당성을 부여하는 수단으로 사용해왔음을 적나라하게 드러냈다. 우리나라에서도 이런 사례는 수없이 많다. 평화의 댐이 그러했고 4대강 사업이 그랬다. 정책의 타당성을 객관적으로 검증하기보다는 정책 추진의 근거를 제공하기 위한 왜곡된 연구결과를 생산하는 전문기관과 학자적 양심을 저버린 연구자들이 얼마나 위험한 존재들인지 학습하는 계기가 되었다.

참새를 거의 다 잡아버리자 해충의 천적이 없어져서 오히려 대규모 흉작이 들고 굶어죽는 사람이 속출했다. 눈앞의 현상만 보면 참새가 곡식을 쪼아 먹는 것이 아까울 수 있다. 그러나 참새는 약간의 낟알을 쪼아먹는 대신 벼에 치명적인 메뚜기나 해충을 잡아먹어 결국에는 이로운 역할을 한다. 참새가 존재해야 하는 당연한 이유가 있는 것이다. 세상을 한 면만 보면 이해되지 않는 것도 종합적으로 바라보면 자연스럽게 받아들일 수 있게 된다. 이렇게 종합적으로 볼 수 있는 눈을 갖추는 것이 제대로 배우는 것이다.

마오쩌둥이 참새를 없애라고 한 것은 아니다. 그러나 그의 한마디에 참새를 잡아 없애느라 동원된 많은 사람들이 참새 사냥에 나선 모습을 그려보면 참으로 희극적이다. 그보다 그로 인해 상상할 수 없는 재앙을 맞이하게 된 사람들의 참극을 생각하면 말문이 막힌다.

절대 권력자의 말 한마디에 아무런 검토 없이 정책을 실행에 옮기는 것은 대부분 비극적인 결과를 초래한다. 이 과정에서 소위 전문가의 권위가 어떻게 작동하는지에 따라서 당연히 예견되는 실패를 막을 수도 있지만 대부분은 불행히도 우리의 희망대로 진행되지 않았다. 전문기관이나 전문 연구자들이 잘못된 정책에 정당성을 부여해서 추진의 근거를 제공하는 사례를 수없이 보아왔기 때문이다.

북한이 금강산댐을 이용해서 물 공격을 하면 서울의 대부분이 물에 잠길 수 있다는 허무맹랑한 공포 마케팅에 적극적으로 부역한 것이 전문가들이다. 그들은 자신들의 거짓이 드러난 후에도 아무런 사과나 뉘우치는 태도를 보이지 않았다. 4대강은 어떤가? 수십 조의 돈을 들여서 온 나라의 강을 녹조로 뒤덮어 놓았다. 4대강 추진에 이론적 근거를 제공했던 것도 전문가들이다. 가습기 살균제 사태는 연구결과를 조작하는 범죄행위까지 강행하면서 자본의 이해에 부역했다는 비난을 받고 있다.

결국은 원전폐기 여부 결정을 전문가가 아닌 일반인들이 참여하는 공론화 과정에 맡기게 되었다. 이런 일들이 벌어지는 것은 대의민주주의에 대한 실망과 비판의 목소리와 더불어 전문가들이 보여준 무책임과 부도덕함에 대한 반발의 결과이다.

어쩌면 그들도 잘 모르기 때문이었을 수도 있다. 자연은 인간의 짧은 생각으로 파악할 수 없을 만큼 복잡하고 정교하게 맞물려 돌아간다. 우리가 사는 사회 시스템도 자연을 닮아 있다. 경제를 살리겠다고 어느 한 분야만 건드리면 그보다 더 많은 분야에 문제를 발생시켜서 오히려 경제 전체가 무너지는 경우를 수없이 경험해왔다. 그래서 난해한 기술뿐만 아니라 다양한 사회적 문제가 복잡하게 뒤엉킨 문제를 해결하는 데는 한 분야에 깊은 전문성을 가진 전문가들이 빠지기 쉬운 편협성이 잘못된 판단을 도출할 수도 있다.

사회주의와 자본주의 어떤 체제가 우월한지에 대한 논의는 별개로 하고 소비에트 사회주의 계획경제가 실패한 사례를 통해서 인간 사회의 복잡성과 다양한 요소가 정교하게 맞물려서 운영되는 구체적인 증거를 확인해보자.

계획경제는 정부가 경제의 모든 면을 완전 관리한다. 이를 위해서는 계획된 생산성을 달성하기 위한 근로의욕도 중요하지만 정확한 정보수집이 생명이다. 정부는 생산계획을 정확하게 세우기 위해서 각 생산물별로, 한 종류의 생산물 안에서도 수많은 각 모델 별로 수요가 얼마인지를 정확하게 알아야 한다. 그러나 인간의 욕구가 반영되는 수요는 끊임없이 변하기 때문에 정확한 수요 정보를 얻는 것은 거의 불가능한 일이다. 이 지점에서부터 오류가 시작된다. 정확한 수요 정보가 없으므로 생산물에 따라서 생산량과 수요에 불일치가 생길 것이고 생산량을 계획한 수량에 맞추려면 개인의 자유를 통제해야 한다. 이렇게 개인의 자유를 통제하면 생산의욕이 저하되고 이는 다시 생산성을 떨어뜨리는 악순환으로 이어져 계획경제가 실패하는 원인에 일조하게 된다. 이렇게 경제체제를 구성하는 여러 요소들은 상호 긴밀하게 연계되어 있으므로 어느 한 요소를 건드리는 것은 오히려 나쁜 결과를 초래할 수 있다.

앞에서 언급된 사례들은 현재를 살아가는 우리에게 앞으로 우리 앞에 닥쳐오게 될 문제를 해결하는 과정에서 우리가 취해야 할 태도에 대한 중요한 교훈을 던지고 있다. 그 교훈을 통해서 우리가 제대로 배울 것인지의 여부 또한 우리의 결정과 태도에 달려 있다. 눈앞에 벌어지는 현상의 본질을 이해하기 위해서 원인의 뿌리를 찾아서 깊은 탐구를 하는 것과 단순히 그 현상을 운명처럼 받아들이고 겉으로 드러나는 효과에만 관심을 갖는 것은 전혀 다른 결과를 가져오게 된다. 번개의 실체가 전기임을 밝혀낸 것은 피뢰침의 개발로 이어져서 번개로 인한 피해를 줄이는 데 크게 기여하게 되었다.

우리가 배워야 할 것은 이런 인과관계와 그것의 규칙성으로 인해서 벌어진 사실들을 암기하는 것이 아니다. 이것을 토대로 지구와 인류의 역사에서 비어 있는 영역을 찾아 연결시키고 아직 밝혀내지 못한 우주의 비밀을 찾아 나서는 지적탐험의 용기와 동력, 그리고 인간 사회에서 새롭게 벌어지는 문제를 해결할 수 있는 지혜를 길러가는 것이다.

05.
쓸데없어 보이는 것들의 진짜 쓸모!

근대사회의 교육시스템이 형성된 과정과 배경의 한계로 인해 교육이 목적이 아닌 수단으로 이해되는 것은 어쩔 수 없는 일인지도 모르겠다. 그래서인지 늘 학교와 학생들에게 쏟아지는 비난의 주제는 쓸모없음에 대한 것들이다. 학교에서 배운 것이 기업에서 쓸데가 없는 것이 큰 문제라고 이야기한다. 이런 비난이 과연 정당한 것일까? 기업이 이런 이야기를 하는 것은 그나마 그들의 속성이 이익만을 최우선으로 하기에 이해까지는 아니더라도 참아줄 수는 있다.

그런데 참된 배움을 이야기하면서 학교가 아무짝에도 쓸데없는 것들을 가르치느라고 시간을 낭비하고 있다고 비판하는 분들도 있다. 그리고 그것이 아이들을 무기력하게 만들고 잠자는 아이들을 양산하는 원인이라고 강력하게 주장한다. 그 '쓸모'라는 말을 당장 생활에서 써먹을 수 있는 것들로 이해하고 그것이 삶을 위한 교육이라고 주장하는 것은 기업가들이 쓸모를 이야기하는 것보다 훨씬 위험하다. 이런 주장들이 난무하다 보니 아이들은 수학을 왜 배워야 하는지 회의하고, 철학이나 사회를 배우는 것을 불필요한 시간낭비로 여기게 되었다. 그래서 아이들이 교과서나 문제집이 아닌 다른 책을 읽고 있으면 쓸데없는 짓을 하는 이상한 사람 취급을 받는 것이다.

당장의 쓸모나 이익을 기준으로 교육을 판단해서는 안 된다. 당장의 쓸모를 이야기하는 것은 교육과 인간을 도구화하는 이데올로기다. 이렇게 당장의 필요에 따라서 교육을 수단으로 생각하기 때문에 사회의 변화나 시류에 따라서 교육이 이리저리 흔들리고 그 유용성에 대해서 비판받게 되는 것이다. 우리는 소크라테스에게서 교육의 본질에 대한 단초를 찾을 수 있다. 소크라테스 당시 아테네 교육은 부와 권력을 얻기 위한 귀족들만의 교육이었다. 이것은 오랜 기간 동안 인류사회의 공통된 교육의 목표였다. 소크라테스는 교육에 대해 새로운 정의를 내린 것이다. 가히 교육혁명이라고 할 수 있다.

창의력이 무엇인가? 우리는 창의성을 새로운 개념으로 생각하지만 창의성은 인류 역사를 통해서 늘 추구되고 강조되어온 개념이다. 다른 것을 추구하는 것, 새로운 것을 찾으려는 노력, 그런 과정을 통해서 암흑 속에 가려 있던 진실들을 하나하나씩 벗겨내는 힘이다. 이것은 어떤 시대, 어떤 사회를 막론하고 통용되는 변하지 않는 진리다. 산업혁명의 시내라고 해서, 알파고가 충격을 던진 현재라고 해서 달라질 수는 없는 것이다. 알파고를 팔아먹으며 미래교육을 마케팅하는 사람들에게서 교육의 해답을 찾을 수는 없다. 그들이 강조하는 고전, 과거의 지혜로 다시 되돌아가보기를 강조하는 의미에서 소크라테스의 교육에 대한 정의를 옮겨 본다.

소크라테스는 부와 권력을 얻고 지배구조를 공고하게 하기 위한 수단으로서의 교육에서 진정한 삶을 추구하는 전인적인 교육에 대한 새로운 전망을 제시하였다. 소크라테스는 교육을 영혼을 생각하는 것, 양심에 따라 신이 주신 길을 걸어가는 것, 용기와 힘과 지식을 갖추려고 노력하는 것으로 정의하였다.

이것을 플라톤은 다시 배움으로써 자유로운 존재가 되고, 배움을 통해 자신을 알아가고, 배우는 과정에서 덕을 갖춘 존재가 되며, 그 과정에서 자유로워지는 것, 이것이 교육의 목적이어야 한다고 역설하였다. 당시의 아테네 교육에 대한 비판은 현재에도 유의미하다.

사람들이 이성적으로 사고하고 고상한 동기에 의해서만 행동하지 않는다는 것이 지그리트 프로이트에 의해서 밝혀졌고, 그로 인해 인류의 자존심은 크게 상처를 받았다. 프로이트에 따르면 인간은 예술을 창조하고 과학적인 발명과 발견을 하고 철학의 체계를 세우거나 정치 제도를 만들고 그 모든 행위가 자아를 초월하는 고상한 동기에서 비롯된다고 스스로 믿고 있지만, 사실은 그저 성적인 파트너를 유혹하고자 하는 욕망에 이끌리고 있을 뿐이라는 것이다.

우리의 마음 깊숙한 곳에 숨어 있는 무의식이 그 행동과 정서를 규정한다고 단언하면서 인간의 인격을 세 가지 단계로 구분하였다. 쾌락의 원리에 지배되는 무의식의 영역인 이드(Id)와 외부의 현실에 적응하여 자신의 욕구를 포기하게 하는 자아(Ego), 그리고 자아가 조금 더 발전하여 생기는 초자아(Super ego)가 그것이다. 여기서 초자아는 양심처럼 이드를 제압하는 높은 수준의 자아를 의미한다.

초자아가 발동하지 않으면 인간은 무의식적으로 이드 수준의 인격으로 자신의 욕망에 따라 행동하게 된다. 자아를 생성하고 초자아로 발전시키는 것이 교육의 역할이다. 즉 이성이나 양심을 자신의 내면에 확고하게 자리 잡게 하고, 이를 통해 무의식적인 욕구인 이드로부터 자유로울 수 있는 인간으로 성장하는 과정이 배움이라 할 수 있을 것이다. 이것이 자동차를 고치거나 빵을 굽기 위한 과정 중 어디에 꼭 쓰일 수 있는 공부는 아니다. 그렇다고 쓸모없는 교육이라고 할 수는 없을 것이다.

진보건 보수건 '행복한 교육'이 빠지지 않는 구호이다. 행복이 교육의 최고 목표인 양 한 목소리를 내지만 그보다는 자신의 삶을 탁월한 삶, 멋진 삶, 자유로운 삶으로 바꿔낼 수 있는 '삶의 기술'을 배우고 익히는 것이 좀 더 궁극적인 교육의 목표가 돼야 한다.

06.
우상과 부당한 질서에 저항하는 법

유발 하라리는 그의 저작 《사피엔스》에서 인간 사회는 언제나 위계질서를 창조해왔고 이것을 정당화해왔음을 부인할 수 없는 증거로 확인시켜주고 있다. 어떤 사회이건 다른 사회의 위계질서에 대해 비판적이지만 자신들의 위계질서는 자연적이고 당연한 것으로 여긴다는 점도 일깨운다. 우리 모두가 이미 알고 있는 당연한 사실처럼 느껴지겠지만 결코 당연하게 인식하지 못하고 살고 있다. 그 증거는 수도 없이 많다. 우리가 다른 문화에 대해서 이해할 수 없다는 태도를 취할 때마다 스스로 그 모순적 사고를 증명하고 있다는 사실을 인정해야 한다.

미국 독립선언문에는 다음과 같은 내용이 포함되어 있다.

"우리는 다음과 같은 것을 자명한 진리라고 생각한다. 즉, 모든 사람은 평등하게 태어났고, 조물주는 몇 개의 양도할 수 없는 권리를 부여하였으며, 그 권리 중에는 생명과 자유와 행복의 추구가 있다."

천부인권을 천명하고 로크의 사회 계약설의 영향을 받아 인민 주권과 저항권을 명시하고 있는 미국의 독립선언문에 서명한 많은 사람들은 노예주였다. 아이러 니하지 않은가? 모든 사람이 평등하며 그들의 생명, 자유와 행복을 추구할 수 있는 권리를 꽃피울 수 있는 독립된 국가를 외치면서 노예 문제는 외면하였다. 그들의 위계에서 노예는 평등한 사람의 대상에서 제외되는 존재들이었다. 그들 에게 식민지를 착취하는 제국주의의 경제적 침탈은 부당한 것이었지만 스스로 가 행하는 타인에 대한 부당한 착취와 억압은 그것이 천부인권인 생명과 자유 의 박탈일지라도 당연한 것으로 인식되었다. 이런 이율배반적 태도는 아주 오 랜 기간 집요하게 지속되었다.

이런 일들은 지구상의 어느 특정 국가나 특정 지역에서만 일어나지 않는다. 바로 우리 자신들의 모습이기도 하다. 인도의 카스트 제도나 이 슬람의 일부다처제에 경악하는 사람들도 정규직과 비정규직의 문제는 자연스럽게 받아들인다. 임금격차는 물론이고 심지어 서로 다른 사원복 과 사원증, 이메일까지 구분하는 신분낙인, 즉 신분에 따른 격차를 강요 한다는 점에서 정규직과 비정규직의 구분은 현대판 카스트라고 해야 할 것이다. 그럼에도 비정규직의 문제는 어쩔 수 없는 일로 정당화하면서 카스트제도에 대해서는 분노하는 것이 자연스러운 것은 전형적인 인지 부조화 현상이다.

그나마 이렇게 명확하게 판단이 가능한 문제들은 시간이 지나면서 해결될 가능성이 높다. 그러나 너무나 자연스럽게 받아들여지고 일반화 된 현상이나 질서는 문제로 인식하는 것조차 쉽지 않다. 그 예로 대부분 부자들은 당연하게 특별한 삶을 살고, 가난한 사람은 의료혜택도 제대로 받지 못하는 상황을 자연스럽게 받아들인다. 일반적으로 부자는 자신의 능력과 노력에 의해서 부를 축적한 것이고, 가난한 사람은 능력이나 노력이 부족해서 가난의 고통을 받은 것이라고 믿는다. 물론 정당한 방법으로 스스로의 불굴의 의지와 노력에 의해서 부를 쌓은 경우도 있지만 그렇지 않은 사례도 적지 않다. 그리고 설사 정당하고 스스로의 노력에 의한 것이라고 하더라도 부자가 부를 축적하는 것은 그가 속한 사회를 통해서이지 별나라로부터 얻은 것이 아니다. 그래서 누군가는 자신이 부를 얻게 된 사회에 기여하고 환원하는 것이 부자로서의 당연한 책무라고 받아들인다. 그런 누군가라면 부자가 더 많은 세금을 내는 것도 당연할 것이다. 양극화가 극도로 심화된 현재 사회가 부자들에게도 결코 바람직하지 않다는 것을 볼 때 그 위계에 대한 의문을 가지는 것은 자연스러운 일이며, 그런 누군가가 많은 사회가 건강한 사회다. 이렇게 부자와 가난한 사람의 위계질서처럼 그 모순적 구조가 확연히 드러나기 어려운 상황일수록 끊임없이 우리 사회를 지배하는 상식에 의문을 품는 자세를 통해 결국은 그것이 당연하지 않다는 것이 밝혀지게 된다.

이러한 위계질서를 깨뜨릴 수 있는 거의 유일하고 강력한 수단이 바로 교육이다. 하라리가 이야기하고 있듯이 이러한 상상의 질서는 수많은 사람들의 동의와 믿음으로 유지되는 것이므로 그것을 해체하는 것은 그 수많은 사람들을 설득하고 생각을 바꾸어서 새로운 믿음으로 대체하는 수단이 필요하기 때문이다. 그러나 한 사람이 자신의 계급에서 다른 계급으로 신분이 상승하도록 돕는 것이 교육의 역할은 아니다. 교육이 신분상승의 사다리가 되어야 한다는 주장은 듣기에는 좋지만 너무 얄팍한 사고의 결과이다. 교육의 역할은 우리 사회의 모순과 문제를 인식하고 그것에 대한 문제제기와 변화를 위한 실천을 통해 사회를 바꾸어가는 사람들을 길러냄으로써, 위계질서를 해체하고 진정한 평등과 사유를 실현하는 것이어야 한다.

교육이 계층이동의 사다리로 인식될 경우 우리 사회 구성원들의 관심은 그 사다리를 통해 높은 계층으로 이동하는 것에 집중되고 그것은 또 다른 계층을 만들어낼 뿐이다. 교육은 계층이동을 위한 사다리가 아니라 그 계층구조의 허위를 드러내고 지속가능한 사회를 위한 건전한 판단력과 의식을 갖춘 시민을 길러내는 과정이 되어야 한다.

학교교육에 대한 미신과 오해가 적지 않다. 다들 경험하고 아는 것처럼 학교교육에 그런 역할을 기대하는 것은 아직은 무리다. 혁신학교 운동이나 전국적인 변화의 움직임이 있긴 하지만 그것이 바닥까지 스며들지는 못했기 때문이다. 아직까지 학교는 태생의 목적에 더 충실하다.

인류의 역사에서 국가가 전 국민을 대상으로 교육을 실시한 공교육 또는 보통교육의 역사는 그리 오래되지 않았다. 기껏해야 200년 남짓일 뿐이다. 이 시기는 산업혁명이 일어난 시점과 일치한다. 산업혁명 이전의 시기, 즉 농경사회에서는 국가가 대다수의 국민을 대상으로 교육을 해야 할 필요를 느끼지 못했다. 오히려 귀족이나 양반계급이 아닌 평민 이하의 계급이나 일반 백성이 교육을 받는 것을 억제하고 금기시 해왔다. 글을 배우고 깨우치는 것은 생각을 깨는 것이기 때문이다. 생각을 깬다는 것은 그 시대의 정신, 지배계층의 지배를 정당화하는 논리와 질서에 대한 의문을 갖게 된다는 것을 의미한다. 아무런 의심 없이 당연하고 자연스럽다고 느껴왔던 것들에 대해서 다시 생각하게 된다. 배운다는 것은 너무도 자연스럽게 그런 과정이 일어나는 속성이 있다.

'귀족이나 양반이라는 사람은 나와 다른 존재여야 하는가? 내가 뼈 빠지게 일해서 수확한 농작물의 대부분을 지주나 국가가 가져가는 것이 정당한가? 내가 가난하고 힘든 것이 원래 그렇게 정해진 것이고 내가 열심히 살지 않은 탓인가?' 이런 의문을 갖고 그 궁금함을 참지 못하고 답을 얻기 위해서 머리를 쥐어짜게 만드는 힘이 있다. 그래서 배운다고 배웠다고 이야기하려면 이런 스스로의 생각을 갖고, 기성의 상식과 질서에 의문을 제기할 수 있는 생각의 변화가 있어야 한다. 이런 자신의 생각을 지성이라고 하며 지성을 갖지 못한 사람은 배운 자가 아니다. 아무리 학교에서 열심히 공부했더라도 못 배운 자가 되는 것이다.

상황이 이러니 국민을 통제하려는 국가나 기득권을 누리는 지배집단이 일반 국민들에게 교육의 기회를 차단한 것은 놀랄 일도 아니다. 더구나 이들이 적극적으로 나서서 일반 국민을 교육시킨다는 것은 숨은 의도가 있지 않고서는 일어날 수 없는 일이었다. 국가의 태도가 갑자기 변한 것은 국민을 내 몸같이 사랑하는 특별한 지도자가 나타나서가 아니다. 국가를 유지하기 위한 최소한의 수준에서 농사법을 교육하거나 산업화에 필요한 노동인력을 길러내기 위한 자본가들의 필요에 따라서 숙련된 기능인을 양성하는 교육이 이루어졌다.

이렇게 국가의 교육방향과 목표를 설정하는 과정에는 늘 체제유지와 경제논리의 입김이 강하게 작용해왔다. 이런 자본의 음흉한 의도는 민주주의가 발전하고 인류 역사상 개인의 인권이 가장 신장되었다는 현대에도 똑같이 적용되고 있다. 교육의 효용성에 대한 문제제기의 중심에는 언제나 기업인들이 있다. 그들은 학교교육이 산업현장의 요구에 부응하지 못하는 쓸모없는 교육을 한다고 늘 불평한다. 그러면서 교육의 개혁을 이야기하지만 그 결론은 늘 자신들이 써먹기 좋은 도구로서의 인간을 학교에서 찍어낼 것을 요구하는 것으로 수렴된다. 이런 논리가 워낙 교묘하고 그럴싸해서 대다수의 사람들은 그것을 당연하게 받아들인다.

거기에 국가가 더 적극적으로 나서서 자신들의 책임인 교육을 비난하기도 한다. 이럴 때 국가는 교육의 문제를 제기하면서 스스로의 책임을 인정하는 것이 아니라 교육을 대상화하면서 유체이탈의 비기를 시전하는 놀라운 능력을 보여준다. 실례로 모든 탓을 학교와 교사에게 전가하기 위해서 학교와 교사를 평가하겠다고 선언하고, 교육의 기본을 무시하는 정량적 평가에 따른 성과급 제도를 도입하였다. 이로 인해 학교와 교사는 무력감에 젖어 들어서 교육적으로 꼭 필요한 일보다는 정량적으로 결과 산출이 가능한 형식적인 일에만 매달리게 되었다. 그 결과로 교사들은 원래 국가가 이야기하던 교육의 질을 높이는 것과는 아무런 상관없는 교육 외적인 요소에 더 신경 쓰게 된 것이다.

다시 원래의 이야기로 돌아가서 현대까지 지속되고 있는 보통교육은 이런 비교육적인 의도에 의해서 태동되었다. 그러므로 국가나 기업인들이 이야기하는 미래사회의 인재라는 것에 장밋빛 기대를 갖는 것은 너무 순진한 생각이다. 그들에게 인간은 자신들의 이익을 극대화해줄 수 있는 도구나 수단 이외에는 아무것도 아니다. 기업들이 제대로 굴러갈 때는 직원들에게 가족이니 주인이니 하면서 기업의 이익이 모두의 이익이 될 것이라는 사탕발림으로 그들의 열정과 헌신을 부추긴다. 그러다 기업이 어려워지거나 심지어 자신들의 이익이 조금이라도 줄어들 기미가 보일 때는 가족의 위치로부터 가차 없이 내처버리고는 나 몰라라 한다. 프랜차이즈 갑질은 새삼스럽지도 않다. 그들의 속성이 그런 것이기 때문에 근절되지 않는 것이다. 기업이 어려워져서 대규모 구조조정을 하는 것은 직원들의 잘못이라기보다는 경영자의 잘못이다. 그런데 자신들의 역할과 중요성을 강조하면서 직원들의 몇 백 배의 연봉을 받던 사람들이 기업이 어려워져서 구조조정을 할 때는 모든 책임을 직원들에게 전가시킨다. 회사를 위해서 자신의 사재를 내놓는 경우를 거의 보지 못했다. 오히려 이런 상황에서 사전에 자신이 보유한 주식을 미리 팔아버리거나 회사의 임원들에게 거한 상여금을 나누어주는 부도덕한 회사의 사례만이 즐비할 뿐이다. 그들에게 수천, 수만의 직원은 안중에도 없다. 불과 며칠 전만 해도 한 가족이고 같은 주인이라고 불렀던 사람들을 아무런 죄의식도 없이 헌신짝처럼 버린다. 그들은 빨리 써먹고 빨리 버릴 그런 소모품들이 필요한 것이다. 그런 소모품을 길러내는 것이 과연 우리가 기대하는 학교의 역할일까?

농업사회에서는 토지의 소유 유무가 부를 결정했지만 산업화가 진행된 근대 이후에는 너무 많은 자본이 필요하다는 것이 부를 창출하는 과정에 진입장벽이 되었다. 자본가의 돈의 힘으로 지탱되는 시스템에 편입되어서 자본가의 이익에 봉사하는 대신 임금을 보장받는 선택을 할 수밖에 없었던 시대였다.

물론 여전히 대규모 자본이 필요한 산업이 존재하지만 비즈니스를 위해 많은 자본이 필요하던 시대는 끝나가고 있다. 이제는 자본보다 아이디어가 중심이 되며, 큰 자본 없이도 기업을 창업하고 스스로를 위해서 일하는 시대로 전환이 이루어지고 있다. 그럼에도 여전히 자본가의 소모품을 길러내는 교육을 계속한다면 학교의 존재 이유는 없어질 것이다. 그래서 전면적이고 획기적인 교육개혁이 필요하다.

07.
아무도 가보지 못한 길을 찾는 법

정부도 미래사회를 위한 교육의 역할을 인식하고 미래성장동력산업을 육성하기 위한 방안으로 교육부가 초등학교부터 코딩교육을 실시하겠다고 발표했다. 코딩 관련 교과목도 만들어서 의무적으로 코딩교육을 실시하겠다는 것이다. 4차 산업혁명의 시대에 코딩은 산업화 시대의 수학과 같은 동력의 역할을 할 것이라며 그 중요성을 강조한다.

교육 전문가로서 솔직히 너무 호들갑스럽다는 느낌마저 드는 이런 반응은 매우 우려스럽다. 우리의 수학 교육이 어떻게 이루어지고 있는지를 보면 결코 과장된 우려는 아닐 것이다. 코딩교육에 대한 관심과 그 중요성에 대한 강조를 부정하거나 비난하려는 것은 아니다. 그러나 그 접근이 잘못되면 큰 부작용만 낳게 될 것이다. 우리나라의 수학교육이 원리를 파악하고 논리적인 사고를 통해서 보편적인 진리를 추구하는 것이 아니라 문제를 빨리 풀기 위해서 유형을 암기하고 문제풀이 기술을 익히는 것으로 흘러서 수많은 수포자(수학포기자)들을 만들어낸 우를 범한 것을 너무도 잘 알고 있지 않은가?

외국에서도 코딩교육의 중요성을 강조하고 코딩교육의 강화가 공통된 교육의 방향이다. 흐름은 제대로 읽은 것이다. 그러나 우리의 코딩교육은 그들과 전혀 다른 방향으로 갈 조짐을 보이고 있다.

대표적인 사례로 영국에서 이루어지는 코딩교육을 살펴보자. 영국에서는 6학년 학생이 1년 내내 모바일 앱을 만든다. 이 아이들은 이미 다섯 살 때부터 250시간이 넘게 코딩교육을 받아왔다.

그런데 이 아이들의 코딩교육은 우리가 일반적으로 알고 있듯이 프로그래밍을 맹목적으로 배우는 것이 아니다. 정말 큰 착각이다. 영국에서 코딩교육으로서 진행되는 모바일 앱 개발은 6단계로 구성된다. 프로그래밍 언어와 구조를 배우는 것이 아니라 맨 먼저 앱을 기획하는 일부터 시작된다. 어떤 앱을 만들고 왜 만드는지를 먼저 생각하도록 한다. 이런 기획 단계를 거치고 난 후에 팀 내에 누가 어떤 역할을 담당할 것인지를 정한다. 이것은 프로젝트 관리에 해당된다. 그런 후에는 현재 나와 있는 앱 중에서 비슷한 앱이 있는지 자신들의 앱을 다른 앱과 어떻게 차별화할 것인지를 논의하도록 한다. 일종의 시장조사 단계로 볼 수 있다. 다음으로 앱의 메뉴구성과 디자인을 마치면 실제 프로그래밍으로 앱을 완성하고 마지막으로 앱을 시장에 퍼뜨리기 위한 마케팅 전략까지 수립함으로써 앱 개발이 완료된다.

이 과정은 프로젝트로 진행되고 있다. 더 중요한 것은 프로젝트의 각 과정을 전체 학급이 토론을 통해 함께 공유하고 서로를 도와서 완성도를 높여 간다는 점이다. 영국의 학교에서는 앱 개발의 각 단계를 매주 1시간씩 6주 동안 수행한다고 한다. 이 과정은 팀별 작업으로만 이루어지는 것이 아니라 각 과정을 전체 학생들이 토론하고 서로의 의견을 교환하고 수정하면서 각 팀의 프로젝트를 발전시키고 서로 어떤 생각을 가지고 있는지 어떤 점이 중요한지를 배워간다. 다양한 매체나 수단을 통해서 자료를 수집하는 방법과 소프트웨어를 활용하는 방법을 함께 배우는 협력학습이 이루어지고 이를 통해서 협력의 가치를 배우게 된다. 또, 어떤 앱이 우리가 사는 사회에 도움을 줄 수 있는지 나는 어떻게 사회에 기여할지를 함께 생각하는 것에 더 큰 가치를 두는 것이다.

사실 모든 사람이 프로그래밍을 할 필요는 없다. 그렇게 생각하는 자체가 난센스다. 영국의 코딩교육처럼 앱을 기획하고 역할을 나누어서 함께 완성하는 과정을 통해서 어떤 앱을 개발해야 할지, 무엇이 사회를 위한 역할인지에 대한 질문을 던지는 법을 배워야 한다. 이것이 우리가 코딩교육을 해야 하는 이유이자 목표이다.

코딩교육뿐만이 아니다. 로봇기술의 발전, 드론과 3D 프린터 등의 확산은 단순히 기술의 발전으로 그치지 않는다. 이러한 새로운 기술의 등장과 빠른 확산은 국가가 이들 기술로부터 예상되는 문제와 파급되는 영향을 통제하고 제약하는 제도를 만들기도 전에 이미 앞서가고 있다. 알파고의 충격은 인간이 기계에게 일자리를 뺏기는 수준의 문제가 아니다. 알파고가 우리의 관심을 집중시키고 있을 때 인공지능의 대표적인 사업 분야로 자동차뿐만 아니라 IT업체가 경쟁적으로 개발하고 있는 자율주행 자동차가 사고를 냈다. 이 사고는 기술의 발전이 가져올 미래에 대한 낙관적인 전망에 심각한 의문을 던지는 계기가 되었다. 기술의 진보와 새로운 비즈니스의 등장이 우리에게 해결해야 할 수많은 과제를 안겨주게 될 것이며, 이런 문제는 이전에는 전혀 경험해보지 못한 새로운 문제라는 점을 자각하게 된 것이다. 자율주행 자동차가 상용화되기 위해서는 기술적인 문제를 해결해야 할 뿐만 아니라 법과 제도, 그리고 기업의 업무영역, 기업과 기업, 기업과 개인 간의 사적 계약관계까지 사회 전반에서 새로운 시스템이 고려되어야 한다.

그러나 이러한 문제조차도 단순한 것일 수 있다. 영화에서만 보던 부패한 관료집단과 결탁한 범죄집단이 핵무기를 빼돌리는 수준을 넘어서 비국가 민간조직이 엄청난 무기를 만들고 상호경쟁하는 시기가 올 수도 있다. 이미 그런 일들은 드물지 않게 발생하고 있다. 미국사회가 총기규제에 대한 논란으로 뜨겁지만 이미 인터넷을 이용해서 총기를 만들거나 폭탄을 제조해서 대규모 테러를 자행하는 시대인 것이다.

머지않은 미래에 생물학무기를 개발해서 드론으로 나르는 일이 벌어질지도 모를 일이다. 아마 기술적으로는 충분히 가능할 것이다. 이런 일이 벌어진다면 그 결과는 상상할 수 없을 만큼 끔찍할 것이다. 요즘 벌어지는 테러나 심각한 범죄가 상실감과 박탈감으로 피해의식에 젖은 외로운 늑대들이 불특정 다수를 향해 실행하는 형태라는 점을 감안하면 그 위험성은 더 심각하다.

이렇게 기술의 발달과 이에 따른 새로운 문제의 등장은 쉽지 않은 과제를 던지고 있다. 특히 전문가에 의해서 벌어지는 범죄는 그 피해의 범위가 더 넓고 심각한 후유증을 남긴다. 난감한 것은 이것을 법이나 제도 또는 감시와 처벌로 해결하기에는 역부족이라는 점이다. 따라서 기술의 발전과 사회의 복잡성이 증가할수록 교육의 역할이 중요해진다. 알파고 시대라고 일컬어지는 미래사회에서 전문적인 지식으로만 무장한 차가운 인간이 아닌 기본적인 윤리관이 직업의 전문성을 통제할 수 있는 따뜻한 지성인을 길러내야 할 이유이다.

08.
이상한 나라의 미친 암기 교실에서 빠져 나오는 법

세상이 변할 때 가장 늦게 변하는 것이 학교라고들 말한다. 누군가는 속도로 비교하면서 가장 천천히 움직이는 집단으로 학교를 지목하기도 했다. 이런 평가는 크게 사실과 어긋나지 않는 듯하다. 교육의 결과가 매우 오랜 기간을 통해서 나타나는 고유한 특성 때문에 쉽게 변하기 어려운 탓도 있지만 그것만으로 변명하기에는 실제로 학교의 변화가 매우 더디다.

4차 산업혁명을 이야기하고 세상이 변하는데 학교는 여전히 문제만 열심히 풀고 수능을 보지 않는 과목시간에는 잠을 자거나 딴 공부를 하는 이상한 나라로 남아 있다. 미래사회에서는 단순히 지식을 암기하거나 주어진 보기 중에서 정답을 찾는 것이 능력이 아니라 사고력과 경험해보지 못한 문제들을 해결하는 능력이 역량이라는 것은 누구나 인정하는 바다. 그러나 우리 교실은 과거에 하던 것을 더 열심히 하는 미친 짓을 지속하고 있다. 아인슈타인은 '과거에 하던 방법대로 더 열심히 해서 문제가 해결될 것이라고 믿는 것은 미친 짓이다'라고 했다.

얼마 전 우리나라 대학수학능력시험을 외국 유수대학 신입생들에게 풀어보도록 한 실험이 있었다. 미국 스탠퍼드대, 영국 옥스퍼드대, 케임브리지대 등에 입학한 한국 학생들이 수능시험을 풀어본 결과 1등급은 하나도 없었을 뿐만 아니라 공대신입생들조차 수학과 과학에서 형편없는 성적을 보이기도 했다. 역시 한국 학생들은 훌륭하다. 세계적인 대학 신입생들도 못 푸는 문제를 우리 학생들은 쉽게 풀어낸다. 정말 그런 걸까? 시험을 보고 나서 이들의 반응은 천만에 말씀이라는 듯 뒤통수를 확 후려갈기는 느낌이다.

"왜 제한된 시간 안에 일일이 빠르게 실수 없이 계산해야 하는가? 계산은 계산기가 다 해주는데."

"수학뿐 아니라 과학에도 왜 이렇게 암기나 계산 문제가 많나요?"

그리고 자신들의 경험을 이야기한다. 해외에서 경험한 과학 입시문제는 '두 개의 다른 종의 생물이 만났을 때 진화하는 과정을 추론해보라' 등 진짜 과학자 같은 생각이 든다는 것이다. 우리 수능에서처럼 주기율표를 외우고 분자량을 계산하는 능력이 중요하지 않다.

"외국에서의 입시가 '내가 아는 지식과 생각을 쓰는' 것이라면 수능은 '모르는 걸 계속 읽고 맞혀야' 하는 것 같다."

가장 충격적인 것은 그들이 느낀 "한국과 외국의 과학교육이 추구하는 목표가 전혀 다른 것 같다"는 말이었다. 수능 시험만 놓고 보면 정말 우리 교육과 외국의 교육은 다른 목표를 향하고 있다. 우리가 잘못 가고 있는 것이라면? 두려운 일이다.

스마트폰만 한 번 두드리면 나오는 공식을 외우고 과전법이 시행된 년도를 외우느라 딱딱한 의자에 앉아서 고통스러운 시간을 보내고 있는 것이 우리 교실의 모습이다. 그러면서 정작 그 공식의 원리나 과정법이 시행되게 된 배경이나 그것이 사회적으로 미친 영향에 대해서는 아무런 관심도 없다. 그게 문제다.

필자의 개인적인 경험에 비추어 보면 스펙트럼 실험은 나의 과학시간에 대한 기억 중에 그나마 재미있었던 시간이다. 새로 생긴 과학관에 가서 불에 달군 물질을 프리즘으로 확인하던 재미있는 기억이지만 그것이 나를 과학에 대한 열정으로 이끌지는 못했다. 왜 그런 실험을 하고 스펙트럼을 배워야 하는지 이해하지 못한 채 그냥 선생님이 시키는 대로 따라만 하는 그런 실험이었다. 나는 스펙트럼을 배우는 것에 대한 의미를 나중에야 알게 되었다.

우리가 별의 구성성분을 알기 위해서 직접 그 별에 가서 시료를 채취해보는 것밖에 방법이 없다면 태양계 밖의 별들의 구성 성분은 우리 생애에서는 결코 알 수 없을 것이다. 우주탐사선 중에 가장 멀리 간 뉴 호라이즌스 호가 2016년에 명왕성을 통과한 - 착륙한 것이 아니다 - 것이 지금까지 인간이 가장 멀리 우주선을 날려 보낸 거리다. 이 우주탐사선은 아직도 항해를 계속하고 있고 만약 계속 작동한다면 2038년에 태양계를 벗어날 것이라고 한다. 우주선이 직접 별에 착륙해서 실제 시료를 채취하고 분석한 것 중에서 보면 아직까지는 화성이 가장 멀리 간 것이다. 그럼 우리는 어떻게 우주선도 닿지 않는 저 먼 별들의 대기성분을 예측할 수 있을까?

그것이 스펙트럼을 배우는 이유이다. 우리가 과학시간에 배웠듯이 스펙트럼으로부터 물질의 화학 성분을 결정할 수 있다. 우리는 분자나 원소의 종류에 따라 흡수하는 빛의 주파수 또는 파장이 각기 다르다고 배웠다. 따라서 서로 다른 화학 성분으로 구성된 물질은 서로 다른 주파수 또는 다른 색깔의 빛을 흡수한다. 예를 들어 태양 빛의 스펙트럼을 보면 여러 개의 검은색 줄이 나타나는데 이 검은 선들은 태양의 대기와 지구의 대기의 물질로 인하여 특정 영역이 흡수되기 때문에 나타나는 것이다. 이로써 태양의 대기와 지구의 대기를 형성하는 물질을 알 수 있게 되는데, 지구 대기를 구성하는 물질은 우리가 알고 있으므로 태양의 대기가 어떻게 구성되는지 알 수 있게 되는 것이다. 이것을 이용하면 태양표면의 온도, 밀도 등을 알 수 있고 일반 망원경으로 관측할 수 없는 먼 우주를 우리 지구에서 앉아서 파악할 수 있는 등 천체 연구에서 중요한 역할을 한다. 이런 사실을 알면서 과학을 배우면 얼마나 재미있겠는가?

책이나 강연에서 뭔가를 얘기할 때 사례를 많이 들어 달라고들 한다. 그래야 지루하지 않기 때문이다. 실제로 어떻게 적용되는지 왜 이것을 알아야 하는지 아는 것은 흥미를 유발시킨다. 마찬가지다. 왜 배워야 하는지를 알면 따분하거나 지루하지 않다.

우리 교실을 지배하는 잘못된 인식 중 하나는 시험에 나오지 않는 것과 자신에게 당장 필요할 것 같지도 않은 지식을 불필요한 것으로 취급하는 것이다. 대표적인 것이 살아가면서 써먹을 일도 없는데 어려운 수학을 왜 배워야 하느냐고 묻는 것인데, 정말 무식한 소리이다.

4차 산업혁명 시대에 융합과 통섭이 중요하다고 하면서 수학이나 과학 시간을 대폭 줄이자고 하는 것은 논리적 모순이다. 언제 어떤 아이디어가 세상을 바꿀지 모른다. 그 아이디어가 나오는데 특정 교과만 작용하는 것은 아니다. 언제 어떤 지식이 새로운 아이디어를 자극할지 그리고 아이디어를 발전시키는 데 필요할지는 지금으로서는 모를 일이다. 우리 인간의 눈에 보이는 세계가 전부가 아니다. 우리는 가시광선 영역의 빛만으로 세상을 인식한다. 그러나 자외선, 엑스선, 감마선으로 볼 수 있는 세상도 존재한다. 우리의 좁은 사고로 바라볼 수 있는 세상은 아주 작은 영역일 뿐이다.

수학이 재미없는 이유는 원리를 모르면서 무작정 공식을 대입하고 문제를 푸는 방식만 배우기 때문이다. 수학적 원리를 알고 왜 배워야 하는지를 알면서 배우면 흥미가 생기고 배우는 것이 재미있어진다. 이유나 원리를 모른 채 문제만 들입다 풀면 재미없는 것이 당연하다.

그리고 시험에서도 이런 것은 묻지 않는다. 컴퓨터가 엄청난 양의 정보를 순식간에 검색할 수 있는 시대에 그 정보를 알고 있는지 아닌지를 묻는 것이 어떤 의미가 있는지 도무지 모르겠다. 그런데도 우리 교실에서는 그런 것을 알고 있는지 확인하느라 바쁘고 수능에서도 그런 것들을 알아야 풀 수 있는 문제들이 출제된다.

누가 뭐라고 해도 학생과 학부모의 가장 큰 관심은 아직까지는 대학입시를 포함한 시험성적이다. 시험성적은 학습의 성과를 보여주는 유일한 지표라는 강력한 믿음이 존재하고 대학입시가 그들의 최고의 목표이기 때문이다. 따라서 시험에 어떤 문제가 나오는지에 따라서 학생들의 학습방법이 바뀐다.

예를 들어보자. 시험에서 종합부동산세가 무엇인지를 묻는 것과 부동산 가격의 안정을 위해서 거래세와 보유세 중 어떤 세금을 더 강화하는 것이 바람직한지 그 이유를 설명하라고 하는 것은 학습의 내용을 완전히 바꾸어 놓는다. 4차 산업혁명 시대에 어떤 문제가 더 적합한지는 독자들의 판단에 맡기겠다.

왜 배워야 하는지도 모르면서 무조건 더 열심히 더 많은 시간을 공부에 투여하는 것은 학생들의 잘못이 아니다. 우리의 시험제도에서는 이런 방법이 통하기 때문이다. 상대평가로 등급을 가르는 현재의 수능과 내신에서는 학생들이 더 많이 알고 더 깊이 탐구하는 것이 아니라 반복해서 연습함으로써 실수하지 않는 훈련만 하게 한다. 상대평가에서는 어떤 수준의 어떤 내용을 평가할 것인가가 중요한 것이 아니라 변별력을 어떻게 유지해야 하는지가 가장 중요한 관심이 되기 때문에 피평가자들을 실수하도록 유도하는 배배 꼬인 문제들이 출제된다. 이 함정에 걸려드는 순간 바로 나락으로 떨어지므로 상위 등급을 받기 위해서는 이 함정에 빠지지 않는 것이 최대의 관심사다. 그래서 수많은 시간을 새로운 지식을 탐구하는 것이 아니라 실수하지 않는 훈련을 반복한다. 그것이 우리 학교에서 벌어지는 부끄러운 진실이다.

수학을 왜 해야 하는지? 나이팅게일의 사례를 보자.

나이팅게일은 백의의 천사로 알려져 있지만 대단한 수학자이기도 하다. 여성 최초로 영국의 왕립통계학회 회원이 됐다는 것만 봐도 얼마나 수학에 뛰어났는지 설명될 것이다.

그녀가 32세일 때 크림전쟁에 참가하게 되었는데 전쟁터에서 수많은 병사가 죽어 나가는 것을 보게 되었다. 너무 많은 병사들이 죽는 것을 보고 그 이유를 분석하기 시작하는데, 여기에서 그녀의 수학적 능력이 빛을 발휘하게 된다. 나이팅게일은 어릴 때부터 수학에 천재적인 재질을 가지고 있었다. 그래서 수학에서 배운 통계방법을 동원해서 데이터를 모으고, 사망자에 대한 분석을 시작했다. 그 결과 총 맞고, 칼 맞아서 죽은 사람보다는 비위생적인 환경 때문에 감염

돼서 죽는 병사가 더 많다는 것을 밝혀냈다. 이에 대한 대책을 요구하고 야전병원을 세워서 부상자들을 체계적으로 관리하기 시작했다.

그러자 사망률이 42%에서 2%로 줄었다. 만 명의 부상자가 발생한다고 하면 그전에는 4천 2백 명이 죽다가 2백 명만 죽고 4천 명이 살게 되는 기적 같은 일이 일어났다. 이 사건으로 영국의 내각이 책임지고 해산했을 정도다. 이것이 수학의 힘이다. 이 사례는 데이터의 의미를 읽어내서 세상을 바꾼 대표적인 예인데 현대 사회는 당시와는 비교도 안 되게 엄청난 데이터가 폭증하고 있다. 수학적인 방식으로 데이터에서 의미를 읽어내는 것에 사활을 걸어야 할 만큼 수학의 역할이 중요한 시대가 되고 있다. 그래도 수학을 배울 필요가 없는 학문이라고 할 것인가?

서로 상관없어 보이는 학문들이 어떻게 연결되어서 새로운 아이디어로 발전하는지를 생각하면 지금 불필요한 것은 당장의 대학입시에서 불필요한 것이지 우리의 삶에서 불필요한 지식은 아니다. 대학입학만 하고 나면 그만 살 것인가? 이것은 언제까지 선행학습을 할 것인지에 대한 물음과 통한다. 설령 선행학습을 해서 대학입시에 도움이 된다고 하자. 그 다음에는 어쩔 건가? 우리는 답이 아닌 길을 가고 있는 것은 아닐까?

09.
모두의 배움, 왜 학점제인가?

    지금까지 우리나라 유초중고 교육은 상급학교 입시를 준비하는 과정으로 왜곡되어 파행적으로 운영되었으며, 그에 따라 다양한 사회적 폐해를 양산시켰다. 이런 흐름은 특히나 대학입시와 직접 연결되는 고등학교 교육에 심각한 폐해를 가져왔고 대학입시에서 전체 문제를 한 번에 해결하고자 하는 오류에 빠져들게 만들었다. 그러나 수많은 사례가 보여주듯이 대학입시제도만을 바꾸는 것은 또 다른 학교교육의 왜곡과 사교육의 팽창만을 불러올 뿐이다. 그간의 경험으로 우리는 대학입시의 변화나 학교교육 개혁 등 단편적인 방법만으로는 교육문제를 해결하기 힘들다는 것을 배웠다.

    따라서 올바른 교육개혁의 방향은 대학에서의 학문탐구와 성장 가능성의 평가에 중점을 둔 대학입시제도의 정착과 유초중고 교육이 자체로서의 목적을 충실히 달성하기 위한 방안의 모색이라는 차원에서 접근해야 성공할 수 있을 것이다. 더불어 유초중고 교육 왜곡의 정점에 있는 고등학교 체제의 획기적인 전환이 가장 중요한 과제라는 것을 의미한다.

고교 교육이 대학입시에 종속되고 대학입시에서 좋은 성과를 담보하는 단계로서 고등학교의 역할을 설정함에 따라 유초중등 과정의 모든 교육이 입시를 준비하는 과정으로 왜곡되었다. 이 과정에서 공식이 생겼다. 좋은 대학에 가려면 특목고나 자사고를 가야 하고 그러려면 중학교 때부터 입시 준비를 해야 한다. 그런데 중학교 입학 후에 시작하면 이미 늦으므로 초등학교 때부터 중학교 수학과 과학을 시작해야 한다. 이렇게 하려면 유치원부터 사교육을 시작해야 한다. 사교육업체에서 만들어 놓은 미신이지만 이것을 모범답안처럼 믿고 그대로 아이들에게 시키는 부모들이 적지 않다. 그 결과 학교교육이 학생 개개인의 흥미와 진로를 발견하고 이를 키워가는 역할이 아닌 입시에서 좋은 성적을 얻기 위한 시험 훈련기관으로 전락하고 말았다. 이런 상황에서 학생들이 자신의 진로와 재능에 따라서 교과를 선택할 수 있도록 하자는 것은 현실성 없는 이상적인 구호에 불과한 것으로 취급되었다.

　　대학입시를 위한 경쟁 구조 속에서 제대로 학생의 미래를 준비할 수 없는 학교들의 먹이사슬 같은 구조는 교실 붕괴현상과 탈학교의 가속화를 초래하였다. 그 정점에 고등학교가 존재하고 있으므로 우리나라의 교육 왜곡을 해결하기 위한 핵심적인 과제로 고교 교육의 개혁을 가장 시급한 과제로 주장하는 것은 어찌 보면 당연한 귀결일 수 있다.

　　이런 배경으로 학점제에 대해 교육관계자들이 거는 기대는 매우 크다. 그런데 이 학점제에 대한 인식에는 온도차가 있는 것 같다. 첫 번째는 학점제를 단순히 현재의 단위제와 등치되는 개념으로 상정하고 그 기본 틀 내에서 학생의 선택권을 부여하는 수준으로 이해하는 것이다. 두 번째는 학점제를 단순한 학생의 선택권뿐만 아니라 일정한 수준의 학습의 질 관리를 강화해야 한다는 측면으로 받아들이는 입장이다.

이 두 가지 입장 내에서도 학생의 선택권을 어느 수준까지 보장하고 얼마나 다양한 교과목을 개설할 것인지에 대한 수준으로 접근하면 매우 큰 간극이 존재한다. 마지막으로 대학입시 경쟁을 해소하기 위한 효과적인 방안으로서 학점제가 중요한 역할을 할 것이라는 기대 때문에 학점제 실시를 주장하는 입장도 적지 않다.

입장의 차이에도 불구하고 이러한 여러 가지 관점이 공통적으로 기초하고 있는 것은 현재의 학교 구조가 지나치게 수능시험 대비 중심으로 획일화되어 있어서 학생들의 다양한 관심과 진로를 반영하지 못하고 있다는 것이다. 이는 투입시간에 따른 효과가 높은 구조이므로 사교육에 의존할 수밖에 없다. 즉 학원에서 선행학습을 하면 학교에서 더 잘 할 수 있는 구조다. 그로 인해서 공교육에 대한 신뢰가 저하되고 학생과 학부모를 사교육 열풍으로 몰아가는 고통의 악순환이 반복되고 있다. 학생과 학부모가 무작정 사교육을 한다고 생각하면 오산이다. 최근에 수능 사교육이 줄어들고 내신 사교육이 늘어나고 있는 것은 학생과 학부모가 전략적으로 사교육을 하고 있음을 보여준다. 따라서 사교육이 나쁜 것이니 사교육을 하지 말라고 한다고 해서 사교육이 없어지지는 않을 것이다. 사교육이 필요 없어지는 상황을 만들면 굳이 사교육을 할 학생과 학부모는 없을 것이다. 문제는 사교육이 영향을 발휘할 수밖에 없는 환경과 상황이다.

이러한 상황을 개선하고 공교육을 정상화하기 위한 방법으로서의 학점제 도입의 당위성과 필요성에 대해서 부정하기는 쉽지 않을 것이다. 그래서 대부분의 논의는 학점제를 어떻게 학교 현장에서 실현할 것인지에 대한 구체적인 방안에 초점이 맞추어지고 있다. 그러나 이런 논의가 핵심적인 해결방안을 제시하지 못하고 겉도는 양상을 보이는 것은 학점제 도입의 목적에 대한 합의와 인식의 공유가 제대로 이루어지지 못한 탓이 크다.

이것은 앞에서 언급한 학점제를 이해하는 방식의 차이와 그로 인해서 학점제를 실시하는 수준에 대한 인식의 차이에서 기인한다. 실제로 교육전문가들 사이에서도 학점제 실시를 대학입시경쟁을 완화하는 획기적인 방안으로 이해되기도 한다. 이런 기대는 문제를 지나치게 단순화시킨 결과이기도 하지만 자칫 학점제의 본질을 왜곡하고 제대로 된 학점제의 정착에 걸림돌이 될 수도 있다는 것을 간과해서는 안 된다.

학점제가 우리 교육의 모든 문제를 해결할 수 있는 만병통치약은 아니다. 그러나 적어도 다양한 학생들의 재능과 적성을 발견하고 키워주는 정상적인 교육으로 한 발 다가서는 계기가 될 수는 있다. 대학입시를 외면할 수 없는 우리 현실에서 학점제는 초중고 교육이 본래의 목적에 맞게 운영되면서 대학도 자신들의 학과 특성이나 교육방향에 맞는 학생을 선발할 수 있는 기회가 된다. 뿐만 아니라 학점제를 통해서 자신이 희망하는 다양한 교과목을 수강하는 것은 원하지도 않는 과목을 억지로 들으면서 다른 학생들의 내신등급을 받쳐주는 역할을 강요당하는 폭력적 상황을 종식하는 길이기도 하다.

정책에 대한 과도한 기대나 형식적 접근으로 인해 정책이 실패로 이어지는 과거의 경험은 학점제도 예외가 될 수 없다. 정책 본래의 가치와 장점을 살리지 못하고 비난만 초래한 후 사장되는 결과를 막기 위해서라도 정교한 설계와 체계적인 추진 방안이 뒷받침되어야 할 것이다.

10.
학점제, 오해와 진실

학점제를 현재 교육과정에서 실시하는 것은 불가능한가? 반은 맞고 반은 틀리다. 학점제를 학생의 선택권 확대와 보장이라는 측면으로 본다면 현재의 교육과정에서도 학생의 선택권은 이미 보장되고 있다.

> "대학입시 중심으로 운영되어 온 고등학교 문·이과 이분화와 수능 과목 중심의 지식 편식 현상을 개선하기 위해 학생들이 어느 영역으로 진로·진학을 결정하든지 간에 문·이과 구분 없이 인문·사회·과학기술에 관한 기초 소양을 갖출 수 있으며, 진로와 적성에 따라 다양한 선택과목을 이수할 수 있도록 하였다." - 2015 개정교육과정 총론의 일부 발췌

위에서 보듯이 2009 개정 교육과정이나 2015 개정 교육과정은 단위학교가 학생의 진로를 고려해서 다양한 선택과목을 개설할 수 있도록 하고 있다. 특히 학생들에게 최소 세 과목 이상의 선택권을 부여하도록 강제하고 있는 부분은 실제로 학교 현장에서 제대로 실시되고 있는지 여부

를 떠나서 교육과정 자체로는 학생 선택권의 확대를 지향하고 있다고 보아야 할 것이다.

물론 현행 교육과정은 단위제를 기본으로 하고 있다는 점에서 학점제와 동일한 개념으로 이해하는 것은 곤란하다. 학점제는 일정한 성취기준에 도달한 경우 학점(Credit)을 부여하고 이것이 모여서 기준 학점 수에 도달하면 졸업자격을 취득하는 방식이다. 성취기준에 도달하지 못하면 학점을 취득하지 못하는(Fail) 경우도 생긴다. 이에 비해서 단위제는 일정 시간만 채우면 성취기준 도달 여부에 관계없이 통과하고 기준 단위를 이수하면 졸업자격이 주어지는 방식이라는 차이가 있다.

이것이 우리나라 고등학교 졸업률을 세계 최고수준으로 유지하는 이유이긴 하지만 단순히 졸업만 하는 것이 어떤 의미가 있을지는 생각해볼 문제다. 반면에 학점제는 기본적으로 학습량과 질을 동시에 추구하는 제도이다. 따라서 학점제의 요건을 갖추기 위해서는 이수단위(출석기준)만을 관리하는 현행의 학교 중심의 교육과정 운영을 학생별 교육과정 운영체제로 전환하여 학습의 양과 질을 동시에 관리할 수 있도록 해야 한다. 이를 위해서 과락, 유급, 조기졸업이 원활하도록 하는 교육과정의 변화가 요구된다. 이런 관점에서 현행 교육과정 체제를 그대로 유지하면서 학점제를 도입하는 것은 어렵다는 주장이 나오고 있는 것이다.

그러나 학생 선택권이라는 측면에서만 고려하면 현재의 단위제에서도 학생의 다양한 교과목 선택권을 보장하는 것은 충분히 가능하며 그것은 학생의 당연한 권리이기도 하다. 이것은 이미 여러 학교가 현재의 교육과정 체제 내에서 나름대로 자신들의 여건에 맞는 수준에서 학생의 교과 선택권을 확대하려는 시도를 하고 있고, 그것이 긍정적인 결과를 만들어가고 있는 것으로 입증되고 있다. 만족할 수준은 아니지만 이마저도 어렵게 여기는 현실을 고려하면 의미 있는 시도이다.

학점제의 기본적인 전제인 학생 선택권은 실시할 수 있는 근거가 이미 마련되어 있으며 제도적으로는 강제하고 있기도 하다. 그럼에도 불구하고 학생 선택권이 보장되지 않는 이유는 무엇일까? 학점제가 충족해야 할 교육적 조건은 분명히 현재의 단위제와는 다른 점이 있다. 그러나 학생의 진로와 적성에 따라 다양한 교과목 선택권을 보장하는 것이 기본 전제라는 점에서 단위제의 한계를 살펴봄으로써 학점제의 실현을 위해서 해결해야 할 장애요인을 이해할 수 있게 된다.

앞에서 살펴본 바와 같이 이미 제도적으로는 학생이 자신의 진로와 적성에 따라서 교과목을 선택할 수 있어야 함에도 불구하고 학교 현장에서는 획일적인 교육과정을 강제하고 있다. 우리나라 고등학교 교육과정 204단위 중 86단위는 학교에서 자율적으로 편성할 수 있다. 그러나 학교 별로 서로 다른 선택과목을 개설하지만 학생이 저마다 다르게 선택할 수 있는 교과목은 거의 없거나 매우 적은 수준이다. 이것이 학생의 선택권이 아니라 학교 선택권이라는 이야기가 나오는 이유이다.

이런 문제의 원인은 선택 중심 교육과정의 취지를 학교에서 제대로 이해하지 못하거나 이런 취지를 이해하고 공감하지만 현실적인 한계로 인해서 적극적으로 추진하지 못하기 때문이다.

먼저 개정교육과정의 취지를 제대로 이해하지 못해서 최소한의 규정만을 준수하는 학교들을 보자. 이런 학교들은 교육과정을 제대로 해석해본 경험이 거의 없는 것으로 보인다. 교육과정의 내용을 파악하기보다는 대학입시 준비가 중심이던 과거의 관성으로 인해 문서상의 편제에 따라서 규정에 어긋나지 않게 편성하는 것이 좋은 교육과정이라고 믿는 것이다. 학교와 교사의 편의에 따라서 획일적인 교육과정을 운영하면서도 아무런 문제의식을 느끼지 못하는데, 이것은 교육과정에 대한 잘못된 인식에 기인한다.

다음으로 개정교육과정의 취지를 이해하지만 교사 수와 교실 부족, 예산 등 학교의 여건을 이유로 적극적으로 학생 선택권을 확대하지 못하고 최소한의 수준에서 선택 교과를 개설하는 학교들이 있다. 대부분의 학교가 이 유형에 속한다. 그러나 비슷한 여건에서도 다양한 교과목을 개설해서 학생들이 자신의 진로에 따라 선택할 수 있는 기회를 확대하고 있는 학교를 보면, 현실적 여건이 어렵기는 하지만 불가능한 것은 아니라는 것을 반증한다.

또 눈여겨볼 것이 있다. 현행 교육과정에서 학생들이 선택과목을 정할 때 인문계 학생들은 자연계열 과목을, 자연계 학생들은 인문계열 과목을 선택하기도 한다. 문제는 그런 과목들 대다수가 내신에 반영되지 않거나 선택이라고 말은 하지만 실제로는 대부분의 학생들이 다 듣도록 한다는 점이다. 교사의 수나 교실 부족이 이유이긴 하지만 한편으로는 상대평가로 이루어지는 평가 제도의 한계를 넘어 내신 1등급의 수를 늘리기 위한 목적도 있다. 서울 상위권 대학 진학률을 높이기 위해, 특히 서울대 입시 때문에 일어나는 현상이다. 다시 말하면 한 학교에 몇 명 안 되는 상위권 대학 지원자의 등급을 만들기 위해 많은 학생들이 강제로 원하지도 않는, 서울대에서 요구하는 과목을 듣는 일이 버젓이 벌어지고 있는 것이다. 학교에서는 과목을 그렇게 편성하고도 실제로는 EBS 문제를 풀기 때문에 교사들은 죄책감이 없는지도 모르겠다.

이런 한계에도 불구하고 충분한 수준은 아니지만 주어진 학교의 여건에서 최대한 학생의 선택권을 보장하기 위한 교육과정을 운영하는 학교들도 있다. 물론 외국 학교 수준만큼 다양한 교과목을 제공하고 있지는 않지만 학생들이 스스로 선택해서 수강할 수 있는 교과목을 다양하게 개설하려고 노력하고 있다. 이들 학교 대부분이 사립학교라는 한계는 있지만 서울 H고, D고, S고, 충남 S고, 인천 S고 등 혁신학교를 중심으로 공립학교에서도 바람직한 사례들이 만들어지고 있다. 이것은 현재의 학교 여건에서도 학교의 노력 여하에 따라서 학생들에게 교과목 선택의 기회를 확대할 수 있다는 것을 잘 보여준다.

단위학교 수준의 노력뿐만 아니라 시도교육청의 정책적 지원도 중요하다. 시도교육청 차원의 교육과정 다양화 노력은 단위학교의 한계를 극복하고, 학교 간 협력을 통해서 학생의 교육과정 선택권을 확대하기 위한 취지로 출발했다. 최초로 경기도교육청에서 교육과정 클러스터가 시행된 이후, 세종시교육청의 캠퍼스형 고등학교, 서울시교육청의 연합개방형 고등학교 등으로 확대되고 있다. 이런 정책들은 학생들이 자신의 진로와 적성에 따라서 희망하는 교과목을 수강함으로써 학습몰입도와 만족도를 높이는 긍정적인 결과를 보이고 있다.

11.
학점제, 하려면 제대로 하자

앞에서 논의된 수준을 학점제의 목표로 이해하는 것은 곤란하다. 단순히 학생의 교과목 선택을 좀 더 확대하는 수준이나 대학입시문제를 해결하는 수단으로 생각하면 학점제는 실패하게 될 것이다. 학점제에서 학생의 교과목 선택권 확대보다 더 중요한 것은 학습의 질을 담보하기 위한 제도의 뒷받침이다. 대학입시에서의 유불리를 가장 먼저 따지는 현재 고교체제에서 다양한 교과목을 개설하는 것만으로 학생들이 자신의 진로나 흥미에 따라서 교과목을 선택할 것이라 기대하기는 어렵다.

현재의 교육과정 내에서 그리고 현재의 학교 여건에서도 학생의 선택권을 보장할 수 있는 방안은 생각보다 다양하다. 그럼에도 대다수의 학교에서 학생에게 교과목 선택권이 주어지지 않고 있는 현실을 파악하는 것은 학점제 도입을 위해 반드시 넘어야 할 벽일 것이다.

일부 학교의 경우처럼 제한된 범위에서 학생의 선택권을 보장할 수는 있지만 단위학교 차원의 과도한 에너지 투입이 필요하다. 이것은 학교 구성원, 특히 교사들의 강력한 의지와 높은 헌신을 요구하는 일이므로 일반화되기 어렵다는 한계가 있다.

일부 사립학교에서 학교 차원의 강력한 지원을 바탕으로 학생 선택권의 확대가 이루어지고 있는 것은 거꾸로 충분한 인프라의 확보와 지원이 학생의 교과목 선택권을 확대하기 위한 중요한 요소임을 보여주는 것이다. 특히 학점제를 완전 무학년제, 자유선택형으로 시행하는 경우 현재처럼 모든 학생이 동시에 1교시부터 마지막 시간까지 수업에 참여하는 구조가 불가능하므로 충분한 교실과 교사의 확보가 필요하다. 따라서 학점제가 제대로 실현되기 위해서는 학점제 시행을 위한 단위학교의 인프라 확충이 적기에 이루어질 수 있는 예산확보가 가능한지가 관건이다. 그러나 이것은 가장 확대된 개념의 학점제를 전제로 하므로 어떤 수준으로 접근하느냐에 따라 필요한 예산의 규모는 편차가 매우 클 수밖에 없다.

학점제 시행에 걸림돌이 되는 것은 교육과정의 미비, 인프라 확충의 필요성뿐만 아니라 대학입시 문제가 있다. 어떤 측면에서는 가장 핵심적인 논란의 대상이 될 것으로 예상된다.

학점제는 다양한 학생들의 진로와 적성에 따라서 스스로 교과목을 선택하고 수강할 수 있는 기회를 확대하는 것이므로 현재의 고교내신 상대평가를 유지하면서 안착하기는 어렵다는 것이 중론이다. 고등학교 성적 산정방식을 상대평가로 유지하게 되면 수강하는 학생의 수가 적은 과목은 내신등급에서 불이익을 받게 되고 당연히 이것은 대학입시에서 불리하게 작용하므로 학생들로부터 외면당하게 될 것이기 때문이다.

특히 국어, 영어, 수학, 과학 등과 같은 기초·탐구 과목부터 적용하기는 더 어려울 것이다. 이런 과목들은 학생의 수준을 여러 단계로 나누어서 과목을 개설하는 것이 바람직하지만 동시에 대학입시 반영 비중이 높아서 내신에서 불리하다고 판단되면 수강신청을 하지 않을 가능성이 높다. 이런 점에서 고교 내신 절대평가 도입보다 수능 절대등급의 도입이 우선시되는 것은 작금의 교육문제를 대학입시에 종속된 사고로 바라보는 데서 오는 오류로 보인다.

뒤에서 다시 다루겠지만 이런 인식이 지금까지 대학입시를 통해 교육문제를 풀어보려 했던 시도들이 실패한 근원이었다는 점에서 우려스럽다. 반면에 대학입시에서 고교 내신성적이 결정적인 당락의 기준으로 작용하면서 학교 간 학력격차 문제가 끊임없이 제기되고 있다는 점을 감안하면 내신 절대등급의 도입 또한 변별력을 이유로 쉽지 않을 것이다.

자칫 대학입시에서의 변별력 저하를 이유로 수능강화나 다른 이슈로 쟁점이 번져서 학점제를 변질시키고 결국은 본질은 사라지고 껍데기만 남은 다른 교육개혁 정책의 운명을 답습하게 될 것이다. 따라서 정교하게 기획하고 핵심적인 포인트를 공략하지 않으면 학점제를 실시한다고 하더라도 학점제가 추구하는 교육적 가치를 실현하고 유초중고 교육을 개혁하는 것은 난망한 일이 될 것이다.

학점제와 관련해서 여러 가지 주장과 관점이 존재할 수 있지만 몇 가지 지나친 기대와 낙관주의에 대해서 우려하지 않을 수 없다. 앞에서 언급한 것처럼 현행 교육과정은 학생 선택권을 강조하고 있다. 그럼에도 불구하고 학생 선택권이 거의 실현되지 못하고 있는 상황에 대한 정확한 인식이 학점제의 성공에 필수적인 전제이다.

학점제는 교육과정 개편, 인프라의 구축, 그리고 대학입시 문제를 함께 해결해 나갈 때 제대로 학교 현장에서 정착될 수 있다. 이러한 외형적인 조건에 대한 논의와 달리 학점제의 내용적인 부분에 대한 고민은 관심을 받지 못하고 있는 듯하다. 학점제를 시행하는 것으로 학교교육이 획기적으로 바뀔 것이라 믿는 것은 너무 순진하거나 내용을 제대로 이해하지 못한 것이다.

학점제가 학생들의 다양한 선택권을 확대하기 위한 제도이긴 하지만 기존의 단위제와 달리 학습의 질 관리가 더 중요한 목표라는 점에 주목해야 한다. 학생의 적성과 진로에 따라서 다양한 종류의 교과목을 개설하는 것이 하나의 측면이라면 다른 측면에서는 학생의 학습수준과 목표에 따라서 교과별로 다양한 수준의 수업을 교과목으로 개설해야 하는 필요성을 강조하는 것이다.

이렇게 다양한 수준의 교과목을 개설하려면 교과별 내용적 계열 또는 수준이 명확하게 구분되고 그에 따른 내용 구성이 중요하다. 특히 기초·탐구 교과는 수준별로 위계화하여 학생의 수준에 맞게 선택하고 순차적으로 이수하도록 해야 하므로 기존의 학년 구분에 따라서 이루어지던 위계와는 다른 학교별 교육과정 수립과 내용설계가 필요하다. 학점제는 다양한 과목을 백화점 식으로 나열하는 것보다 이렇게 내용적으로 체계적인 구조가 갖추어질 때 성공할 가능성이 높고, 대학에서도 학생들이 자신의 진로에 따라서 수강과목을 어떻게 구성하고 있는지에 더 관심을 가지게 되므로 교과목의 체계와 내용 설계에 대한 단위학교의 역량을 높이는 것이 중요하다.

선택과목이 늘어난다고 학생들이 흥미를 가지고 수업에 몰입하는 것은 아니다. 그 내용이 자신의 관심을 얼마나 반영하고 삶의 문제와 연결되는지에 따라 수업에 집중하게 된다. 따라서 내용을 중심으로 단위학교의 자율적인 설계가 가능하도록 권한을 확대하고 코티칭, 과목파괴 등의 창의적인 시도를 허용하는 제도적 지원이 수반되어야 할 것이다.

학점제를 시범학교 운영을 통해서 확대해 나가겠다는 것은 학점제가 가져올 영향을 과소평가한 것으로 보이지만 일부 제한적인 규모로 실시한다고 하더라도 큰 효과를 얻지는 못할 것이다. 학점제는 고교 내신성적과 밀접한 관련이 있기 때문에 시범학교의 학생들에게 내신등급에서 불이익을 초래할 가능성이 높으면 시범학교 운영 자체가 어려울 것이다. 이런 우려 때문에 제한된 과목 수준에서 수강생을 내신성적을 산출하지 않아도 되는 수로 제한해서 운영할 경우 효과의 확산이 어렵다는 한계가 있다. 경기도의 교육과정 클러스터가 수강 학생들의 만족도는 높지만 제한적으로 운영되다 보니 파급효과가 미미한 것을 보면 미루어 예측할 수 있는 결과이다.

현행 교육과정에서 그리고 현재 논의되고 있는 학점제는 학생의 과목 선택권을 확대하는 것에 불과하다. 물론 이것도 나름의 의미는 있지만 당장의 문제를 해결하기 위한 대응일 뿐 그 자체가 낡은 것임을 이해하지 못하고 있다. 즉, 20세기 수준의 사고에 갇혀 있는 것이다. 그러나 학생의 과목 선택권뿐만 아니라 다양한 관심이나 필요와 학습수준에 따른 개별화 교육의 측면에서 과목 내에서의 다양한 수업 선택이 가능하지 않으면 그 효과는 반감될 것이다. 그렇지 않으면 우리는 다른 앞서간 나라의 모델을 따라잡는 수준에 머무르게 된다. 그리 여유 있는 상황이 아니다. 급변하는 사회에서 미래의 학교의 모습이 어떠해야 할지를 상상하면서 정책을 추진해야 한다.

12.
학점제, 어떻게 실현할 것인가?

학점제의 올바른 정착을 위해서는 적어도 다음의 세 가지 조건이 충족되어야 한다.

첫 번째, 현재와 같이 경직된 단위제 교육과정의 운영 구조하에서는 학생의 교육과정 선택권이 유명무실해질 수밖에 없다. 따라서 고교 다양화 정책과 더불어 학생의 능력과 수준을 고려한 맞춤식 교육과정을 제시할 필요가 있으며, 이와 동시에 학습의 양만을 관리하는 현재의 졸업요건을 보다 강화하여 학습의 양과 질을 동시에 관리하는 체제 마련이 시급하다.

두 번째, 학점제와 관련한 논의에서 학생 선택권과 대학입시의 문제만 강조될 뿐 학점제로 확대되는 교과목의 구성이나 내용에 대한 논의는 관심을 받지 못하고 있다. 그러나 학점제의 큰 틀을 정하는 것보다 단위 학교에서 학교의 특성에 맞게 세부적인 운영방안을 만들어가는 것이 더 어렵고 복잡한 과정이며, 이렇게 만들어진 교육과정에서 내용의 변화가 없다면 학점제의 의미는 퇴색할 수밖에 없다.

세 번째, 학점제가 불러올 우려와 논란이 큰 만큼 제대로 학점제를 실현하기 위해서는 우선 학점제 실시의 목적과 학점제 도입의 수준을 이해당사자인 학생, 학부모, 교사, 교육행정당국이 명확히 이해해야 한다. 정책의 목표와 방향에 대한 이해당사자의 합의와 참여에 기초할 때 정책은 추진동력을 얻게 되고 올바른 방향으로의 접근이 가능해진다.

학점제는 제대로 정착되면 유초중고 교육 전반을 획기적으로 변화시킬 수 있는 강력한 정책이다. 그런 반면 극복해야 할 과제가 적지 않고 그 난이도 역시 매우 높은 편이다. 따라서 학점제를 제대로 실현하기 위해서는 학점제 실현에 장애가 되는 과제를 명확히 분석하고, 이를 극복하기 위한 방안을 정교하게 기획하고 체계적으로 추진하기 위한 구체적인 실천 방안이 필요하다.

학점제는 학습의 다양화와 질을 높이는 것이 목적이 되어야 한다. 먼저 학습의 다양화를 위해서는 교육과정에서 국가가 강제하는 수업시수나 과목 제한을 과감하게 풀고 단위학교의 자율권을 폭넓게 부여하는 방향으로 교육과정의 개정이 필요하다.

또한, 현재의 단위제를 학점 이수제로 변경하고 학점 이수를 위한 성취기준과 학점 인정을 위한 학습내용과 양에 대한 기준이 설정되어야 한다. 일정한 기준에 미치지 못하는 학생의 경우 과락과 재이수를 위한 규정이 필요하며, 정해진 학점을 모두 취득하는 경우 속진이나 조기 졸업을 허용하되 학생마다 서로 다른 코스를 거치므로 졸업 자격시험의 도입을 검토해야 한다. 이러한 내용들은 현행 교육과정에서 담고 있지 않으므로 교육과정의 개정이 전제되어야 할 것이다.

학점제는 지금까지 모든 학생이 거의 동일한 교과목을 수강하는 구조에서 학생 스스로 자신이 희망하는 교과목을 선택하는 방식으로의 전환을 의미한다. 현재 교육과정에서도 계열이나 전공코스로 구분해서 서로 다른 교육과정을 운영하기도 하지만, 이것도 같은 계열이나 전공코스에 속한 학생들은 동일한 교육과정을 이수한다는 한계가 있다. 학점제에서는 그 수준에 따라 학생마다 서로 다른 교과목을 수강할 수 있어야 하고, 학교에서는 학생들이 희망하는 교과목을 충분히 개설해야 한다.

학점제를 시범적으로 시행한다고 하는 학교들에서도 대부분 학생들을 3~4개의 전공영역으로 나누어서 교육과정을 운영하고 있다. 문과, 이과의 구분에서 인문사회, 자연과학, 예체능으로 나누는 추세이다. 일반계고등학교의 교육과정을 분석한 결과 현재 고등학교 시스템을 그대로 유지하면서 학점제를 제대로 시행하기 위해서는 개설 과목 수에서는 1.5배, 수업시수를 말하는 단위 수에서는 2배 이상 많아져야 한다. 자유선택이 아닌 계열 선택을 도입하고 학생 수 감소를 고려하더라도 시설이나 교원의 수가 1.5배 이상 증가해야 한다.

학생들의 희망이나 진로를 반영한 교과목을 충분히 개설하기 위해서는 기존보다 최소한 1.5배에서 2배 정도의 교과목 개설이 필요할 것으로 예상된다. 이렇게 개설하는 교과목 수를 늘이기 위해서는 교사와 교실의 수를 대폭적으로 늘려야 한다. 따라서 학점제의 도입을 위해 필요한 인프라 확충에 막대한 예산이 소요될 것으로 예상된다. 과도한 예산 소요가 정책 추진에 장애가 되는 것은 당연한 일이지만, 학생 수의 감소로 초등학교와 중학교의 교실은 남아도는데 고등학교의 시설을 확충하는 것은 또 다른 비난을 초래할 수 있다는 점에서 부담스럽다. 대학입시 문제에서 벗어나 고교 교육체제를 바라보는 것이 바람직하지만 쉽지 않다.

그리고 대학입시와 관련된 정책의 변화는 여론의 관심이 집중되는 특성이 있으므로 당장 큰 반발을 불러올 정책을 성급하게 추진하는 것 역시 실패를 자초하게 될 것이다.

학점제의 실시는 대학입시의 큰 변화를 가져올 기폭제로 작동할 수 있다. 그러므로 대학입시의 문제와 의도적으로 분리해서 접근할 필요가 있다. 학점제를 실시하면 학생들은 자신의 진로나 희망에 따라서 서로 다른 과목을 수강하게 되므로 이런 학생들을 단편적으로 평가하는 것이 불가능해진다. 지금까지는 대학은 고등학교 내신이라는 일률적인 평가나 수능이라는 한 줄 세우기를 기준으로 쉽게 학생을 선발해왔다. 그러나 학점제를 통해서 학생들이 서로 다른 교과목을 서로 다른 수준으로 배우게 되면 이런 단순한 평가로는 학생을 선발할 수 없다. 학생이 고등학교에서 어떻게 성장했으며 어떤 관심과 재능을 가지고 있는지, 대학에서의 성장 가능성에 대해 제대로 평가할 수 있는 시스템을 갖추어야 한다. 그것은 대학의 몫이다. 고등학교에서는 학생들이 자신의 적성과 진로에 맞는 능력을 키울 수 있는 기회를 제공해야 할 책임만 있는 것이다. 대학입시로부터 벗어난 고등학교 교육의 정상화가 가능해질 수 있다는 말이다.

그래서 이제 우리 대학의 선발시스템의 전환이 필요하다.

미국의 경우 대학입시에 SAT를 반영하지만 학교에서는 SAT 준비를 위한 교육을 하지 않는다. SAT는 학교의 교육과정을 충실히 잘 이수하면 크게 어렵지 않게 준비할 수 있다는 인식이 자리 잡고 있고, 대학에서는 입학사정관들이 학교생활을 중점적으로 보면서 학생이 대학에 진학한 후의 성장가능성을 더 높게 평가하기 때문이다. 고등학교의 내신성적인

GPA(Grade Point Average)를 보기는 하지만 각 학생들이 이수한 과목이 다르기 때문에 이를 일률적으로 비교하는 것은 애초에 불가능하다. 따라서 이수한 과목의 구성이나 이것이 지원 학과와 얼마나 관련이 있는지 AP 과목의 이수 정도, 그리고 다양한 교내외 활동을 통해서 학생의 학문적·직업적 관심과 도전 정신을 파악하려고 한다.

외국 대학은 이런 선발 시스템을 통해서 자신들에게 필요한 우수 학생을 선발하고 그것이 잘 작동한다는 믿음이 있다. 우리도 대학이 스스로 필요한 학생을 잘 뽑을 수 있는 방법을 찾도록 해야 한다. 고등학교 내신이나 수능성적으로 학생을 선발하는 것은 대학으로 보면 고민할 필요가 없는 가장 편한 방법이다. 그리고 가장 수준 낮고 단순한 방법이기도 하다. 이런 방식 때문에 학생들이 자신의 적성이나 진로희망이 아닌 성적에 맞춰 대학에 진학하는 기형적인 일들이 벌어지는 것이다. 대학이 반성해야 할 부분이다.

이것은 단순히 대학입시로만 끝나지 않는다. 자신의 적성을 고려하지 않은 대학 선택은 입학 후에도 중도포기자를 양산하고 대학교육의 질 저하라는 막대한 사회적 손실을 가져온다. 그보다 더 심각한 것은 아이들이 자신의 성적에 따라서 꿈을 재단하고 일찌감치 포기하게 되는 현상일 것이다.

13.
학점제, 외국 사례

학점제는 많은 나라에서 오래전부터 중고등학생을 대상으로 실시해 온 제도이다. 미국의 경우는 학생들이 정해진 틀 없이 매우 자유로운 선택이 가능하며 영어, 사회, 수학이나 과학 등은 위계를 두어서 단계적으로 이수하도록 하고 있다. 스웨덴은 학교마다 몇 개의 전공코스에 따라서 학생마다 다른 과목을 선택할 수 있도록 다양한 교육과정을 제공하고 있는데 우리나라의 계열과 비슷한 형태이지만 더 세분화되어 학생들이 자신의 진로에 맞는 과목들을 중점적으로 수강할 수 있다. 핀란드는 무학년제로 운영되며 학교에서 다양한 코스를 제공하고, 이 중에서 필수코스와 자신이 희망하는 코스를 수강해서 일정 코스를 채우면 졸업할 수 있는 시스템이다. 보통 학생이 필수적으로 이수해야 하는 코스의 4배 이상의 코스를 제공한다. 학교에 개설된 과목을 자유롭게 선택하여 수강하며 일정한 학점을 이수하고 졸업시험에 통과하면 졸업하는 시스템이다.

외국의 학점제는 세부적인 운영에서는 차이를 보이지만 기본적인 원칙에서는 공통점을 보이고 있다. 먼저 필수적으로 이수해야 하는 교과

외에는 학년의 구분 없이 자신의 수준과 관심에 따라서 선택해서 수강한다. 무학년제를 도입하고 있는 것이다. 학생들의 다양한 선택을 존중하기 위해 최대한 다양한 수준과 주제에 따라서 교과목을 개설함으로써 학생들이 자신의 능력과 적성 및 진로에 따라서 단계적으로 과목을 수강할 수 있도록 한다. 또한 학생의 능력에 따라서 보다 깊고 폭넓은 학습의 기회를 제공하고 있어 수준 높은 학습에 대한 욕구를 학교에서 수용하고 있다.

학점제는 학생 개개인에 맞춘 학습설계가 필요하므로 교과 교사뿐만 아니라 학생의 진로에 맞는 과목 선택을 지원할 수 있는 전문적인 인력이 확충되어 있다.

이런 외국의 학점제 운영 사례는 어떤 것이 우수하다고 평가하기 쉽지 않고 우리의 교육여건에 적용하기 어려운 부분도 적지 않지만 학점제의 안정적인 정착을 위해서는 우리 학교문화와 인프라를 고려해 다양한 방법으로 적절하게 도입해야 할 것이다.

미국 공립학교 사례(뉴저지 주 소재 고등학교)

미국 뉴저지 주 소재 공립학교의 사례를 보자. 이 학교는 9학년에서 12학년까지 4개 학년으로 이루어져 있다. 학생 수는 1000여 명, 정교사는 약 140명이고, 스탭도 18명이 근무한다. 졸업을 위해서는 총 120credits을 이수하고 고등학교 졸업 자격시험을 통과해야 한다.

이 학교는 완전히 개방된 학점 선택제를 운영하고 있는데, 학생들은 필수적으로 이수해야 할 교과목만 이수하고 나머지는 자신이 희망하는 과목을 자유롭게 선택할 수 있다. 대신 Honor 과목이나 AP 과목을 수강하기 위해서는 지정된 선수과목을 이수해야 하며 필요한 학업수준을 증명해야 한다. 교육과정 운영은 몇 개의 과목군으로 구성된 학과별로 이루어지며 각 학과에서는 졸업에 필요한 과목을 포함해서 폭넓은 교과목을 개설해서 학생이 다양한 선택을 할 수 있도록 하고 있다. 미국은 고등학교에서 직업교육 학교를 별도로 두고 있지 않기 때문에 종합학교로 볼 수 있으며, 이런 학교에서 직업에 관련된 교육도 이루어진다. 그런 이유이기도 하지만 전체 교과의 수는 14개의 교과(학과)가 존재하고 이들 교과에서 각각 다양한 교과목을 개설하고 있다.

English 학과의 교과목을 예로 살펴보면 학생들은 4년간 총 20학점을 취득해야 한다. 9학년은 World Literature I CPB*, World Literature I CPA를 듣거나 8학년 교사(중학교)가 추천하는 경우 World Literature I Honors를 들을 수 있다. Honor 과정은 독해와 작문에 능숙한 학생을 위한 과정인데 이렇게 학생의 수준에 따라서 서로 다른 코스로 진행하게 된다.

모든 과목이 무학년제로 이루어지는 것이 아니라 교과별로 각 학년에서 들을 수 있는 교과목이 정해져 있고, 선택과목은 무학년으로 운영된다. English 교과에서 개설하는 총 과목 수는 졸업에 필요한 20학점(4과목)을 포함해서 총 23과목(100 credits)을 개설하고 있다. 다른 교과에서도 비슷한 시스템으로 교과목을 운영하고 있다. 우리의 교육과정과 비교할 수 없을 정도로 많은 과목을 개설하고 있음을 알 수 있다.

꼭 이 시스템을 따라야 하는 것은 아니지만 학생들의 수준과 관심을 충분히 수용하기 위해서는 어느 정도의 교과목을 개설해야 하는지 기준점으로 삼을 수 있을 것이다.

* CPB는 CPA에 비해서 좀 낮은 수준으로 이해할 수 있다. CPB, CPA는 기본과정이고 좀 더 능숙한 학생은 Honor 코스로 바로 건너뛸 수 있다.

14.
야자폐지와 학생들의 삶,
우리는 아이들을 정말 존중하는가?

"우리는 정말 학생을 존중하는 것일까? 학생인권을 존중하는 것이 왜 중요할까?"

늘 그런 질문을 하게 된다. 많은 교육청에서 학생인권조례를 제정하고 학생의 인권과 자율권을 폭넓게 보장해야 한다고 강조한다. 그것도 매우 강조하고 있다. 강조한다고 열심히 선전까지 한다. 그런데 필자가 보기에는 '강조만' 하고 있는 것 같다. 학생인권이 존중된다는 것은 그들이 독립된 인격체로서 인정받고 자기결정권을 존중받아야 하는 것이다. 그러나 여전히 학교에서 아이들은 지도의 대상이고 심지어 통제의 대상이기도 하다. 학생인권의 출발을 무엇으로 봐야 할까? 학생에 대한 존중이다. 실제로 많은 사례가 있지만 대표적으로 야간자율학습(야자)을 금지한 모 교육청의 사례를 통해 학생 중심 교육을 한다는 어른들이 가지고 있는 학생인권 의식의 실제 민낯을 확인해볼 수 있을 듯하다.

이야기하고자 하는 내용은 이렇다. 모 교육청에서 문제풀이로 무의미한 시간을 보내는 고통스러운 야자에서 학생들을 구원하기 위해서 야자를 전면 폐지하겠다고 선언했다. 지금은 강제 야자는 거의 없어졌고, 야자를 희망하는 학생들이 대부분이라는 일선의 이야기는 무시되었다.

필자도 야자에는 찬성하지 않는다. 그러나 야자를 하든 안 하든 그것도 학생의 선택이어야 한다는 입장이다. 그래서 야자에 대해서 반대하는 입장은 같지만 학생이 자율적으로 선택하는 방식까지 무조건 폐지하겠다고 발표하는 것이 학생을 존중하는 방식은 아니라는 점에서 생각이 다르다. 민주적 공동체를 이야기하면서 자신들은 일방적으로 결정해버리는 것이 과연 학생을 존중하는 태도이며 교육적일까? 문제의 핵심은 여기에 있다. 필자가 두려운 것은 아이들이 뭐라고 생각할까? 하는 것이다. '교육감 한마디면 모든 게 다 되네.' 그럼 다양한 의견을 나누고 서로 합의해 나가는 과정은 소모적이라고 생각하지 않을까?

학교에서 교장선생님이 자신이 옳다고 믿는 것을 교사들에게 강요하면 선생님들은 뭐라고 할까? 그것이 아무리 옳은 일이라도 진정으로 받아들이기 어려울 것이다. 왜? 민주적인 방식이 아니고 자신들이 존중받지 못했다고 생각되기 때문이다. 그것이 야자 문제의 본질이다.

그 어떤 주장과 근거를 대고 이유를 합리화하려 해도 아이들이 존중받지 못했다는 사실은 바뀌지 않는다. 그리고 그것은 학생인권조례의 정신과 배치되는 것이기도 하다. 정말 학생의 삶이 중요하다고 생각한다면 학생들 스스로 판단할 수 있도록 도와주는 방식이 옳지 않을까? 어른들이 결정하면 야자를 했다가 또 어른들의 결정에 따라 야자를 하지 않는 것은 아이들이 삶의 주체가 되는 방식이 아니다.

더 중요한 것은 수업시간에 수능을 위해 여전히 EBS 수능 문제집을 풀고 있는 이런 상황부터 바꾸려는 노력이다. 교과 중심으로 이루어지는 방과 후 수업은 또 어떤가? 이런 것들이 아이들의 삶을 존중하는 방식은 아니다. 물론 이런 것들을 바꾸려는 노력은 금방 티 나지 않는다. 생색이 나지는 않지만 밑바닥을 바꾸려는 오랜 시간이 필요한 노력이 정말 아이들이 스스로의 삶을 바꾸는 힘을 기르게 할 수 있다. 아이들 스스로 대학이 자신의 삶의 목표가 아니라고 선언할 수 있을 때 강제로 야자를 시키고 학원을 보내려고 해도 되지 않을 것이다. 그것이 아이들이 삶의 주인으로 바로 서는 것이다. 우리 어른들이 무언가를 해줄 수 있다고 생각하는 것은 큰 오산이다. 그런 오만에서 벗어나야 한다. 그건 학부모들도 교육청도 마찬가지다. 야자를 없애도 사교육을 금지시켜도 아이들이 대학이 여전히 중요한 조건이라고 생각한다면 다른 방법을 찾아낼 것이다.

교육과정의 변화에 집중하고 수업의 철학이 중요함을 이야기할 때 그것이 이슈가 되거나 사회적 관심을 받지는 못할 것이다. 그래도 그것을 설득하고 현장의 자발성을 지원하는 노력을 지속적으로 했을 때 더 큰 힘이 된다는 사실을 되새겨볼 필요가 있다. 교육에 집중할 때 교육적 관점으로만 생각할 때 다른 모든 고민들도 해결될 것이다. 오히려 다른 목적을 위해서 교육을 활용하고 아이들을 볼모로 삼을 때 되돌아올 부메랑의 위력은 감당하기 어려울 수 있다. 그것은 어느 개인의 문제가 아니다. 교육 전체의 기반을 흔드는 일이다.

개인적으로 필자는 학교에서의 수업시간만으로도 충분하다고 생각한다. 방과 후 수업이든 야자든 필요 없는 시간 낭비다. 수업이 끝나고 나머지 시간은 여유를 갖도록 해야 창의성도 길러진다. 그 시간에 뭘 하든 본인이 알아서 결정하고 필요하면 찾아다니고 할 것이다. 그것이 아이들의 자기결정권이다. 왜 학생을 존중하는 것이 중요하냐고? 바로 이 자기

결정권을 아이들이 가질 때 스스로의 생각을 가지게 되고, 그런 주체로서 행동할 때 새로운 아이디어로 도전하는 삶을 살 수 있게 되기 때문이다. 그것이 우리가 늘 말하는 미래사회를 위한 역량이다. 그것은 수학문제를 푼다고 영어 단어를 외운다고 길러지는 것이 아니다. 하나의 온전한 인격체로 존중받고 스스로 결정하는 경험을 통해서 생겨난다. 자신이 존중받을 때 다른 사람을 존중하고 협력하는 태도가 길러지는 것이다. 학생을 하나의 인격체로 존중한다는 것은 이런 깊은 철학이 담겨야 하는 것이다.

15.
진짜 공정하게 평가하는 법

대학수학능력시험에서 절대평가를 도입할 것인지 아닌지에 대한 관심이 매우 높다. 사실 이 문제는 평가의 원래 목적을 생각하면 논란 자체가 우스꽝스럽다. 그러나 우리 사회에서 대학입시에 대한 이해관계가 워낙 복잡하고 모든 학부모의 최대 관심사이다 보니 쉽게 합의점을 찾기 힘든 문제가 되고 있다. 대학입시와 유초중고 교육을 분리하지 않고서는 해결되기 어려운 문제일지도 모르겠다. 그래서 평가, 좁게는 시험에 관해서 제대로 이야기해보고자 한다.

먼저 현안이 되고 있는 대학수학능력시험의 평가방법과 관련한 논란을 살펴보고 다음으로 평가란 무엇이고, 어떤 방향으로 나아가야 하는지 이야기하려고 한다.

수능시험을 절대평가로 하는 방안에 대해서 찬반이 극명하게 대립되고 있는 것 같다. 그런데 이것이 엉뚱하게 학생부종합전형에 대한 공격으로 이어지기도 하고 종잡을 수 없게 진행되고 있어 혼란스럽다. 사실은 이렇게 종잡을 수 없게 복잡하게 된 데는 전략 부재의 탓도 크다. 정책은 이론이 아니라 현실이므로 도덕적이고 옳은 이야기만으로 실현되는 것이 아니다. 현실적 상황이 있고 상대가 있는 문제이므로 과도한 예산이 소요되는 정책이나 논란이나 갈등의 소지가 높은 정책 중 정책 추진의 효과가 높지 않은 정책은 단계적 접근을 통해서 저항을 줄이고 실현가능성을 높이는 것이 현명한 전략이다.

수능을 절대등급화하는 정책은 고교 교육을 대학입시로부터 분리시키고 고교 교육을 정상화할 수 있는 핵심적인 정책이지만, 고교내신 절대등급의 후퇴로 인해서 정책의 실효성에 의문을 던지게 되었다. 게다가 전면도입에서 일부 과목 중심으로 후퇴하는 안이 나오고 있어서 찬성반대 양쪽으로부터 공격을 받는 형국이다.

특히 수능만 절대등급으로 전환하는 것은 대학입시에서 핵심적인 평가기준으로 활용되는 수능과 내신 두 가지 요소 중 하나의 변별력을 떨어뜨릴 경우 다른 쪽으로 과도한 사교육이 유발되었던 과거의 사례에 비추어 실패할 가능성이 높다. 필자는 정책의 실효성 측면에서 우선순위로 보면 고교 내신 절대등급제 실시가 더 우선되어야 한다는 생각이다. 그 이유는 현재 학생부전형에 대한 반발이 적지 않은 상태에서 그나마 반발을 억누르고 있는 것은 수능이라는 탈출구가 있기 때문이다. 특목고·자사고 및 일부 일반고처럼 내신경쟁이 치열한 학교와 재수생에게는 수능이 욕망의 탈출구이다. 학생부전형에 대한 공격은 대부분 사교육시장과 특정지역을 중심으로 이루어지는데 그것이 일반고에 유리하고 사교육 영향이 적은 전형이기 때문이다. 그나마 수능이 유지되고 있어서 학생부전형에 대한 공격이 극렬한 수준까지 가지 않고 있는 것으로 볼 수도 있다.

학생부전형은 학교교육을 정상화하는 긍정적인 역할을 하고 있으므로 이를 안정시킬 필요가 있다. 교육적으로도 당연히 확대되어야 한다. 그런 면에서 전략적으로 내신절대등급제도를 도입하는 것이 우선되어야 한다. 또 대학입시를 위해서 수능을 봐야 하는 학생은 30%도 채 되지 않는다. 고등학교 학생 70%는 수능을 보지 않아도 되는 학생들이다. 그 30% 때문에 이렇게 극심한 논란과 갈등을 겪는 것은 사회적 비용의 낭비이다. 그 30%를 과장해서 중요한 문제인 것처럼 우선적으로 다루는 것은 교육을 너무 대학입시에 종속해서 생각하는 탓이다. 대학입시 중심의 사고 프레임에서 벗어나지 못한 결과이다.

유초중고 교육을 중심에 놓고 사고하면 학교교육에 충실하면서도 대학입시에도 유리하게 작용하는 학생부전형이 학교에 대한 신뢰와 권위를 높이고 있고, 학생 70% 이상이 수능이 필요 없으므로 당연히 고등학교 내신이 우선 절대등급으로 전환되어야 한다. 학점제를 실시하려고 해도 내신의 절대등급화는 필수적이다.

사실 수능은 보이지 않는 경쟁자들과의 경쟁이지만 내신은 바로 내 옆의 친구와의 경쟁이다. 더 비인간적이다. 학생부전형에서 대학의 선발 전문성이 높아지고 제대로 정착되면 더 확대되는 것은 당연한 수순이다. 앞으로도 기득권으로 대학입시에 유리한 위치를 차지하고 있던 집단에서 학생부전형을 흔들려는 시도는 지속될 것이다. 그들은 그들만의 리그에서 머리 터지게 경쟁하게 두는 것도 나머지 많은 학생들을 위해 어쩔 수 없는 선택일 수도 있다. 물론 내신절대평가와 수능절대등급 모두 동시에 실시되면 좋겠지만 그것이 아니라면 내신절대평가가 더 우선되는 것이 정책의 실현 가능성이나 교육적 효과에서 더 낫다.

그리고 더 이해가 안 되는 것은 수능도 보지 않을 70% 학생들의 학부모 중 수능절대등급화에 반대하는 사람들이 상당수라는 점이다. 자신의 자녀와 아무런 상관도 없고 오히려 그 논란이 학생부전형으로 비화되어서 만에 하나 학생부전형의 비율이 줄어드는 경우 자신의 자녀들이 손해를 보는 상황인데 왜 그러는지 도대체 이해할 수 없다. 혹시 우리 아이가 나중에 수능을 볼지 모르니까 싶어서라고 생각해줄 수도 있겠지만 그래도 나중에 수능준비를 시작하는 아이들일 수록 절대등급이 더 유리하다. 아무리 생각해도 이해할 수 없는 반응이다.

자, 이제 교육에서 평가에 대한 이야기를 해보자. 교육의 과정에서 평가는 학생과 학부모에게 매우 높은 관심의 대상이고 민감한 부분이지만 교육의 목적이 아니라 보완적인 수단일 뿐이다. 물론 이런 이야기가 감정적으로 받아들여지기는 힘들겠지만 사실은 사실이다. 우리가 교육하는 목적이 좋은 시험성적은 아니다. 시험성적은 자신의 학습결과를 확인하는 지표일 뿐이다. 그 시험성적이 너무 많은 것을 결정하기 때문에 평가의 중요성이 지나치게 과장되고 있는 것이다.

원래 평가라는 것은 평가자와 피평가자 사이에 권력관계를 형성하기 마련이며, 그것의 중요성이 높아질수록 평가자의 의도에 따라 피평가자의 행동양식에 지대한 영향을 미치게 된다. 우리가 시험이라고 부르는 제도는 특정한 영역에 대한 제한된 측정이 이루어지는 한계를 가지고 있다. 이런 특성 때문에 다양성과 창의성이 핵심인 일반 기업이나 교육 분야에서 전적으로 의존하기에는 적절하지 않은 시스템이다. 이를 보완하기 위해 수평적 평가나 상사에 대한 평가제도를 도입하고 있지만 그 또한 객관적인 평가를 담보하기 어렵다. 특히 동양사회에서는 관계에 의존하는 경향이 높아 동료에 대한 냉정한 평가를 하기 어렵다는 연구결과도 있고 평가항목의 공정성에 대한 신뢰 역시 높지 않다.

평가의 이런 측면이 우리나라에서 객관식 평가를 벗어나지 못하게 하는 이유가 되고 있다. 처음 서술형·논술형 평가를 확대하려고 했을 때 학교 현장에서 가장 우려한 것이 바로 이 객관성과 공정성에 대한 신뢰를 어떻게 보장할 것인가에 대한 부분이었다. 그런데 이 객관성이나 공정성에 대한 우리의 믿음에는 심각한 편견과 오류가 있다.

또 평가에는 비용이 소요되기 때문에 일정 기간을 두고 정기적으로 하게 되는데 이로 인해 즉각적인 피드백이 어렵다. 평소에는 아무런 피드백을 하지 않다가 평가 때 문제를 지적하면 개인적인 인신공격으로 받아들여지기도 해서 부정적인 인간관계를 만들게 될 수도 있다. 평가자에게도 평가가 단순한 서류작성으로 여겨져서 평가 자체에만 초점을 두게 되기도 한다. 평가의 원래 목적은 평가를 통해서 구성원의 강점과 약점을 분석함으로써 각 개인의 역량을 끌어올리고 조직의 성취를 높이는 것이다. 그러나 평가가 형식적인 절차가 되고 그 형식의 완결성에 초점을 맞추게 되면 원래의 취지는 대부분 사라지게 된다. 그 결과 구성원 간의 의미 있는 지원이나 상호작용을 기대하기도 어렵다.

학교에서 이루어지는 평가도 마찬가지이다. 대부분의 학부모들과 학생들이 오해하듯이 평가의 목적이 줄 세우기는 아니다. 교육적으로도 변별하고 낙인화하는 것은 가장 위험하고 낙후한 평가방법이다. 평가의 본래 목적은 피평가자에 대한 진단을 통해 현재의 수준을 파악하고 향상의 과정을 추적하며 지속적으로 성장할 수 있도록 지원하는 것이다. 그런 점에서 현재 시행되고 있는 상대평가라는 것은 대단히 비교육적이다. 이것은 입시를 좀 더 편하게 할 수 있다는 것 외에는 아무런 의미나 가치도 없다. 상대평가는 그 목적이 줄 세우기이므로 교육에서 목표로 하는 수준 따위는 중요하지 않다. 모든 학생이 원하는 수준에 도달해도 이 아이들을 변별하지 못하면 그 평가는 잘못된 것이다. 아주 어려운 문제도 부족해 배배꼬아서 실수하게 만들고 온갖 수단을 동원해서 줄을 세운다. 그러면서 그게 변별력이라고 말한다. 이것은 교육하고는 아무런 상관이 없다. 오로지 선발을 위해 필요한 시스템을 우리 아이들은 학교를 다니는 내내 경험하게 된다. 그러나 그 대가는 상상 이상이다. 배우는 즐거움을 빼앗을 뿐만 아니라 실수하지 않기 위해서 안간힘을 다하는 수동적인 사람으로 전락시킨다.

올바른 교육평가란 교육목적의 달성도를 평가하는 과정이어야 한다. 따라서 학생이 애초에 목표로 설정한 수준에 얼마나 달성했는지를 평가하고 교사도 스스로의 학습지도 방법 등을 재검토하도록 하는 것이 원래 평가의 목적이다. 그러나 교육평가에 대한 일반인의 인식은 단지 교육 현장에서 치러지는 월말고사나 기말고사 또는 입학시험에서의 학생 선발이나 분류를 위한 활동 등으로 국한시키는 경향이 있다. 이것은 단지 교육평가의 일부분일 뿐이다. 실제로 교육평가는 보다 넓은 의미로 쓰이고 있음을 이해해야 한다.

어떤 평가가 올바른 평가인지에 대해서는 전문가들 사이에서도 논란이 분분하다. 평가를 학습자에게 일어난 변화의 정도를 결정하기 위한 증거를 수집하는 과정으로 이야기하면서도 그 접근 방법은 크게 세 가지 관점으로 나누어진다. (박도순 · 변영계, 1993)

첫 번째는 측정(measurement)의 관점이다. 이는 학습자의 변화의 정도를 일정한 규칙에 의해서 수치를 부여하거나 수량화하는 것을 의미한다. 일견 가장 과학적이고 객관적인 것처럼 느껴지기도 한다. 현재 우리의 수학능력시험이나 학교에서 이루어지는 시험이 대부분 이런 측정의 관점에 기반하고 있다. 그러나 사람을 정량적인 기준으로 계량하는 것이 가능한지 그리고 학습자에게 일어난 변화를 몇 가지 척도로 수치화하는 것이 타당한지에 대한 의문이 남는다.

두 번째는 평가(evaluation)는 양적인 계량화뿐만 아니라 질적인 기술과 가치판단을 포함해야 학습자의 변화를 결정할 수 있다는 개념이다. 새롭게 도입되고 있는 성취평가가 이런 평가의 한 유형으로 볼 수 있을 것이다. 성취평가제도는 절대평가방식으로 이루어지므로 모든 학생들이 A 등급을 받을 수도 있다. 이런 특징 외에 교육과정에서 각 과목에서 학생들이 성취해야 할 지식, 기능, 태도 등을 정의한 성취기준에 도달한 정도를 평가하는 방식이라는 중요한 특징이 있다.

세 번째는 총평(assessment)의 관점이 있다. 총평의 관점은 다양한 방법으로 인간의 특성을 측정하고 이것을 모두 고려해서 종합적으로 평가해야 올바르게 그 사람의 특성을 파악할 수 있다는 접근이다. 특히 개인과 환경 사이에서 그 상호작용에 관심을 갖는데 개인과 환경의 두 요인을 관련시켜 인간 행동 변화와 현상을 이해하려는 시도이다. (성태제, 2009)

이런 특성을 종합해보면 측정은 대상을 수량화하여 나타내는 것이고, 평가관은 그 대상의 가치를 구체적인 맥락 가운데 판단하려는 의도에서의 접근법이라고 정의할 수 있을 것이다. 가장 복잡하지만 바람직한 평가는 총평관(사정)이다. 이는 다양한 측정결과를 통하여 한 개인이나 대상의 전체적인 모습을 조명하는 전인적 평가라고 할 수 있다. (김재춘 외, 2000)

16.
제대로 정의롭게 경쟁하는 법

경쟁이란 피할 수 없다. 맞는 말이다. 그러나 경쟁의 의미가 상대방을 짓밟고 그 위에 서는 의미라면 틀린 말이다. 경쟁은 피할 수 없는 것이지만 그 경쟁을 통해서 무엇을 얻을 수 있는지에 따라서 무의미할 수도 계량할 수 없는 가치를 가질 수도 있다. 무조건 경쟁이 나쁜 것이라는 주장도, 경쟁이 반드시 필요하다는 주장도 설득력을 가질 수는 없다.

어떤 부분에서 경쟁은 필연적이기도 하다. 그러나 모든 영역에서 억지로 도입하는 것은 오히려 역효과를 낳기도 한다. 경쟁이 필연적인 영역이 있다면, 협력이 필수적인 영역이나 상황도 있는 것이다. 그리고 경쟁을 하면서도 서로 협력해야 하는 경우도 있다. 그것은 경쟁의 목적을 무엇에 두느냐 경쟁을 통해서 무엇을 얻고자 하느냐에 따라 다를 것이다.

경쟁을 강요하는 사회적 구조나 시스템이 원인이 되는 것은 분명한 사실이다. 그러나 이런 외부적 요인만 탓하기에는 경쟁의 속성이 그리 간단하거나 좁은 의미로 한정될 수 없다. 경쟁은 외부와의 관계에서 이루어지기보다는 자기 스스로와의 싸움인 경우도 많기 때문이다.

경쟁이 변화와 발전을 위한 동력이 되기도 한다는 점에서 부정적으로만 볼 것은 아니다. 기업이 소비자의 선택을 받기 위해 노력하고 경쟁을 통해 더 나은 상품을 만드는 것은 소비자에게, 결과적으로 사회 전체에 이익이 된다. 이것이 경쟁의 긍정적인 측면이다. 이동통신 시장이 처음 시작되었을 때 단일업체가 시장을 독점하고 있던 상황에서는 경쟁이 없었기 때문에 소비자에 대한 서비스나 요금에서 적극적인 자세를 보이지 않았다. 사업자가 늘어나기 시작하자 서비스나 요금 경쟁이 벌어지고 서로 더 좋은 서비스로 소비자를 사로잡기 위해 신기술과 서비스 지역 확대에 적극적으로 나서게 되었던 것이다.

반면 지나친 경쟁의 폐해도 적지 않다. 대표적인 사례가 미국의 'K마트'다. 1995년 S&P 500대 기업 순위 15위였던 대표적인 미국의 양대 대형마트 중 하나인 이 회사는 월마트와의 지나친 가격 경쟁에 나서면서 수익이 급감했고 결국 2002년 파산에 이른다. 경쟁업체와의 가격 경쟁에만 몰입하고 내부 시스템이나 경영 효율화에 신경 쓰지 않은 결과 몰락의 길로 빠져든 것이다. 이렇게 경쟁이 스스로의 발전을 위한 방향이 아닌 단순히 상대방을 이기는 것이 목적이 되면 매우 부정적인 결과를 가져오게 된다.

이런 사고를 가진 집단이나 개인에게는 협력하면서 경쟁한다는 의미가 도대체 이해할 수 없는 외계의 언어처럼 느껴질 것이다. 그러나 경쟁 관계인 기업이나 집단이 서로 협력하면서 함께 성장하는 사례는 여러 곳에서 찾아볼 수 있다. 이른바 '파이 키우기'다. 한 차원 높은 기술을 개발하기 위해 공동투자를 통해 소비의 패턴을 고급화시키거나 서비스를 다양화할 수 있는 제도를 만들기 위해 협력함으로써 소비층을 더 늘리는 방법으로 시장을 더 키워나가는 것이다. 이렇게 경쟁하면서도 협력해야 하고 협력하면서도 경쟁해야 한다. 우리 동네 경쟁업체를 문 닫게 한다고 해서 내 생존이 보장되는 것이 아니다. 다양성이 사라지면서 더 큰 대기업의 프랜차이즈가 나의 생존을 위협할 수 있고, 국내 기업들뿐만 아니라 글로벌 기업들이 경쟁 상대가 되기도 한다. 외국 기업을 상대하기 위해 국내 기업 간의 전략적 제휴가 필요하기도 한 것이 세계화 시대의 특징이다.

학교에서도 마찬가지이다. 내 옆의 아이만 제치면 되는 것이 아님을 깨달아야 한다. 자신의 주변에 있는 모두를 경쟁자로 생각하고 노트도 서로 빌려주지 않는 경직된 태도로는 결코 높은 성취를 얻기 어렵다. 경쟁의 필요성을 강조하는 사람들의 말처럼 우리 반을 넘어서면 학교 전체의 학생들과, 학교를 넘어서면 국내의 수많은 학생들과, 종국에는 세계인들과 경쟁해야 하는 상황에서 모두를 경쟁자로만 두는 것은 현명하지 못하다. 내 친구가 좋은 대학을 가면 나는 상대적으로 좋은 대학을 갈 기회가 없어진다고 생각하면 내 친구가 가장 강력한 라이벌이 될 뿐이다. 그러나 내 친구와 협력해서 내 사고가 더 성장하고 더 폭넓은 지식을 갖추게 되면 내 친구와 내가 같이 좋은 대학에 갈 수 있는 기회가 늘어난다.

그럼에도 현재 우리 학교에서의 교육평가는 여전히 무한한 경쟁을 유발하는 측정의 수준에 머물러 있다. 경쟁적으로 살아가는 아이들을 뭐라고만 할 수 없는 이유가 바로 여기에 있다. 앞에서도 이야기했지만 학생들을 줄 세우고 변별하기 위한 행정적 편의성에 주된 관심을 두는 것이지 학생들의 성장이나 변화를 읽고자 하는 노력과는 관계없다. 아이들은 본능적으로 경쟁을 배우고 경쟁적으로 되어 간다. 이제 조금씩 구체적인 맥락 속에서 학생들의 성장을 읽어내고자 하는 변화의 시도가 있기는 하지만, 대안학교 등에서 시도하고 있는 전인적 평가를 위한 총평관을 도입하기까지는 아직도 길이 멀게만 느껴진다.

학교와 공교육이 학생과 학부모에게 믿음을 주고 교육의 주도권을 되찾기 위해서는 학교의 평가방법이 반드시 변해야 한다. 그 이유는 바로 대학입시의 변화에 있다. 대학입시 평가의 방향이 총평관적 접근으로 전환되고 있다. 지극히 당연한 귀결이다. 대학이 희망하는 학생들은 대학생활을 통해서 전문적인 학문을 습득하고 스스로 성장해갈 수 있는 경험과 가능성을 갖춘 사람이다. 이런 학생들은 과거처럼 시험성적만으로 판별할 수 없다는 것이 분명해졌다. 그래서 대학들이 학생선발 방식을 바꾸려고 하는 것이다. 학교생활을 통한 교육활동과 다양한 측면에서의 경험을 종합적으로 평가하는 것이 가장 효과적인 선발방법이라는 공통의 인식이 확산되고 있다.

물론 대학입시가 교육의 모든 것이 되거나 대학입시에 종속된 교육은 바람직하지 않다. 그러나 아이들에게 대학입시에 도움이 될지는 모르겠지만 너희들의 삶을 위해서 옳은 방향이니 따라오라고 하는 것이 과연 설득력이 있을까? 대학입시에 도움이 되지 않지만 아이들의 미래의 삶을 위해서 올바른 교육이라고 학부모들을 설득하는 것이 현실적으로 가능하지 않다는 것은 모두 알고 있는 사실이다. 그것이 교육을 위한 올바른 방향이면서 대학입시에도 도움이 된다면 경계할 필요가 없지 않은가?

게다가 지금까지 우리의 시험제도는 괴물을 엘리트로 둔갑시키고 있었음이 드러나고 있다. 서울대학교를 나오고 최연소로 사법시험에 합격한 이는 온갖 악행을 저지르다 종국에는 정권을 말아먹는 데 앞장섰다.

수능 만점을 받은 전직 법조인이자 현직 국회의원의 아들인 현직 판사는 지하철에서 여성의 다리를 찍다가 붙잡혔다고 한다. 이런 일이 벌어질 때마다 우리는 부끄럽다고만 할 일인가? 여기서 심각한 문제를 읽어내지 못한다면 우리 사회가 더 나은 사회로 가는 길은 한참 멀어질 것이다.

이런 자들이 사법시험에 우수한 성적으로 합격하고 수능에 만점을 받았다면 그 평가 시험에 심각한 결함이 있는 것이다. 이런 모든 문제를 교육의 문제로 환원해버리면 또 악순환의 반복이 될 뿐이다. 교육 전반의 문제라기보다는 정확히 평가의 문제인 것이다. 우리가 시험을 보는 것, 특히 누군가를 선발하는 시험을 보는 것은 분명한 목적이 있다. 대학입시는 대학에서 학문을 하기에 적합한 기본적인 지식뿐만 아니라 그 학문에 대한 관심과 열정, 그리고 적성이 있는지를 판단하기 위한 것이다. 이제는 없어지지만 사법 시험이나 교사, 공무원을 뽑는 시험도 마찬가지다. 아니 더 그 목적에 충실해야 한다. 그 직종에 필요한 지식은 기본이고 적합한 인성이나 사명감, 적성이 종합적으로 평가되어야 한다. 그럼에도 현실은 어떤가? 특정한 출판사의 문제집을 몇 번이고 반복해서 외우다시피 하고 밤늦게 학원에서 똑같은 문제를 풀며 실수하지 않는 훈련을 한다. 공무원시험을 보기 위해서 감옥 같은 학원에 갇혀서 시험문제 푸는 연습만 반복한 사람들을 교사로, 공무원으로, 심지어 다른 사람의 죄를 판단하고 단죄하는 법관으로 뽑는 것은 잘못돼도 한참 잘못된 방식이다.

누구나 인정할 수 있는 단순하고 투명한 방법으로 평가하는 것이 공정해 보일 수도 있다. 그런데 이런 단순하고 투명한 평가 방식은 아주 단편적이고 협소한 영역만을 평가하게 되는 치명적인 결함이 있다. 반대로 답이 정해져 있지 않은 복잡하고 모호한 기준으로 평가하는 것은 뭔가 불안하다. 신뢰 수준이 낮은 사회일수록 그런 불안은 더 심하게 과장되기도 한다. 약간의 문제가 있을 수는 있다. 그러나 그 약간의 문제가 못마땅해 객관식 시험으로 사람을 길러내고 아주 일부 영역만을 평가해 선발한 사람들이 제대로 역할을 해내기를 기대하는 것은 무리이다. 복잡하고 모호한 세상을 이해하고 있는지를 평가하려면 다양한 측면에서 그 사람의 삶을 바라봐야 한다. 그래서 교사 임용제도를 비롯해서 심층면접을 늘여가고 그것으로도 부족해 다양한 평가방법을 고민하는 것이다.

작은 실수도 하지 않는 연습을 한 사람들이 도전적일 수는 없다. 더 심각한 것은 정답이 무엇인지에만 관심을 집중하고 성장해온 소위 우리 사회의 엘리트라는 사람들의 최대 관심사가 평가자의 의도를 파악하는 것이라는 점이다. 그들에게 자신의 생각 따위는 전혀 중요하지 않다. 자신을 평가하는 사람이 원하는 답에 자신의 생각을 맞추는 것에 너무도 능숙해져 있기 때문이다. 그런 그들에게는 민주주의의 가치나 공공선, 사회적 정의가 중요하지 않다는 것이 지난 탄핵정국에서 고스란히 드러났다. 정말 이들이 우리가 그 자리에 있어야 한다고 믿었던 바로 그 사람들일까? 이런 괴물들을 키워온 것이 우리 사회의 원죄이다.

그럼에도 여전히 많은 사람들이 줄을 세우는 데 논란이 없는 투명한 방법이라는 이유로 인간의 매우 협소한 부분만을 평가하는 객관식 시험을 고집하고 있다. 다시 한 번 묻고 싶다. 과연 그것이 공정하고 정의로운가? 이제 진지하게 이 질문에 답해야 한다.

배움이 없는 학교,
프레임을 바꾸라

: 3부 :

'어떻게'
배울 것인가?

이.
혁신학교를 돌아보다

혁신학교에 대한 여러 가지 이야기들이 있다. 각각의 이해도 다른 것 같다. 경기도에서 시작했지만 서울형 혁신학교, 무지개학교, 행복씨앗학교 등 이름도 다양하다. 정작 경기도에서는 그냥 혁신학교는 혁신학교일 뿐이다. 원조의 여유라고나 할까? 이름이야 어쨌든 혁신학교가 학생과 학부모 그리고 학교 현장의 교사들로부터 큰 호응을 불러일으킨 것은 부정할 수 없다.

그러나 한 가지 우려되는 점은 혁신학교가 또 다른 연구학교나 정책 사업처럼 흘러갈 조짐을 보이고 있다는 것이다. 특히나 나중에 시작한 지역교육청은 저마다 색다른 무엇인가를 강조하기 위해서 여러 가지 이름을 억지로 가져다 붙인 혁신학교들을 만들어내고 있다.

명칭이나 용어는 그것이 내용을 규정하고 사고를 통제하므로 단순한 이름 이상의 의미가 있다. 생태체험형, 수업개선형 같은 이름에서 이미 이런 학교들이 무엇을 목표로 하는지가 그대로 드러나고 그런 방향으로 운영이 강제된다. 이런 학교들이 과연 학교혁신을 이룰 수 있을지 우려스럽다. 마치 과거의 연구학교나 시범학교를 보는 것 같은 불길한 예감이 든다. 과거의 연구학교나 시범학교도 성취평가제 연구학교, 재량활동 연구학교 등처럼 학교에서 어떤 특정한 프로그램이나 사업을 하는 것으로 성과를 얻고자 했던 것이다. 그 결과 남은 성과란 이런 방식으로는 성공할 수 없다는 교훈이었는지도 모르겠다. 그 많은 연구학교와 시범학교의 연구결과는 다 어디로 가고 또다시 매번 연구학교와 시범학교가 생겨야 하는지 모르겠다는 학교 현장의 쓴 소리에 귀를 기울여야 한다.

이렇게 학교는 한 부분만 바꾸거나 건드리는 것으로 변화하지 않는다. 농사를 지을 때도 농약을 뿌리고 비료를 잔뜩 주던 땅에서 바로 유기농을 시작할 수는 없는 것이다. 무농약을 3년 이상하고 전환기 유기를 3년 이상해야 비로소 유기농으로 인정받을 수 있는 것처럼 학교도 기본 토양을 바꾸는 작업부터 해야 새로운 교육의 도입이 가능하다. 혁신학교도 어떤 좋은 수업방법을 도입해서 되는 일이 아니다. 스마트 학교니 뭐니 해서 특정한 교육을 실험하고자 하는 것도 아니다. 학교가 본래 학교가 해야 할 일을 하도록 되돌려 놓는 일, 자연 그대로의 생명력으로 농작물이 건강하게 자랄 수 있는 환경을 만드는 것처럼 아이들이 본래의 품성과 가능성을 그대로 키워서 건강한 시민으로 자랄 수 있도록 지원하고 격려하는 것이 학교가 해야 할 본연의 역할이다. 혁신학교는 이런 본연의 역할로 학교를 되돌려 놓고자 하는 것이다.

모두가 제대로 된 교육을 하자고 하면서, 각자 전혀 다른 이야기를 한다. 학교를 본연의 모습으로 되돌려 놓자는 것에는 몇 가지 문제의식이 있고, 학교가 갖추어야 할 본연의 모습이라는 것에도 몇 가지 다른 상이 있다. 그런데 이 몇 가지 문제의식과 학교의 상에 대한 상당한 의견의 차이가 존재한다. 우리 교육의 역사가 그러했듯이 혁신학교 초기에도 그리고 현재까지도 여전히 메우기 힘든 간극이 존재하기 때문에 힘들지만 치열한 논쟁이 필요하다.

혁신학교에 대한 가장 일반화된 공격은 기초학력이 떨어진다는 것이다. 그것은 혁신학교에 대한 몰이해라고 치부할 수도 있지만, 일부 혁신학교에서 잘못된 이해로 실제 학생들이 갖추어야 할 기초적인 학력을 간과한 것에도 책임이 있다. 그러나 중요한 것은 기초학력을 포함해서 학력이란 것을 어떻게 정의할 것인가? 그리고 그것을 어떻게 평가할 수 있을지에 대한 논란이 있다는 점을 알아야 한다. 학력이 어떻게 정의되어야 할지는 학교교육의 방향과 실제 이루어지는 교육의 내용에 결정적인 영향을 미치므로 사회적인 합의가 있어야 한다. 또 현재 이루어지고 있는 기초학력 평가의 타당성과 그 효과에 대해서 되짚어볼 필요가 있다.

학력의 정의에 대한 입장은 학교의 기능에 대한 인식과 매우 깊게 밀착되어 있으며 이런 입장에 따라서 단순히 전통주의적 교육론과 진보주의적 교육론으로 나눌 수 없는 복잡한 생각과 요구가 존재한다. 우리나라 국민 모두가 교육 전문가다. 정치이야기보다 교육이야기에 더 할 말도 많고 아는 것도 많다. 정말 그런지 그럼 우리가 얼마나 교육에 대해서 제대로 알고 있는지 이야기해보자.

학교는 어떤 곳이어야 할까? 단순히 아이들을 가르치는 곳인가? 아니면 아이들의 삶의 공간일까? 그러면 가르친다는 것은 무엇일까? 무엇을? 어떤 목적으로? 이런 질문에 대해서 자신 있게 대답할 수 있는 사람은 많지 않을 것이다. 왜? 한 번도 진지하게 고민해본 적이 없기 때문이다. 열심히 고민한 것은 '어떻게 좋은 대학을 갈 수 있을까? 그러려면 어떻게 무엇을 해야 할까?' 뿐이다. 그러면서도 다들 스스로 교육에 대해서는 대단히 잘 아는 것으로 믿는다.

이것은 현장의 교사들도 별반 다르지 않다. 대다수의 교사가 한 번도 이런 고민을 해본 적도 해야 한다고 생각한 적도 없다. 교사란 그런 고민을 하는 사람이 아니라고 길들여졌기 때문일 것이다. 그러나 사실 교육은 바로 여기서부터 출발한다. 어떤 목적으로 어떤 내용을 아이들이 배워야 할지는 다른 누군가가 결정해서 던져주는 것이기 때문에 교사들은 고민할 필요 없다고 생각하게 되었다. 그러나 이 목적과 내용에는 매우 중요한 의도와 방향이 교묘하게 숨겨져 있다는 것을 알아야 한다. 이렇게 숨겨진 의도와 방향은 교육자들이 전혀 의식하지 못하는 가운데 완전히 다른 내용과 실천으로 드러나게 된다.

이 점에 대해서 프레이리와 헨리 지루는 매우 냉철하고 정확하게 그 실체를 드러내 보였다. 프레이리에 따르면 전통적인 교육관에서 교육자와 학생은 이야기하고 장황하게 설명하는 관계다. 여기서 이야기하고 장황하게 설명한다는 것은 상호작용으로서의 대화가 아니라 이야기를 하고 그 내용을 설명해야 하는 주체로서의 교사와 일방적으로 그 이야기를 듣는 청취자라는 수동적인 의미로서의 학생을 전제한다. 학생이 알아야 할 지식을 대단히 제한한다는 점에서 이런 교육관에서 목표하는 인간상을 미루어 짐작할 수 있다.

헨리 지루는 더 구체적으로 교육에 대한 기본적인 철학과 인식의 차이가 어떤 결과의 차이를 낳는지에 대해 경고하고 있다. 기존의 주류 교육이 이해하는 학교와 교육의 역할은 비판적 사고와 적극적인 민주시민 의식을 기르는 것이 아니다. 단순히 글을 읽는 방법과 기존의 체제와 기득권의 질서에 순응하는 자세를 익히도록 하는 것일 뿐이다. 단순히 글을 읽는 방법만을 배우는 것이 어떤 문제를 만드는지에 대한 좋은 예가 있다. 바로 우리나라 문해율의 현실이다.

과거 '문맹률'이라고 쓰다가 부정적이라 해서 용어를 바꾼 우리나라의 문해율은 OECD 평균보다 높은 1.7% 정도지만 문서 문해 능력으로 보면 문맹이 OECD 국가 중 최하위권이다. 다시 말해 글자 한 자 한 자를 읽지 못하는 사람은 거의 없지만 글을 읽고 문장의 의미를 이해하지 못하는 사람이 상당수라는 말이다. 광고나 신문기사처럼 이해와 분석능력이 필요하지 않은 일상적인 생활문 정도만 이해할 뿐 길고 어려운 문장, 내용이 복잡하고 추론이 필요한 문장에 대해서는 문맹이나 마찬가지다. 그것은 단순히 글자를 읽는 것만으로 해결될 수 없는 일이다. 지식과 정보에 접근할 때 이를 스스로의 생각으로 이해하고 분석하려는 비판적 사고 능력은 경험으로부터 길러지는 것이다. 기존의 체제를 무비판적으로 수용하는 교육에 길들여진 사람들이 어떤 현상이나 정보를 직면할 때 그것을 다른 시각으로 바라보거나 의문을 가지는 것은 매우 어렵다. 이때의 수용이란 일반적인 통념이나 인식을 그대로 습득하고 잘못 형성된 편견이나 차별적 사회문화까지도 수동적으로 받아들이는 것을 의미한다.

따라서 주류 교육관의 이런 인식이 교육과 학교를 오랫동안 지배하면서 교사의 역할은 세상을 비판적으로 읽도록 돕는 것이 아니라 학생들이 읽기 도구를 숙달하도록 돕는 것으로 변질되었다. 이런 역할을 하는 교사는 전문가가 아니라 단순히 숙련된 지식 판매자나 전달자일 뿐이다. 교사를 숙련된 지식판매자나 전달자로 전락시키는 메커니즘은 아이들의 비판적 사고의 형성을 막는 것에서 그치는 것이 아니라 학교가 적극적으로 학생들을 무능한 존재로 만들고 소외시킨다는 의미다. 비판적인 사고가 아닌 기능적인 지식의 숙달을 중요하게 여기는 교육시스템에서는 특정한 기능의 숙달 여부에 따라서 유능한 아이와 무능한 이이가 갈리게 된다.

우리 학교에서 국·영·수 위주로 아이들의 서열을 매기고, 그것에 의해서 아주 일부의 훌륭한 학생과 나머지 대다수의 실패자를 만들어내는 상황은 바로 이러한 뿌리 깊은 구조에서 비롯된 것이다. 이런 메커니즘에서는 특정한 기능 이외에 인간이 가진 다른 가치는 고려의 대상이 되지 못하는 심각한 문제를 안게 된다. 학교가 말로는 모든 학생이 탁월하다는 것을 믿고, 모든 학생의 가능성을 살리는 역할을 하겠다고 하면서도 실제로는 특정한 분야에 유능한 학생들만 성공할 수 있는 '기울어진 운동장'으로 작동하는 것이다. 학교가 노골적으로 다수의 아이들을 부당하게 소외시키면 이렇게 부당하게 소외된 아이들은 수동적인 존재로 전락하고 학교가 불행한 공간이자 학교에서 보내는 시간이 고통스럽게 된다.

단순히 수업방법을 바꾸는 것으로 기울어진 운동장을 바로잡을 수 없는 이유가 바로 여기에 있다. 수없이 많은 교육정책이 쏟아졌지만 그것이 어떤 특정한 프로그램이나 정책사업으로 교육과 우리의 학교를 변화시키려고 했기 때문에 정작 변화를 이끌어내지 못한 것이다. 문제와 원인을 제대로 파악하지 못했기 때문이다.

그러나 모두가 교육 전문가라 자처하는 우리 학부모들과 국민들은 이것에 대해 문제제기를 하지 않는다. 비판적 사고의 형성 이전에 특정한 아이들에게만 유리하게 룰이 세팅된 게임에서는 이미 그 결과가 정해진 것이나 다름없다. 이런 상황에서 아이들은 너무 빨리 판단되고 낙인 찍혀서 자신의 가능성을 찾아보기도 전에 포기를 강요당한다. 폭력이다. 특정한 아이들에게만 유리하게 판이 짜인 그리고 부모의 재력에 따라 달라지는 견고한 기회 불평등의 사회, 그것이 우리 교육의 단면이다. 이것은 단순히 대학입시 문제에서 비롯된 것이 아니다. 그 이면을 받치고 있는 강고한 이데올로기의 진면목을 이해하지 못하면 모든 아이들의 가능성을 살리고 한 아이도 포기하지 않겠다는 그 말은 공허한 울림만 줄 뿐이다.

미래사회, 혁신학교를 넘는 가치를 찾는다

혁신학교가 학교의 문화를 바꾸고 아이들의 삶을 역동적으로 만드는 데 기여한 것은 부정할 수 없다. 그러나 혁신학교도 여전히 과거의 사고에 발목이 잡혀 새로운 미래를 상상하지 못하는 한계지점에 서 있다. 혁신학교를 넘어서기 위해서는 교육을 바라보는 가치관, 그리고 학교의 역할에 대한 교육적 재인식이 필요하다.

전통적인 교육관에서는 숙련화를 학교의 역할로 이해함으로써 비판적 사고를 의도적으로 터부시해왔다. 단순히 도외시하는 것을 넘어 비판적 사고 자체를 문제 삼고 잘못된 것으로 인식하도록 만들려는 정교한 의도가 숨어 있었다. 혁신학교에서는 전통적 교육관에서 벗어나서 학생이 자기주도적으로 학습한다는 가치를 내세우면서도 여전히 교사들은 가르치는 존재에서 내려오지 못하고 있다. 학교와 교사의 역할에 대한 전면적인 변화를 꿈꾸지 못하는 한 학생은 지도해야 할 대상이며 숙련되는 존재이어야 한다. 교사와 학생들이 동시에 가르치고 배우는 존재로 이해되어 교사-학생이란 모순된 틀을 벗어나지 않으면 혁신학교는 좀 더 자유롭고 환경이 좋은 훈련소일 뿐이다.

교육을 유식한 교사가 무식한 학생들에게 지식을 주입하는 것으로 보면 인간을 순응하고 조정할 수 있는 존재로 여기게 된다. 자신에게 주어지는 지식을 보관하는 것에만 신경 쓰게 되면 학생들은 변화의 인자나 주체로서 세상에 뛰어들 수 있는 비판의식을 내부에서 기를 수 없다. 지식을 보관의 의미로 보는 시각은 학생들의 창의력이 살아날 공간을 허용하지 않고, 비판의식 대신에 단순한 측면을 두둔하면서 자기생각을 억누르고 제한시킨다. 따라서 이런 류의 지식을 교육하는 것은 기득권이나 체제의 유지에 필요한 논리를 전파하는 역할을 의미한다. 이것은 전통적인 교육이론이나 주류 교육학의 목적인 사회체제의 재생산을 위한 교육에 충실한 개념이다. 그로 인해 진짜 사고를 자극하고, 하나의 현상과 다른 현상을, 한 문제를 다른 문제와 연결하는 구조를 끊임없이 발견함으로써 현실의 파편적인 이해에 머무르지 않도록 하는 교육을 가로막는 보이지 않는 손으로 작용하고 있다.

기존의 체제와 기득권을 지키려는 의도를 가진 사람들은 주어진 사회구조와 계층구조에서 현상적인 변화만을 바라지 시민의 탄생 즉, 억압의 구조와 사회적 모순을 드러내고 자신의 상황을 바꾸어내는 사람들을 길러내는 것을 바라지 않는다.

당신의 아이가 수동적이고 남의 지시에 잘 따르고 순응하면 되는 사람으로 자라기를 바라는가? 과거의 우리 부모들은 그래왔다. 오랜 세월 지배와 통제의 세월을 살아온 우리 부모들의 가훈은 '모난 돌이 정 맞는다'였다. "너는 앞에 나서지 말거라." 우리가 수없이 들어왔던 이 말들은 수동적이고 일신의 출세만을 생각하는 인간을 만들었다.

산업화 시대의 구조에서는 이것이 그나마 통할 수 있었고 커다란 문제를 일으키지 않았다. 그러나 이제 시대는 전혀 달라지고 있다. 그 누구도 개인의 힘만으로는 해결할 수 없는 문제들이 우리 앞에 놓여 있다. 다양한 생각들과 개성이 새로운 비즈니스를 창출하고 그것들이 모여서 제대로 융합될 때 경쟁력을 가지게 된다. 혼자서 잘하는 것이 아니라 함께 잘하는 능력이 필요한 시대가 되었다. 생태계가 달라졌다. 공룡처럼 변화하는 환경에 적응하지 못하고 사라져 가느냐 아니면 새로운 생태계에서 지혜롭게 성장할 것이냐를 결정해야 한다.

이것이 학교가 능동적으로 자신의 삶을 개척하는 사람을 길러야 하는 이유다. 이제 말 잘 듣고 시키는 대로 열심히 하는 아이들이 아니라, '왜?'라고 질문하고 자신의 생각을 거침없이 말하는 아이들이 필요한 시대다. 아이들이 아니라 어른들과 교사들이 적응할 차례인 것이다. 멍하게 자기 생각에 푹 빠져 있는 아이들을 눈여겨보아야 한다. 남의 생각이 아니라 자신의 생각 속으로 더 깊게 깊게 빠져드는 아이들이 무엇에 관심을 두는지 살펴보아야 한다. 어른들의 말에 토를 달고 반항하는 아이들을 이해하려고 해야 한다. 그 행동 너머에 어떤 생각이 자리 잡고 있는지 보려고 노력하지 않으면 그 아이가 가진 정말 소중한 능력이나 가능성을 놓치게 될지도 모른다.

미래 학교의 역할은 바로 아이들의 본성인 호기심을 되살리고 의문을 갖는 마음을 되찾아서 스스로 세상에 대한 질문을 던지고 그 답을 찾아가도록 하는 교육을 실천하는 것이다. 아이들이 갖추어야 할 지식은 세상에 대한 이해이지 교과서에 나와 있는 공식 몇 줄이 아니라는 것은 모두가 동의할 것이다. 교육은 수동적이고 무기력해져 있는 아이들이 깨어나도록 하는 것으로부터 출발해야 한다. 아이들의 마음속에 의문과 궁금함이 생기도록 이끌고, 그 왕성한 호기심을 해결하기 위한 몰입이 가능해질 때 배움이 일어난다.

아이들을 이런 몰입으로 이끌기 위해서 아이들의 재능과 관심에 대한 깊은 이해가 있어야 한다. 아이가 갖는 의문과 호기심을 읽어낼 수 있는 눈을 교사가 갖추어야 하는 것이다. 아이 하나하나에 대한 깊은 관심과 관찰로 아이들 속에 감춰진 가능성의 불씨를 찾아내려는 노력이 교사와 학교에게 요구되는 역할이다. 거꾸로 이런 배움에 대해 올바로 정립되지 않은 학교는 아무리 학생을 존중하고 학생인권이 살아 있고 학생들이 즐거워해도 알맹이가 빠진 껍데기일 뿐이다. 그것이 혁신학교라고 불리는 많은 학교들이 보이는 오류다. 그런 학교들이 혁신학교라고 불리면서 혁신학교에 대한 실망감으로 이어져서는 안 된다.

혁신학교에 대한 부정적 평가가 공정하지 않은 것도 사실이다. 그런 평가의 대부분은 혁신학교의 원리에 충실하지 않은 소위 무늬만 혁신학교가 늘어나면서 생기고 있다. 이런 부분조차도 정책관리에 실패했다는 측면에서 그런 비판을 달게 수용해야 한다. 그러나 제대로 혁신학교의 기본에 충실한 학교들은 높은 평가를 받고 있으므로 혁신학교의 가치와 철학에 대해서 싸잡아서 비판하는 것은 공정하지 못하다. 혁신학교는 우리나라 교육개혁 정책 중 드물게 큰 성과를 만들어냈고 만들어가고 있기 때문이다. 그럼에도 여전히 극복해야 할 과제는 혁신학교의 학력에 관한 부분이다. 혁신학교는 아이들이 즐겁게 놀면서 다니지만 학력에 신경 쓰지는 않는다는 지적이 많다. 자세히 들여다보면 혁신학교의 학력이 떨어진다는 주장은 자신의 생각이 옳다는 것을 보이기 위해 비교를 위한 조건 설정의 기본마저 무시하고 억지로 단순 비교한 결과일 뿐이다.

그런 의도된 비판과 별개로 혁신학교에는 대체로 성적 위주의 공부를 하고 싶지 않은 아이들, 그래서 일반적인 기준에서 보면 공부를 못하는 아이들이 많이 몰리기도 한다. 아이들을 성적으로 비교하고 판단하지 않기 때문에 학교에서 최소한 인간적인 삶을 누리고 싶은 학생들이 선호한 결과로 보인다. 그래서 비교를 위한 기본조건이 다르다고 항변할 수 있다. 그러나 물론 그보다 더 근본적인 접근이 필요하다.

혁신학교에서 교사들에게서 가장 많이 볼 수 있는 것은 새로운 수업에 대한 열정이다. 그래서 여러 가지 수업에 대한 연수도 쫓아다니고 거기서 배운 것을 직접 시도해보기도 한다. 교실을 ㄷ자로 만들고 모둠을 구성해서 아이들끼리 배우도록 하고, 학생들이 미리 배울 내용을 공부해 와서 수업시간에는 토론을 통해서 이해하는 수업도 시도한다. 요즘 중학교에서는 자유학기제로 인해서 프로젝트 수업이 관심을 받고 있기도 하다. 이런 수업을 한 교사들이 이구동성으로 하는 말은 아이들이 졸지 않는다는 것이다. 너무 감동적이라고 표현하기도 한다.

다 좋다. 그러나 문제는 아이들이 무엇을 배우고 있는지에 대한 고민이 적다는 점이다. 기존의 교과서에 나오는 지식을 좀 더 효율적으로 전달하는 것에서 멈춰 있다. 아이들이 배운다고는 하지만 제대로 배우는 것이 아니라 지식을 숙달하는 데 좀 더 능동적으로 바뀌었을 뿐이다. 이 한계를 뛰어넘지 못하면 아이들이 덜 지루해하고 좀 더 효과적으로 지식을 습득할 뿐 여전히 배움은 일어나지 않는다. 이것으로 왜 교육을 바라보는 가치관, 교육관의 재인식이 필요한지에 대한 답이 될 것이다.

제대로 배우기 위해서는 근본적인 해결에 집중해야 한다. 아이가 이해하지 못하는 내용은 이해하지 못하는 이유를 찾고, 그래서 원리를 터득하고 스스로 깨닫는 힘을 가질 때까지 기다려야 한다. 그래야 시간은 좀 걸리지만 원천적인 해결이 가능해지는 것이다. 정해진 답을 잘 이해하도록 하는 수업방법이 아니라 의문을 갖고 질문을 던지며 스스로 답을 찾아가는 과정이 있어야 진정한 배움이다. 설사 그 답이 틀린 것이라고 하더라도 문제를 제기하고 사고의 영역을 넓혀가는 그 과정이 지식 탐구의 본질이다.

아이들마다 다 다른 흥미와 재능을 가지고 태어난다. 서로 잘하는 것이 다르다. 이것을 인정하고 그 힘이 드러나도록 하는 것이 교사와 학교의 역할이다. 특정과목을 잘하는 아이가 늘 다른 아이들을 도와주는 구조에서는 협력이 일어나지 않는다. 지식의 본질적 구조를 이해하고 문제를 해결해나가는 과정을 배우는 것은 연령의 차이에 크게 영향이 없다. 외국에서 자신이 배우고 싶은 내용을 중심으로 다양한 연령의 아이들이 함께 학습하는 것이 더 효과적이라는 것이 이미 증명되었으며 그것이 미래사회에서 필요한 힘을 기르는 데 더 적합한 교육이다.

이런 획기적이고 파괴적인 교육의 변화를 꿈꾸어야 한다. 어떤 내용으로 배움을 일으킬 것인지에 대한 고민은 기본이다. 더 나아가 아이들이 원하는 내용을 스스로 협력하면서 자유롭게 탐구해나가도록 돕는 것이 학교와 교사의 역할이다. 이것은 교육을 바라보는 새로운 가치관을 요구한다. 학교교육을 통해서 아이들 하나하나가 얼마나 성장했는지를 보여주는 것, 그것이 진정으로 학교가 해야 할 역할이고 혁신학교를 넘어서는 교육적 가치를 실천하는 일이다. 늘 이야기하지만 크게 설득력을 주지는 못하고 있는 형편이지만 말이다.

03.
비판적 사고와 새로운 지식의 추구

인류는 무지한 존재다. 인류의 발전은 그것을 끊임없이 확인하며 그 무지의 세계에 대한 엄청난 호기심을 발휘한 결과다. 그 무지를 확인하고 인정하는 순간 그 무지를 깨기 위한 새로운 시도가 가능해지는 것이다. 우리 개개인은 무지한 존재로 세상에 내던져진다. 그 무지한 개인에게 필요한 지식이나 그들이 갖게 되는 세상에 대한 호기심은 사회적 지식으로 해결할 수 있다.

지금까지는 자신의 부모나 마을의 현명한 누군가로부터 지식을 습득하고 세상에 대한 의문을 해결해 나갈 수 있었다. 그들이 해결하지 못하는 지식은 더 많은 지식을 가지고 있는 누군가 ─ 그것이 학교에서의 배움일 수도 있고, 책으로 전해지는 지식일 수도 있다 ─ 에게 의지하면 되었다. 이것은 교육의 필요성을 의미하면서 동시에 지적권위를 형성하는 계기가 되었다. 학교와 지적권위자에 의해서도 해결되지 않은 것들은 굳이 알 필요가 없는 지식으로 치부되거나 종교적 영역이라는 이름으로 그냥 믿어야 하는 것으로 강요되었다.

이것이 가능했던 것은 인간이 관찰하거나 파악할 수 있는 사실은 감각기관에만 의존할 수밖에 없었기 때문에 인간의 감각 밖의 세상은 접근 자체가 불가능했던 탓이다. 여기에 중세를 지배하던 종교의 위세가 신의 권위, 사실은 종교인들 자신의 권위를 높이기 위한 목적으로 합리적인 지식의 탐구마저 탄압한 것도 인간이 자신의 무지를 순순히 받아들이도록 하는 원인이 되었다. 종교적 세계관은 인간의 눈을 가리고 강요받은 무지에 순응한 채 1000년 넘게 암흑에서 살아가게 만들었다. 이런 무지해도 되거나 무지해야 하는 영역에 대한 인정은 더 이상의 지적 호기심을 자극하지 않도록 작동하거나 기존의 지식체계에 대한 도전을 용인하지 않게 되는 결과를 가져온다.

지도를 그릴 때 사람들은 자신들이 살고 있는 영역을 중심으로 지도의 대부분을 차지하도록 그리고 그 부분만은 매우 정교하게 그려왔다. 그러나 15-16세기 유럽에서는 빈 공간이 많은 세계지도를 그리는 경향이 뚜렷해졌다. 새로운 땅을 찾아서 차지하겠다는 제국주의적 욕심으로 치부할 수도 있지만, 다른 측면에서는 자신들이 세계의 많은 부분에 대해 모르고 있다는 것에 대한 솔직한 무지의 인정으로 볼 수도 있다. 자신들이 아는 세상은 지구상에서 매우 작은 부분이며 새롭게 발견해야 할 중요한 지식이 많다는 사실에 주목하는, 사회적으로 무지함의 고백이 이루어진 의미 있는 진전이었다. 사실 자신들이 치고받고 싸우며 살아온 유럽 땅은 전체 지구의 매우 작은 부분이라는 것은 에라토스테네스의 계산에만 관심을 가져도 쉽게 알 수 있었다. 자신들이 파악하지 못한 나머지 부분을 어떻게 이해할 것인지는 그 사회의 미래를 좌우한다. 미지의 부분을 비워두고 알아가고 채워야 할 곳으로 만든 지도는 인간의 호기심을 자극하고 도전으로 이끈다.

이에 반해 모르는 부분을 상상 속의 괴물이 사는 곳으로 멋대로 채워 버린 지도는 사람들의 상상력을 제한한다. 그들에게 세상은 이미 다 알아버린, 더 이상 알 필요 없는, 알아서도 안 되는 곳이다. 호기심을 자극하거나 도전 의지를 불사르게 할 그 무엇도 남아있지 않다. 이런 사람들에게 세상은 더 추구해야 할 지식이나 흥미롭고 무한한 가능성의 세계가 아니다. 지식의 세계에서 우리는 어떤 지도를 그리고 있을까?

인간은 지적 호기심을 유전자로부터 전달받는 동물이다. 인간의 지적 욕구를 누르는 것은 근원적으로 불가능한 일이었다. 세상에 대한 합리적인 의심이 쌓여가고 인간의 감각영역을 벗어나는 도구들이 개발되면서 근대과학은 서서히 태동하기 시작했다. 그동안 감춰져 있던 세상의 질서가 하나씩 드러나면서 근대과학은 종교적 세계관이 지배하던 세상에 밝은 빛을 비추었다. 미신과 신비주의와 맹목적 믿음이 가득한 영역에 과학적 사고가 들어오면서 세상의 본질과 실체가 완벽하게 밝혀질 것으로 기대되었다.

근대과학이 이루어낸 과학과 기술의 발달로 인간이 감각기관을 넘어선 관찰이 가능해지자 인류는 자신들이 매우 중요한 질문들에 대해서 무지하다는 사실을 자각하게 되었다. 이런 자각은 새로운 도전을 자극하게 되었고 그것은 많은 놀라운 과학적 혁명으로 이어졌다. 인류의 지식세계를 극적으로 변화시킨 대표적인 사례 중 하나는 우주의 모든 물체의 운동을 세 개의 매우 단순한 수학 정리해낸 뉴턴의 고전역학이다.

인류의 사고의 지평을 획기적으로 확대하는 데 결정적으로 기여한 이 이론이 우리 사회에 놀라운 변화를 가져오게 되었다는 것은 누구도 부정할 수 없는 사실이다. 그러나 인간 사회의 모든 문제를 해결한 듯이 보였던 이 마술 같은 이론이 잘 들어맞지 않는 자연계의 운동이 발견된 것은 역설적으로 뉴턴이 촉발한 과학과 기술의 비약적인 발전에 기인한 것이었다. 과학과 기술의 발달은 인간이 관찰할 수 있는 영역과 수준을 넓혀갔고, 이를 통해서 인류의 인식 영역은 더 넓어지는 결과를 가져왔다. 이것은 물리학의 새로운 혁명인 상대성이론과 양자역학을 탄생시키게 된다.

이런 경험은 물리학자가 되려고 하는 사람들에게 자신의 임무가 아인슈타인의 이론을 뛰어넘는 것이라는 생각을 갖게 만들었다. 즉, 과학자로서의 올바른 자세는 지적권위를 인정하고 그에 찬사를 보내는 것이 아니라 그 권위에 도전하고 뛰어넘는 것이며, 그것이 위대한 현자들에 대한 최대의 경의를 표하는 것임을 인식하게 된 것이다. 이러한 인식은 물리학 분야만이 아니라 모든 학문 분야에 공통적인 가치가 되었다. 근대사회에서 인류의 놀라운 발전이 시작된 것은 우리가 모르는 중요한 것들이 많다는 사실을 인식한 뒤부터였다. 무지에 대한 인정이 새로운 사실을 발견하려는 노력으로 이어지고, 이것이 과학과 기술의 혁명적인 발전을 촉발시키고, 인류사회는 이전에 경험하지 못했던 새로운 차원의 세상으로 나아가게 되었다.

이렇게 인간의 삶과 역사에 엄청난 영향을 미친 근대과학은 지난 500여 년 동안 괄목할 만한 성과를 이루어냈지만 이제 그 한계 또한 확실해지고 있다. 근대과학은 증거로서 논증된 지식만을 인정하는 17세기 이후 유럽에서 태동한 경험주의와 자연주의 확산에 기반하여 발전하였다. 특히 17세기와 18세기에 걸쳐 이루어진 아이작 뉴턴의 고전역학 정립, 앙

투안 라부아지의 산소 발견, 요하네스 케플러의 지구 공전 궤도 계산 등은 근대과학의 위대한 업적이다. 근대과학의 괄목할 만한 성장에 힘입어 물리학, 화학, 천문학 같은 전문적이고 분화된 학문들이 발전하게 되었고, 20세기에 들어 과학의 발전은 더욱 가속화되었다. 과학은 매우 세분화되어 보다 전문적인 하위 학문들이 서로 높은 칸막이를 세우고 자신들만의 왕국을 건설해나가고 있다. 그것이 세상을 이해하는 눈을 가리는 더 높은 장애물이 될 것도 모른 채 각자의 길을 달려왔다. 21세기 들어서면서 이렇게 세분화된 전문적 탐구 방법으로는 더 이상 세상의 질서를 이해하는데 한계가 있다는 것이 드러났고, 융합과 통섭이 새로운 화두로 떠오르고 있다.

근대과학이 16-17세기에 자연현상을 규명해내고 기술혁명을 이끌면서 현재 자본주의의 토대를 마련한 것은 명백한 사실이다. 과학과 기술이 발전할수록 학문적 영역은 더 세분화되고 더 전문화되어 도저히 그 경계를 뛰어넘을 수 없는 수준에 이르렀다. 그러나 4차 산업혁명의 시대는 더 이상 한 분야의 전문성만으로는 해결할 수 없는 새로운 문제들을 양산하고 있고 그러한 추세는 더 심화될 것이다. 가상현실이나 생명공학, 인공지능의 발전과 로봇의 출현은 단순히 과학이나 기술의 문제만으로는 이해하거나 해결할 수 없는 사회경제적, 윤리·도덕적 문제를 던지고 있다. 이것은 단순히 과학적 방법론이나 인문학적 방법론, 어느 하나의 접근법으로 해결할 수 없는 철학적 사고를 요구하는 문제들이다.

클라우스 슈밥의 말처럼 우리는 지금까지 우리가 살아왔고 일하고 있던 삶의 방식을 근본적으로 바꾸어야 할 시점에 서 있는 것이다. 그리고 그 변화의 규모와 범위, 복잡성, 그리고 속도는 이전에 인류가 경험했던 것과는 전혀 다를 것이다.

여기에서 융합과 통섭의 필요성이 대두된다. 우리가 경험하지 못했던 전혀 다른 세계를 이해하기 위해서는 기존의 접근방법이 아닌 새로운 접근법이 필요하기 때문이다. 학문 간 융합이나 통섭은 기존의 분과 학문체제로는 해결할 수 없는 새로운 문제들을 이해할 수 있는 길로 이끌고 예전의 방식으로는 접근할 수 없었던 새로운 영역들에 길을 연다. 사실 우리 앞에 다가오고 있는 세상은 광범위한 영역에 걸쳐 있는 복잡한 문제를 양산하고 있다. 이를 해결하기 위해서는 한 분야의 지식이나 전문성으로는 불가능하며 문제 전체를 이해할 수 있는 통섭의 눈이 필요하다. 과학의 발전은 필연적으로 윤리의 문제를 야기하며 이에 대처하는 방법은 인문학적인 접근이 필요하지만 동시에 과학적 지식이 없이는 제대로 된 해결책을 도출하기 어렵다.

인류 역사의 발전을 살펴보면 통섭을 통한 신학문의 대두가 어제 오늘의 새삼스러운 일이 아니다. 지식을 탐구하는 가장 훌륭한 방법으로 여전히 관심을 받고 있는 소크라테스 문답법 역시 2000여 년 전 그리스의 위대한 철학자의 통찰적 사고가 세상을 이해하는 본질적인 힘이라는 것을 잘 보여주고 있다. 그리고 도덕철학자였고 논리학 교수였던 애덤 스미스가 쓴 《국부론》이 '경제학'이라는 신학문 분야를 열었다. 국부론은 인간의 행위동기와 부의 창출문제를 제대로 이해하려면 자연과학의 방법론과 도덕철학의 인간 이해방식 등을 통합해야 한다는 문제의식으로 접근한 결과였다. 이러한 그의 융합적 방법이 근대적 정치경제학이라는 새로운 학문을 만든 것이다.

과학의 발달은 사람들에게 또 다른 기대를 심어주었는데 근대 초기

과학자들은 과학의 발전이 인류의 복리 증진에 이바지할 선한 의도로 나아갈 것이라는 막연한 믿음이 있었다. 그러나 과학기술 발전의 결과물들은 때로는 살상무기처럼 인간이 정확하게 인식하고 의도한 바에 따라서, 또는 인간이 미처 인식하지 못한 채 의도하지 않은 결과로 인류에게 막대한 피해를 주기도 하였다. 대량 살상 목적으로 이용되는 다이너마이트, 미사일 기술, 원자력 발전이나 생화학 무기의 개발 등만이 아니라 석면, 고엽제, 프레온 가스, 플라스틱 공해처럼 생활에 밀접하게 이용되어 온 것들도 그 대표적인 사례라고 할 수 있다.

과학의 발전이 인간에게 지울 수 없는 상처를 남긴 사례는 적지 않다. 그중 '과학'이라는 이름으로 윤리적인 문제가 외면당한 대표적인 사례가 19세기 후반에 탄생한 우생학(優生學)이다. 지금의 과학기술 수준으로 보면 우생학은 제대로 검증되지도 않았던 '사이비 과학'의 요소가 많았던 것이 사실이다. 지금도 마찬가지지만 새로운 학설이 등장하면 사람들은 정확한 검증보다는 그 학설이 주는 그럴듯한 논리와 포장에 경도되어 광기로 이어지기 십상이다. 우리 사회도 이미 줄기세포 복제 사건으로 인해 커다란 상처를 받았던 경험이 있다. 그러나 사람들은 이성적인 판단보다는 이론적으로 문제가 없어 보이는 이 새로운 학설을 탄탄한 근거를 가진 과학으로 믿었다.

우생학은 기본적으로 종의 개량을 목적으로 인류를 유전학적으로 개량할 수 있다는 취지에서 만들어진 학문이다. 다윈의 사촌인 갤턴이 다윈의 진화론에 영향을 받아서 실시한 영국 상류층에 대한 연구에서 상류층이 누리는 현재의 지위는 유전적 우월성이 대대로 전해진 결과라는 결론에 기초해서 선별적으로 번식을 하면 인간 종을 진화시킬 수 있다고 주장하면서 탄생했다. 처음에는 이럴

게 긍정적인 종의 개선으로 시작되었지만 결국에는 열악한 유전자를 단종시키려는 시도로 전환되었다. 인간 사회에 부적합한 유전자를 단종시키면 골치 아픈 사회문제를 해결할 수 있다는 아이디어는 많은 사람들에게 설득력을 얻었는데, 여기에는 저명한 사회적 인사들도 많았다. 영국의 수상 윈스턴 처칠, 미국 대통령 시어도어 루스벨트, 경제학자 존 메이나드 케인즈 등이 적극적으로 이 이론을 지지했다.

영국에서 싹튼 우생학을 처음으로 적용한 것은 미국이었다. 세계 최초로 1907년 인디애나 주에서 우생학에 근거한 법률이 만들어졌다. 범죄자, 얼간이, 저능아, 강간범들을 단종시킬 수 있도록 한 이 법은 1921년에 위헌 판결을 받게 된다. 그러나 미국이 역차별적인 이민법을 통과시키고, 세계 각지에서 수백만 명이 거세를 당하는 일이 벌어지는 등 반인륜적인 상황이 지속되었다. 최악의 상황은 독일 나치 정권에 의해서 저질러졌다. 나치 정권이 장애인, 유대인 등 소수자를 무차별 학살하는 논리적 근거로 우생학을 활용한 것이다. 본래의 의도와는 관계없이 우생학은 반인륜적 범죄에 부역했다는 비난을 피할 수 없다.

우생학은 단순한 과학이라는 학문으로서의 문제가 아니었다. 인간의 선택적인 번식을 통해서 사회적인 문제를 해결할 수 있다는 목적이 출발부터 강력하게 자리 잡고 있었으므로 사회정책적 차원에서 동시에 고려되었어야 했다. 그러나 '과학'이라는 단어가 주는 무게와 우생학이 가져올 미래에 열광한 사회적 분위기는 우생학이 가져올 윤리적인 문제를 애써 외면하게 만들었으며, 그로 인해 인류가 치러야 했던 대가는 매우 혹독했다.

과학자나 엔지니어의 연구 결과가 인류의 삶에 미치는 영향을 고려하면 그들에게 높은 윤리의식과 지식을 탐구하는 도덕적 태도가 요구된다. 그러나 전문가로서 과학자나 엔지니어들이 보여 온 행적을 보면 이런 기대를 하는 것은 무리한 일로 보인다. 가까운 과거까지만 들추어보아도 그런 생각을 뒷받침할 사례가 차고 넘친다. 가습기 살균제 사태, 4대강 사업, 자동차회사들의 배기가스 조작 등 중대한 것들만 들어도 두 손으로 꼽기 힘들다. 앞으로 이루어질 인공지능의 발달이나 3D 프린팅 기술 등은 자칫하면 인류의 생존에 결정적인 영향을 미치는 결과로 이어질 수도 있다. 인공지능이나 3D 프린터는 지금 인터넷에서 사제 총 제작법이나 폭탄제조법을 익혀서 살상용 무기를 만드는 수준과는 비교도 안되는 치명적인 위험성을 가지고 있다.

과학은 단순히 새로운 지식을 탐구하는 것이 아니라 인류의 삶을 풍요롭게 하고 우리가 사는 지구를 지속가능하도록 보전하는 중대한 목적을 향해 나아가는 길이어야 한다. 〈스파이더맨〉이나 〈킹스맨〉 등 영화에 나오는 악당들이 공상 속에서만 존재할 것이라고 믿는 것은 너무도 순진한 생각이다.

그래서 우리의 배움은 자신의 사적 이익을 추구하는 것이 아니라 다른 사람을 존중하고 함께 협력하면서 공공선을 실천하는 삶의 자세를 갖추는 것이어야 한다. 우리나라에서는 교육과정이라는 문서로만 존재하지만 OECD에서 미래 역량으로 명시하고 있는 공감하는 능력, 협력할 수 있는 능력은 바로 이런 삶의 자세를 의미하는 것이다.

04.
코가 베어진 채 길들여지는 아이들

태양계의 다른 행성과 달리 지구에 생명체가 번성한 것은 지구가 생명체가 태어나고 번식하기 좋은 환경이어서가 아니라 지구의 환경에 생명체들이 적응한 것이다. 그런 점에서 우리 지구와 다른 환경을 가진 별에 생명체가 없으리라고 믿는 것은 대단한 착각일 수 있다. 다른 환경에서 그 환경에 적응한 생명체는 생명 유지를 위해서 산소를 필요로 하는 우리와는 달리 산소가 없는 환경에서도 생존할 수 있는 완전히 다른 형태의 생명체일 것이다.

이렇게 생명체가 환경에 적응하는 사례는 드물지 않다. 우리에게는 귀엽고 유용한 동물인 양도 처음부터 가축은 아니었다. 야생의 양이 가축화되기 전에는 거친 털 1킬로그램도 제대로 생산하지 못했지만 가축화되면서 10~20킬로그램의 양질의 털을 생산하고 있다. 인간의 필요에 따라서 인간이 만들어준 환경에 양이 적응해간 것이다. 그것이 양에게 좋은 일이라는 보장은 없다.

《사피엔스》에서 유발 하라리가 밝히고 있는 동물들이 가축화되어 가는 과정은 더 충격적이다. 게다가 이 과정은 놀랄 만큼 우리 인류의 사회화 과정과 닮아 있다. 냄새를 맡지 못하게 하기 위해 돼지의 코를 자르거나 호기심 많은 암컷을 우선 도살하는 방법으로 순응하는 돼지를 길러내고 살찌고 순한 양으로 길들이는 과정은 인간을 교육시키고 사회에 편입시키는 절차와 너무 똑같아서 섬뜩하다. 대부분의 동물들이 가축으로 길들여지면서 고유의 수명보다 훨씬 짧은 시간 안에 도살되고 살아남은 가축들은 생명을 부지한 대가를 혹독하게 치러야 한다.

가축화하는 과정은 환경에 적응하는 것을 의미하며, 우리의 교육 시스템도 아이들을 그렇게 적응하도록 만들어가고 있다. 아이들의 코를 베어서 호기심을 없애고 사회가 정한 제도와 규칙에 순응하는 인간들을 만들고 있는 것이 아니라고 이야기할 수 있을까?

생명체가 환경에 적응해나가는 사례도 있지만 외부의 인위적 개입으로 인해서 특정한 종이 생존뿐만 아니라 번성하게 되는 경우도 찾아볼 수 있다. 일본의 단노우라 해역에는 헤이케 게라는, 등딱지가 사람 얼굴을 닮은 게들이 많이 난다고 한다. 여기에는 단노우라 해전에서 패배한 헤이케 가문과 그 가문과 운명을 함께한 무사들의 슬픈 이야기가 숨겨 있다.

이야기는 이런 내용이다. 일왕(日王) 헤이케(平家) 가문과 이들의 라이벌 겐지(源氏) 일족이 이 바다에서 최후의 결전을 벌였고, 수적으로 열세이던 헤이케 가가 패배했다. 패색이 짙어지자 6살밖에 안 된 일왕 안토꾸를 안은 할머니가 바다로 뛰어들었고 수많은 병사와 일족들도 싸우다 죽거나 명예를 지키기 위해 바다로 뛰어들었다. 이렇게 헤이케 가는 역사에서 사라졌지만 43명의 궁녀들이 살아남

앉고. 이들은 가까운 어촌마을에 숨어들어 어부의 아내로 살아갔다. 이들의 후손이 아직도 매년 4월 24일이면 전쟁으로 희생된 영혼을 달래는 제사를 올리고 있다. 그런데 이 지역의 바다에서는 사람의 얼굴, 인상을 잔뜩 찌푸린 사무라이의 얼굴처럼 보이는 등딱지를 가진 게들이 많이 난다고 한다. '헤이케의 게'라고 불리는 이 게들이 그물에 걸리면 어부들은 그냥 바다로 돌려보내는데, 패배한 헤이케의 무사들이 게가 되어 여태껏 옛 전쟁터의 바다 밑을 헤매고 있다고 생각하기 때문이다.

헤이케 게가 그 바다에 오랜 기간 살아남은 것은 우수한 품종이라서가 아니다. 인간이 헤이케 게만 살려서 돌려보내 주었기 때문에 번성하게 된 것이다. 인간이 자연선택에 개입한 결과로 그 바다를 장악하게 된 것일 뿐이다. 이런 일은 교육에서 더 자연스럽게 일어난다. 학교와 시험이라는 구조에서 선택되는 아이들은 그 시스템에 순응하는 부류들이다.

우리 사회가 구조적으로 아이들을 코가 베인 돼지로 만들고 있다. 스스로의 열정에 충실하고 호기심으로 가득한 아이들을 도태시키고 사회가 정해준 틀에 충실하고 순응하는 아이들만을 자연 선택해서 오늘날 우리가 보고 있는 그런 괴물들을 만들어내고 있는 것이다. 이렇듯 우리 사회의 엘리트라는 사람들도 인위적인 개입에 의해서 선택되었을 뿐이지 그들이 결코 바람직하거나 우수하다고 할 아무런 증거도 없다. 그 엘리트라는 사람들이 보이는 행태를 보면 그런 믿음에 더 강한 확신을 가지게 된다.

또 다른 측면에서 교육에 대한 고민은 앞으로의 사회가 너무 빨리 변하고 전혀 다른 문제들이 발생할 것이기 때문에 과거의 경험이 별로 소용없다는 점이다. 이런 상황에서 왜 교육을 해야 할까? 교육이 무슨 필요가 있을까? 하는 생각이 설득력을 가진다.

교육을 과거의 지식을 전수하는 것으로 생각한다면 맞는 말일 수 있다. 그러나 과거의 경험 그대로는 별로 도움이 되지 않는다는 것이지, 과거의 경험 자체가 전혀 쓸모없다는 것으로 오해하면 곤란하다. 교육은 과거의 경험으로부터 새로운 지식을 창조하는 것이기 때문이다. 우리는 과거의 경험이나 사례로부터 새로운 문제를 해결해가는 데 필요한 구조를 터득해야 한다. 그래서 교육이 달라져야 한다. 교육이 과거의 사례를 암기하는 것이 아니라 어떤 과정과 방법들을 통해서 문제를 파악하고 해결해나가는지를 이해하는 것이어야 한다. 이것은 복잡해지는 미래사회를 위해서 매우 중요한 역량이기도 하다. 사회가 복잡해질수록 개개인이 스스로 결정하고 문제를 해결해가도록 일을 분담하고 권한을 위임받게 된다. 이것은 생명체가 발전해온 과정을 통해 영감을 얻을 수 있다.

자연에서 일어나는 일이 우리 일상에서도 그대로 적용된다. 대표적인 것이 분업과 위임이다. 우리는 분업과 위임이 인간의 고유한 특성인 것처럼 생각하지만 실제로는 생명체의 진화과정에서 먼저 일어났다. 진화를 통해서 생명체가 복잡해짐에 따라 유전자가 모든 것을 결정하기 어려워지자 뇌에 스스로 판단하고 결정할 수 있도록 위임하게 되었다. 생식세포가 번식기능을 전적으로 떠안음으로써 체세포는 자기복제라는 생명체로서의 가장 기본적인 기능을 자발적으로 포기하고 다른 역할을 하게 되면서 분업이 이루어진다.

화초와 곤충은 서로에게 영양을 공급하고 번식을 돕는 분업을 하는데, 이런 유전자가 발전해서 인간의 복잡한 분업이 일어나게 된 것일지도 모른다. 동물이나 식물이 분업을 하는 이유는 생명체의 자기복제를 좀 더 효율적으로 만들 수 있기 때문이다. 인간도 생존과 자기 복제를 위해서 복잡한 사회적 분업을 하는 것이다. 이때 분업을 위해서 특정한 역할을 위임하게 되는 경우 위임을 받는 쪽은 전적으로 자신의 판단으로 역할을 수행하게 된다.

그런데 분업과 위임에서 각자의 역할이 성실하게 수행되지 않으면 전체 시스템이 무너지게 된다. 사회가 복잡해짐에 따라서 전체 시스템의 통제가 불가능해지므로 분업과 위임에 의한 자율적인 역할이 더 중요해진다. 그래서 통제에 따라서 움직이는 것이 아니라 스스로 판단하고 결정할 수 있는 능력을 갖추도록 하는 것이 교육의 목표가 되어야 한다. 더 이상 코가 베어진 돼지들로는 답이 없다.

공부와 관련한 EBS의 한 프로그램을 보면 우리 학교는 여전히 아이들을 코가 베인 돼지로 만들고 있었다. 놀랍고도 실망스럽다. 선생님이 학생과 상담을 하면서 이런 이야기를 하는 장면이 나온다, 아마 그 학생은 원하는 만큼 성적이 잘 나오지 않았던 모양이다. "토론 우수상, 논술대회 대상 이런 거 아무런 의미가 없어. 이게 대학입시에 무슨 도움이 되니?"라고 하는 것을 보고 마음이 답답했다. 대학입시에 도움이 안 되면 아무 의미가 없는 것일까? 필자가 보기에는 성적보다 훨씬 의미 있어 보이는데. 이렇게 학교는 아이들의 코를 베고 있었다.

그나마 마지막에 한 아이가 "이런 방법이 아니라도 모두가 자신이 하고 싶은 일을 하면서 행복하게 살 수 있을 텐데. 우리는 왜 이래야 할까?"라는 말을 했는데 그 아이가 어른보다 훨씬 훌륭해 보였다. 시험 한 과목 한 과목 때문에 그렇게 불안해하고 고통스러워하면서 하는 공부가 무슨 의미가 있나? 그게 공부일까? 그 불안을 조장하는 학교는 존재할 가치가 있는 걸까? 이제 이야기를 아주 오래 전의 알렉산드리아로 옮겨보자.

나무막대기와 그림자.

기원전 3세기 알렉산드리아 6월 21일. 에라토스테네스는 정오에 막대를 세워 놓고 그림자가 생기는지 관찰하고 있었다. 그가 알렉산드리아의 도서관에서 읽은 자료에 따르면 6월 21일 알렉산드리아로부터 남쪽에 위치한 시에나에서는 6월 21일 정오에 막대기 그림자가 생기지 않는다고 적혀 있었다. 그런데 알렉산드리아에서는 그림자가 생겼다. 그냥 지나칠 수 있는 관찰 기록에 호기심을 느낌으로써 에라토스테네스는 지구가 둥글다는 사실을 발견했다. 대단한 도구를 사용한 것도 아니었다. 나무막대기, 눈, 발과 머리, 호기심이 전부였다. 그것이 위대한 발견으로 인류를 인도한 힘이었다.

인간은 이렇게 호기심을 유전적으로 타고 난 동물이다. 그런 호기심을 억누르고 정해진 시스템에 순종하게 하는 순간 아이들에게 배움은 일어나지 않고 단순하게 길들여지는 훈련만 남게 된다.

인간은 지능이 없이 태어난다. 그래서 학습을 해야 하는 것이다. 우리의 유전자가 우리의 모든 행동을 실시간으로 통제할 수 없으므로 스스로가 원하는 결과를 얻기 위해서 뇌에게 적절한 행동을 선택하도록 하는 권한을 부여했다. 이것이 진화의 과정에서 일어난 일이다. 하지만 행동의 결과는 환경에 따라서 언제라도 변할 수 있기 때문에 뇌는 환경의 변화에 적응하기 위해 끊임없이 학습을 한다. 즉, 변화하는 환경에 따라 적절한 행동을 하기 위한 준비가 학습이다. 고정된 지식을 암기하고 정답을 찾는 것이 아닌 새로운 환경에 대응할 수 있는 능력을 기르는 것이 지능의 존재 이유다. 우리 뇌는 원래 그렇게 변화에 대응해서 문제를 해결하도록 진화해왔다. 그런데 학교는 그 진화의 방향을 거스르고 있는 것이다.

05.
쉽게 얻어지는 배움은 없다

학생 중심의 교육을 강조하다 보니 무조건 학생들이 재미있어 해야 한다는 부담이 교육현장을 짓누르고 있는 듯하다. 학생 중심이라는 용어에서 비롯된 오류다. 교사 중심 교육도 잘못된 용어지만 학생 중심 교육이라는 용어도 큰 결함을 가지고 있다. 교육의 목적이 무엇인가? 학생 중심이라는 말은 학생이 무조건 만족해야 한다는 것으로 받아들여질 수 있다. 장기적으로는 만족스러운 결과로 나타나는 교육도 단기적으로는 만족스럽지도 즐겁지도 않을 수 있다. 학교에서 급식을 교육이라고 하는 이유는 급식을 통해서 편식하는 습관을 고치기도 하고 올바른 식생활을 익히도록 하기 때문이다. 자기가 좋아하지 않는 음식이라도 건강한 식생활을 위해서 먹어야 한다는 것을 배우는 것은 즐겁지만은 않다.

또 배움은 지식의 자기 내면화를 의미한다. 그냥 편안하게 받아들여서 기억하는 것은 배움이 아니다. 그것이 이해가 되어서 내 것이 될 때까지 되새기고 고민하는 과정을 거쳐야 진정한 배움이 된다. 이 과정에서 진지한 고민이 일어나고 고통스러운 혼란이 오기도 한다. 근육을 만들기 위해서는 고통스럽고 규칙적인 운동과 먹고 싶은 음식을 참는 인내가 필요하다. 자신의 한계까지 밀어붙이고 난 후에 느끼는 쾌감과 희열을 경험해야 건강한 몸을 얻을 수 있듯이 지식이 내면화되는 배움의 과정은 치열한 탐구와 끝없는 회의의 심연을 거치고 나서야 보게 되는 환한 빛을 경험하는 것이다. 재미있고 즐겁기만 해서는 혹독한 단련의 과정을 거쳐서 얻게 되는 아름다움이라는 희열을 맛볼 수 없다.

영국의 조지 왕이 어느 날 작은 도시를 방문하게 되었을 때의 이야기다. 도시에서 일정을 마친 후 왕은 잠시 여유로운 시간이 생기자 평소에 관심이 많았던 도자기 공장을 둘러보게 되었다. 거기서 특별하게 전시되어 있는 두 개의 꽃병을 보게 되었고, 왕의 시선은 그곳에 고정되었다. 가까이서 유심히 살펴보니 두 개의 꽃병은 겉으로는 모든 것이 똑같아 보였다. 재질이나 생김새, 그리고 새겨진 무늬까지 모두 똑같았는데도 하나는 훌륭한 예술작품으로 보였지만 다른 하나는 전혀 예술작품처럼 보이지 않았다. 너무 이상해서 그 이유를 공장장에게 물었다. 공장장이 설명한 이유는 너무도 간단했다. 하나는 뜨거운 불 속에서 구워졌고, 하나는 구워지지 않았기 때문이었다.

도자기도 1000도가 넘는 가마 속에서 단련되고 나서야 비로소 아름다운 작품으로 변신할 수 있다. 뜨거운 열기에 의해서 흙 속의 유리질이 녹아 단단해지고 유약이 녹아내려 하나가 되면서 도자기 표면과 무늬를 더욱 아름답게 드러내게 된다. 그러나 이런 단련도 의미 있는 과정을 거치지 않으면 노력한 만큼의 성과를 얻을 수 없다. 도자기의 재료와 종류에 따라서 불에 굽는 온도와 시간이 달라져야 한다. 무작정 높은 온도로 오래 가마 속에서 굽는다고 좋은 작품이 나오지 않듯이 무작정 노력만 하고 반복한다고 원하는 결과가 얻어지는 것은 아니라는 이야기다.

다음은 골프 황제 타이거 우즈에 관한 이야기다.

스탠포드 대학 시절 타이거 우즈는 철저한 연습 벌레였다고 한다. 그러나 마냥 열심히만 한 것은 아니었다. 그의 동료였던 데이먼이 전해주는 에피소드가 있다. 어느 비바람이 몰아치던 날, 밤 11시가 넘은 시간에 누군가 골프 연습장에서 혼자 공을 치고 있었다. 기계적인 동작으로 쉬지 않고 공을 쳤는데, 얼핏 누구인지 궁금했지만 데이먼은 파티에 참석하기 위해서 서둘러 운동장을 지나쳤다. 한참을 놀고 새벽에야 기숙사로 돌아가던 데이먼은 그 자리에서 여전히 연습하고 있는 그 학생을 발견했다. 그때가 새벽 3시, 적어도 4시간 이상을 계속 연습하고 있었던 것이다. 놀란 마음에 그 학생을 확인하러 간 데이먼은 타이거 우즈를 알아보고 "야, 타이거, 너 비 오는데 새벽 3시까지 계속 이러고 공을 치고 있는 거야?"라고 소리쳤다.

그때 타이거 우즈는 이렇게 대답했다고 한다. "북부 캘리포니아에는 비가 자주 오지 않잖아. 우중 경기도 연습해야 하는데, 이때 아니면 언제 하겠어?"

비가 오는 기회를 최대한 활용해 우중 경기 핸디캡을 극복하기 위한 훈련을 했다는 말이다. 그래서 특별히 밤늦게까지 연습한 것이었다. 무작정 열심히 한 것이 아니다. 최고의 선수는 타고 나는 것이 아니라 이렇게 의도된 노력 속에서 만들어지는 모양이다.

많은 사람들이 알고 있는 '1만 시간의 법칙'이라는 것이 있다. 무엇인가에 전문적으로 능숙해지려면 1만 시간이 필요하다는 말이다. 그러나 이것만으로는 부족하다. 플로리다 주립 대학의 심리학 교수 안데레스 에릭손(K. Anders Ericsson)의 주장에 따르면 어떤 한 분야에 통달한 사람들은 자기가 하는 일을 연습할 때 온 신경을 집중해서 연습에 수반되는 모든 움직임을 살피면서 연습한다고 한다. 아무 생각 없이 연습하면 하루 종일을 해도 부족하지만 집중해서 자신의 동작을 살피면서 연습하면 몇 시간만으로도 충분하다고 한다. 타이거 우즈도 비가 오는 상황을 이용해서 동일한 스윙을 하면서 조금씩 개선해나간 것이다. 에릭손은 이것을 '신중한 훈련(deliberate practice)'이라고 불렀다.

제대로 배우는 방법을 아는 아이들은 무작정 오래 학습하지는 않는다. 자신만의 학습방법으로 의미 있는 노력을 한다. 학습할 내용의 본질을 꿰뚫어보고 통합적이고 총체적으로 파악하는 힘이 있을 때 가능한 일이다. 필요한 것은 1만 시간이라는 양이 아니라 신중한 훈련이다.

06

아이들은 누구나 뛰어나다. 진심으로 믿어라

아이들은 누구나 뛰어나다. 학생자치활동에 대한 믿음이 있으면 아이들은 어른보다 더 잘해낸다. 그래서 배움이라는 말을 제대로 이해해야 하는 것이다. 어른들이 아이들한테 배울 자세가 되어 있어야 진정한 배움이 가능해진다. 아이들을 자신의 잣대로 평가하지 말자. 미래는 우리가 전혀 예측할 수 없는 복잡하고 전혀 다른 사회가 될 것이다. 중세를 지배하던 귀족과 성직자들이 몰락하고 부르주아들이 사회를 주도하고 있다. 자신들의 경험에 기댄 잣대로 아이들을 평가하는 것이 얼마나 위험한 일인지도 모르면서 너무도 자신에 차서 행동하는 사람들을 보면 안쓰럽기조차 하다. 예수님이 한 이야기를 다시 떠올리게 된다. 예수가 하는 이야기를 그들은 이해하지 못했을 것이다. 그러니 확신에 차서 예수를 박해할 수 있었겠지만. "저들은 저들의 죄를 모르나이다."

대다수의 사람들은 특별한 동기나 노력으로 인생의 변화를 경험할 것이라고 믿지만 사실 사람들은 뜻밖의 기회로 인생에 커다란 전환점을 맞게 되는 경우가 많다고 한다. 부모님과 함께하던 시간 중 우연히 특별한 경험을 하거나 선생님이 아이를 지켜보다 던지는 우연한 한마디에 자신의 가능성을 발견한 사례를 드물지 않게 발견하게 된다. 필자는 모든 아이들에게 영재성이 있다고 믿는다. 이런 이야기를 하면 또 영재교육 얘기냐며 거부감을 보이는 사람들이 많지만, 그런 의미라면 영재교육을 해야 한다. 우리나라에서 영재는 가짜인, 만들어진 영재들이 대부분이다. 그래서 더더욱 제대로 된 영재교육을 해야 한다. 물론 모든 아이에게서 그 영재성을 끌어낼 수는 없다. 아이의 성향, 그리고 본인의 의지와 환경이 잘 조화를 이루어야 하기 때문이다.

그러나 우리는 예상하지 못한 곳에서 예상하지 못한 순간에 아이들의 영재성을 발견하게 될 수도 있다. 그 사례를 하나 소개하려고 한다. 실제로 있었던 이야기라고 하니 믿기 바란다.

J-MAC이라는 아이는 자폐아였지만 농구를 무척 사랑하는 아이였다. 그러나 다들 아는 것처럼 자폐아라 정식 선수로 뛰기는 힘들었다. 그래도 농구를 사랑했기 때문에 농구팀에 남아서 팀매니저를 하는 것만으로도 그 아이는 행복했다. 그래서 늘 팀과 함께하며 모든 순간을 나누는 것이 더 할 수 없는 기쁨이었다. 어느 결승전 경기에서 기적 같은 일이 일어났다. J-MAC에게는 충분히 기적 같은 일이었다. 코치가 결승전 마지막 4분을 남겨두고 J-MAC에게 경기를 경험하게 해주기 위해 출전을 허락한 것이다. 코치의 이 놀라운 결정에 모두들 놀란 것은 당연했다. 무려 결승전에서, 한 번도 경기에 뛰어보지 못한 선수를 출전시키는 것도 놀라운 일이지만 자폐아인 J-MAC일 것이라고는 아무도 생각하지 못했다. 모든 사람들과 마찬가지로 아이는 믿기지 않는 듯 몇 번이나 코치에게 되묻는 듯한 표정을 지었다.

그러나 현실은 역시 냉정했다. 처음 경기를 뛰어보는 아이는 긴장한 듯 실수를 하며 링도 건들이지 못하는 에어볼을 날려 보냈다. 그러나 동료들과 응원단은 더 큰 함성으로 J-MAC에게 응원을 보냈다. 이미 경기의 승패는 그들의 관심사가 아니었다. 모두가 한 소년의 도전을 함께하고 있었던 것이다. 그러자 기적 같은 일이 일어났다. J-MAC은 무려 삼 점 슛을 여섯 개나 연속해서 성공시켰다.

누구에게나 기회가 필요하다. 자신의 능력을 발휘할 그 기회의 순간에 기대 이상의 능력을 발휘한다. 그 누구도 기대하지 않았고 자신조차 믿지 않았던 능력이 불같이 솟아오른다. 이 이야기가 그냥 감동적인 특별한 일로 받아들여지지 않기를 바란다. 코치가 J-MAC에게 기회를 주지 않았다면 평생 J-MAC이 그런 능력을 가지고 있다는 것을 아무도 몰랐을 것이다. J-MAC 본인조차도. 사실 이런 일은 우리의 일상에서 자주 일어난다. 무심히 지나가는 순간이 J-MAC에게 기적을 안겨준 그런 소중한 기회였을 수도 있다. 자신의 자녀에게, 우리의 학생에게 관심을 가지고 격려하는 순간만을 고대하고 있을 그 기회를 날려버리는 일들이 지금 일어나고 있을지도 모른다.

아이들은 다양하다. 아이들은 자신들이 잘할 수 있는 타고난 재능과 영역이 있다. 자신이 좋아하는 일에 타고난 재능과 열정을 쏟을 때 놀라운 학습의 변화가 일어난다. 사람마다 다른 재능이 있는데도 학교에서 제시하고 평가하는 영역은 매우 제한적이다. 이것이 아이들의 재능을 억누르고 창의적으로 성장하는 것을 방해한다.

음악을 통해서 세상을 바라보고 이해하는 것이 잘못된 것은 아니다. 음악적으로 성공한 사람들을 보면 학문적 지식이 뛰어나지 않아도 세상에 대한 고유한 통찰력이 있다. 유명한 셰프들도 요리를 통해서 세상을 이해한다. 자신이 좋아하는 고유한 영역을 통해서 세상을 바라보는 철학을 갖추게 된 것이다. 화가는 철학자가 삶의 문제에 대해서 던지는 질문의 무게만큼이나 진지한 고민을 그림을 통해서 제기한다. 우리가 배우는 이유가 삶을 이해하고 자신의 존재 가치를 실현하는 것이라면 왜 반드시 수학과 국어와 과학을 통해서만 그것을 추구해야 하는가? 아이들이 타고난 고유한 특성에 맞는 방식을 통해서 배움을 추구한다면 배움으로부터 이탈하는 아이들에게 희망을 줄 수 있다. 그 아이들이 자신에게 맞는 배움의 방법으로 즐기면서 더 빠르게 더 높이 성장할 수 있도록 돕는 것이 교사와 학교의 역할이어야 한다.

시험을 단순하게 만드는 것이 공정하고 객관적이라는 미신이 우리 사회에 강고하게 뿌리를 내리고 있다. 물론 시험제도가 단순하면 대응하기가 쉽다. 그런데 이렇게 시험을 단순하게 만드는 것이 누구에게 이득이 되는지 숙고해야 한다. 시험이 단순할수록 유리한 집단이 있다. 대학이나 학원, 그리고 학교 말이다. 그래서 교과서를 벗어나서 교사가 자신만의 교육 내용을 준비해 수업하고 시험도 교과서나 문제집의 유형에서 벗어나게 출제하는 학교 주변에서는 그 선생님에 대한 공격이 끊이지 않는다.

그 공격의 진원지는 대부분 학원이다. 학원에는 여러 학교의 학생들이 모이게 된다. 그런데 교과서를 벗어난 학교가 생기면 학원은 대응할 수 없게 된다. 그들에게 교육은 단순해야 하며 시험은 표준화된 틀을 벗어나서는 안 된다. 정작 이런 속내는 감추고 이런 식의 수업과 시험이 아이들의 입시에 불리하게 작용한다는 공포감을 불러일으키려고 갖은 노력을 다한다. 문제는 이런 공포 마케팅이 매우 잘 먹힌다는 것이다. 학교의 전문성보다 학원의 전문성을 믿는 학부모들은 혼란스럽다. 그러나 아이들은 이런 수업에 만족하고 배움의 즐거움을 느낀다. 이때 학부모들의 반응은 대부분 "아이들이 수업에 만족해하고 학교에 즐겁게 가는 것은 좋은데 입시 때문에 걱정이에요."다. 심리적 공황상태에 빠지게 되는 순간이다.

단언컨대 이런 걱정은 필요 없다. 시험이 복잡할수록 많은 아이들에게 유리하다. 시험이 단순하다는 것은 아이들의 특정한 부분만을 평가하는 것이므로 다양한 재능과 고유한 특성을 가진 많은 아이들에게는 불리할 수밖에 없다. 특정 영역에 뛰어난 아이들만 유리한 시스템이다.

대학입시의 수시입학 전형이 복잡하다고 불만을 품는 학부모들은 자신이 그 문제를 얼마나 깊이 고민해봤는지 반성해볼 필요가 있다. 수시전형이 늘어나고 복잡하면 그동안 부모의 재력과 정보력으로 기득권을 누려왔던 집단이 가장 불리해진다. 우리나라 최고의 국립대학 입학담당자의 이야기에 따르면 수능으로만 학생을 선발하면 거의 대부분이 서울의, 그것도 강남권의 학생들로만 채워질 것이라고 한다. 이것을 어떻게 받아들여야 할까? 그 지역에 뛰어난 아이들만 태어나는 특별한 기운이라도 있다고 믿어야 하는 것일까?

수시전형의 확대와 다양한 선발요소의 도입에 반대하는 것은 마치 모델 선발에서 얼굴만 주로 보던 그동안의 틀에서 벗어나서 몸매도 평가요소에 반영하고 스타일이나 지적능력, 태도까지 반영하겠다는 것을 반대하는 것과 마찬가지다. 이렇게 되니 그동안 얼굴 성형과 피부 관리에 엄청난 돈을 쏟아부은 사람들이 반발하는 것과 같다. 물론 얼굴을 전혀 보지 않는 것은 아니지만 그 비율이 줄어드니 얼굴에 자신 있는 지원자들끼리의 경쟁이 치열해져서 과거만큼 유리한 지위를 누리지 못하게 되는 것이다. 반면에 스타일이나 태도로 충분히 어필할 수 있지만 관심을 받지 못해 기회를 박탈당해온 지원자들에게는 굉장한 기회가 찾아왔다. 성형을 하고 피부 관리에 투자할 만큼의 여유가 없어도 동등한 기회를 누리게 된 것이 잘못된 것이라고 이야기할 사람은 없을 것이다. 얼굴에만 투자해온 사람들 빼고는.

그것이 수시전형의 축소를 주장하고 수시전형이 너무 복잡하다고 반대의 목소리를 높이는 사람들이다. 물론 이런 목소리는 수능에 유리한 집단에서 시작되었다. 그러나 그것을 따져보지도 않고 이해하기 어렵다는 이유로 무조건 나쁜 것으로 치부해버리고 있다면 그것도 자신의 책임이다. 한 가지 분명한 것은 대부분의 사람들이 객관적이고 공정하다고 믿는 수능이 절대로 객관적이지도 공정하지도 않다는 점이다. 세상에 곡식이나 과일만 존재해야 하는 것은 아니다. 나무도 있어야 하고 풀도 있어야 하며 꽃도 자라야 한다. 이 존재들의 가치를 유용한 것으로만 따진다면 우리 몸에 좋은 산야초나 곡식들이 최고의 존재가 될 것이다. 그러나 길가에 자라는 이름 없는 꽃들도 우리의 마음을 따뜻하고 행복하게 하는 존재들이다. 산비탈에 버티고 선 나무들도 우리의 생명을 유지하는 중요한 존재들이다. 세상에 벼나 사과나무만 중요한 것이 아니듯 아이들의 재능도 모두가 특별하고 중요한 자산이다. 이것들이 모두 존중되고 중요한 능력으로 받아들여지는 것이 객관적이고 공정한 것이다. 지금의 평가방식이 오히려 편협하고 불공정한 시스템의 표본이다.

07.
자사고와 특목고가 없어지면 일반고가 살아날까?

우리 사회에서 고교 교육만큼 다양한 욕구와 문제제기가 이루어지는 영역도 없는 듯하다. 그것은 고등학교가 대학 진학이나 직업으로의 진출을 결정하는 민감한 시기이기 때문일 것이다. 그런 만큼 대학입시제도 못지않게 고교체제에 대한 논란은 항상 우리 사회를 뜨겁게 달구어왔다. 대부분의 지역에서 고입시험이 폐지된 이후 잠잠하던 고교체제 논란은 특목고·자사고의 설립 허용으로 다시 불붙기 시작했다. 이들 학교에 우선 선발권을 부여하고, 이 학교들에 성적이 우수한 학생들이 몰려들면서 귀족학교 논란을 넘어서 일반 고등학교의 교육환경을 황폐화하는 현상을 초래한 것이다. 그러다 보니 중학교에서 성적이 우수한 학생들이 대거 몰려간 이들 학교의 대학입시 성적이 좋은 것이 당연하다. 그런데도 그 당연한 결과를 신화로 받아들이고 자사고·특목고는 대한민국 학부모 모두의 욕망의 대상이 되었다.

자사고·외고 문제는 사회적 대타협이 필요하다. 이 문제로 교육계가 뜨겁게 달아오르고 있다. 자사고·외고의 폐지를 주장하는 입장이나 폐지를 반대하는 입장이 서로 한 치도 물러설 수 없다는 결기마저 보이고 있다. 현 정부가 자사고·외고에 대한 부정적인 입장을 취하고, 대부분의 진보교육감들도 당연히 폐지하고 일반고로 전환해야 한다고 주장하고 있다. 폐지를 주장하는 측에서는 상당한 기대감을, 자사고·외고 재학생들과 학부모들, 또 이들 학교를 준비해온 학생과 학부모로서는 불만을 가질 수밖에 없다.

그러나 폐지를 주장하는 측의 논리나 폐지를 반대하는 논리가 일면 타당한 측면이 있다는 점에서 쉽게 결론을 내리기 힘든 상황이다. 이런 이유로 현 정부에서도 폐지로 방향을 잡았음에도 불구하고 과감하게 밀어붙이지 못하고 국가교육위원회에서 논의할 사항이라고 한 발 뒤로 물러서고 있는 것이다. 이런 상황을 보고 있자니 자사고·외고 존폐에 대한 결론이 나기 전까지 오랜 시간 갈등하며 비싼 사회적 비용을 치르게 될 것 같다. 일단 자사고, 외고의 설립배경과 운영과정을 살펴보고 양측 주장의 본질을 제대로 분석해보자.

자사고·외고는 1983년 대일외국어고등학교의 설립으로부터 시작되었으며, 자율형사립고의 모체라고 할 수 있는 자립형사립고등학교는 1995년 5.31 교육개혁안 발표에서 출발하여 사회적으로 많은 논의를 거쳐 2002년부터 시범운영을 실시하기에 이르렀다. 2002년 3개 학교, 2003년 3개 학교가 시범운영을 실시하여 2011년에는 자립형사립고가 강제로 자율형사립고로 전환된다. 아이러니하게도 자사고·외고는 진보정권에서 시작되었다.

자립형사립고 추진 배경을 보면 고교평준화 문제로 지적된 획일성에 대한 공격을 극복하기 위해 학습자의 소질, 적성 및 창의성을 개발할 수 있는 다양하고 특성화된 고등학교 교육과정으로 학생, 학부모의 선택권을 확대하는 것이었다. 즉 자사고·외고 등의 설립목적은 다양하고 특성화된 교육으로 학습자의 만족도를 높이는 것이므로, 각 학교는 그 취지에 적합한지를 증명할 책임이 있다. 따라서 그 목적이 단순히 성적이 좋은 학생들을 선점해서 선호하는 대학에 많이 진학하도록 하는 것이어서는 존재 이유를 설득하기 어렵다. 사회적인 합의는 바로 이 지점에서 이루어질 필요가 있고, 그래야 합의가 가능하기도 하다.

다음으로는 자사고나 특목고 문제의 핵심이 무엇인지를 고민해야 한다. 문제의 뿌리를 보느냐 말라비틀어진 나뭇잎이라는 현상만을 보고 처방하느냐는 전혀 다른 결과를 가져온다. 이런 점에서 학교의 다양화에서 기인한 문제라기보다는 선발구조의 왜곡과 본래의 취지를 벗어난 운영이 문제가 된 것이므로, 이것을 바로잡을 수 있다면 학교 다양화 자체를 악으로 몰아가기는 어렵다. 현재의 특목고·자사고 문제는 애초부터 선발권에 특혜를 준 것이 그 원인이다. 이로 인해 입시 중심의 학교로 변질된 것이지 다양한 학교의 필요성을 부정할 만한 설득력 있는 근거가 있는 것도 아니다.

양측 입장의 본질은 한쪽은 다양하고 우수한 교육을 받도록 해달라는 것이며, 다른 쪽은 이들에 대한 특혜로 인해 공교육이 황폐화되고 있다는 것이다. 학교 선택의 기회를 제공하면서 이들에 대한 선발특혜는 부여하지 않는 것에서 접점을 찾을 수 있지 않을까? 이런 주장 역시 반발을 살 수도 있지만 논리적으로 우위에 있으므로 걱정할 이유는 없다. 특목고나 자사고가 그렇게 좋고 훌륭하면 그 훌륭한 학교 효과를 증명할 것을 요구하면 되는 일이다.

그런 점에서 문제의 해법은 아주 간단할 수도 있다. 일반고의 문제가 우수한 학생을 자사고·외고에서 우선 선발해가는 것이 원인이라면 선발의 특혜를 해소시키면 된다. 일각에서 주장하는 자사고·외고의 선발시기를 일반고와 통합하는 것만으로는 자사고·외고의 선발특혜를 막을 수 없으며, 일반고와의 형평에 어긋나는 불평등 구조를 그대로 유지하는 것이기도 하다. 선발시기에 관계없이 일반고처럼 오로지 추첨으로 학생을 선발해야 선발특혜 논란이 해소될 것이기 때문이다. 이와 동시에 자사고·외고의 출발점인 다양한 교육과정과 질 높은 교육을 지향하는 학교를 희망하는 사람들에게 일정 부분 출구를 열어주는 것이기도 하다. 그러므로 자사고·외고 폐지 반대론자들도 만족시킬 수 있는 방안이 될 것이다.

이 방안은 자사고·외고의 설립 이유가 다양하고 질 높은 교육과정의 운영이므로 선발효과가 아닌 교육효과(학교효과)를 보이라고 하는 주장에 근거하므로 자사고·외고 지지자들이 반대할 명분을 찾기 힘들게 만들 것이다. 특목고나 자사고의 존립 이유는 그 교육과정의 특별함과 우수함을 증명할 때 비로소 인정될 수 있다. 다양한 학교라는 의미에는 개별 학교마다의 특별하고 교육적 가치가 있는 교육활동과 성과를 포함하는 것이다. 단순히 성적이 우수한 학생들을 미리 선점해서 그 효과를 누리는 것이 아니라 어떤 학생들이 입학하더라도 그들을 탁월하게 길러낼 수 있어야 다양한 학교를 설립하는 목적이 달성되는 것이다.

필자도 특목고나 자사고 정책에 찬성하는 입장이 아니라는 것은 분명히 해두고 싶다. 필자는 학교 다양화보다 단위학교 교육과정의 다양화를 주장하는 사람이다. 그러나 사회적 논란만 초래하고 성공여부가 불투명한 폐지 주장보다는 현실적으로 무력화시키는 방법을 택하자는 쪽이다. 이미 사회적으로 특목고나 자사고에 대한 욕망이 존재하고 그 학교에 재학하고 있는 학생들이 있는 마당에 모든 것을 없애려는 시도는 너무도 큰 사회적 비용을 요구한다. 강한 반발을 초래할 빌미를 제공하는 것이다. 보다 나은 교육에 대한 욕구를 그저 나무랄 수만은 없다. 그러나 그런 욕구를 충족시키는 방법이 특혜를 통해서 이루어지는 것에 대한 문제제기를 과도한 비난으로 몰아붙이는 것도 곤란하다.

자신의 주장이 백 퍼센트 받아들여지는 것만큼 만족스럽지는 않겠지만 상대방이 있는 경우 서로의 주장을 조금씩 수용하면서 자신들의 요구의 핵심을 관철해나가는 것이 민주주의다. 사실 촛불 정신을 이야기하면서 자신과 다른 주장을 하면 적으로 몰아붙이고 공격하는 행태들을 바라보는 것은 매우 불편하다. 또 다른 폭력과 적폐를 눈앞에서 목격하고 있는 것 같기 때문이다. 그리고 이 문제로 발목이 잡혀 막대한 사회적 비용을 치른 과거의 경험에 비추어 우리 교육이 풀어야 할 문제가 산적한 지금 상대를 인정하면서 합의를 만들어가는 성숙한 자세가 어느 때보다 절실하게 느껴진다.

특목고·자사고 문제는 폐지를 주장하는 것이 이념적으로 더 선명해 보일 수 있다. 그러나 그런 섣부른 이념 투쟁으로는 아무것도 얻지 못하고 분란만 일으킨 수많은 사례로부터 배우는 것이 있어야 하는데도 그러지 못한 것 같아 아쉽다. 자신들의 생각이 옳다고 무조건 학부모들을 가르치려 들거나 무조건 따라오라고 강요하면 십중팔구 실패하게 된다. 결국은 여론의 뭇매를 맞고 밀려서 후퇴하는 길을 택하게 되는 경우를 우리는 수없이 경험했다.

또 착각하지 말아야 할 것이 있다. 특목고·자사고를 없애면 일반고가 좋아질 것이라고 믿는다면 너무 순진한 생각이다. 특목고·자사고가 없어지는 자리에 또 다른 명문고가 그만큼의 강력한 힘은 아닐지라도 새로운 기득권으로 자리 잡게 될 것이기 때문이다.

충북교육청을 그 사례로 볼 수 있겠다. 청주시내의 고등학교 선발에서 성적별로 쿼터를 정해서 중학교 성적이 상위권인 학생들만 별도로 학교를 지원하고 추첨하는 방식을 도입할 수밖에 없었다. 선지원 후추첨제도를 시행했음에도 불구하고 중학교 성적이 우수한 학생들이 특정 고등학교로 몰리는 현상으로 인한 폐단을 막기 위한 고육지책이었다. 교육정책은 단순한 논리로 명쾌하게 풀어낼 수 있는 간단한 문제가 아니다.

08.
일반고의 항변, 아무도 말하지 않는 학교의 비밀

그럼에도 특목고와 자사고 문제를 해결하지 않으면 안 되는 이유는 이들로 인한 교육현장의 황폐화가 생각보다 심각하기 때문이다. 물론 일반고의 문제가 외부적인 요인에만 기인하는 것은 아니지만 이것이 내부적인 한계를 악화시키고 확대 재생산하는 원인이 되었다는 점에서 폐해가 심각하다. 특목고나 자사고에 재학 중인 학생들에게도 좋지 않은 영향을 미친다.

일반고 슬럼화로 일컬어지는 일반고의 문제와 원인은 대체적으로 몇 가지로 나누어볼 수 있다.

첫 번째, 학교와 학생이 갖게 되는 치유되지 않는 열패감이다. 일반고는 특목고나 자사고에 비해 수준이 낮은 학교라는 대외적 평가에 학생들은 자신들의 능력을 저평가하는 열등의식으로 무력감에 빠져 있다. 교사들 역시 가능성 없는 학생들에게 시간을 낭비하고 있다는 패배감이 팽배한 것이 일반고의 현실이다.

두 번째, 학생배정에서의 차별로 인해 형성되는 열악한 교육환경이다. 특목고와 자사고에서 먼저 학생을 선발하면서 생긴 '기울어진 운동장 효과'는 극복하기 어려운 불공정한 게임을 강요하고 있다. 교사의 노력과 상관없이 수업의 이해나 열의가 떨어지는 학생들이 많아서 수업진행이나 효과에서 불이익을 초래하는 것은 당연한 결과다.

세 번째, 다양한 학생 구성에 비해 경직된 학교 운영도 일반고의 어려움을 가중시키는 원인이다. 일반고 교실을 들여다보면 수능 최고 등급에서 대학에 관심도 없는 학생들까지를 모두 한 교실에 모아두고 같은 내용으로 수업하고 있다.

현재 대학진학률이 70% 이하로 떨어졌으니 거의 30% 학생들은 대학 진학에 관심이 없다. 그런데 학교에서는 대학 진학에 필요한 것들만 중요하지 다른 것들은 아무런 의미가 없다고 가르친다. 이것은 대학 진학에 뜻이 없는 아이들을 의미 없는 존재, 잉여인간으로 만들어 버린다.

뿐만 아니다. 나머지 70% 학생 중에 상당수는 수학능력시험을 보지 않아도 되는 수시전형 지원자들이다. 그런데 학교는 여전히 수능준비 중심으로 운영되고 있다. 수능을 보아야 하는 일부 학생들을 위해서 존재하는 곳이 학교라는 것을 아이들은 말하지 않아도 알고 있다. 좀 더 신랄하게 이야기하면 학교는 수능이 꼭 필요한 일부 아이들을 위해서 운영되며, 나머지 아이들은 그 아이들을 위해서 필요하지도 않은 수능문제풀이 공부를 강요당하고 있는 셈이다.

심지어는 그 극히 일부인 아이들의 내신등급을 받쳐주기 위해 짜 맞춰진 교육과정을 들어야 하는 일들이 벌어지고 있다. 이것이 누구도 말하지 않는 교육계의 감추어진 비밀이다. 학교와 교사들은 어쩔 수 없는 일이라고 한다. 특정과목에서 내신 1등급을 만들기 위해서는 일정한 수 이상의 학생이 해당과목을 들어야 한다. 만약 20명이 듣는 과목이 있다고 가정해보자. 이 과목에서는 1등을 한 학생도 1등급을 받지 못한다. 왜냐고? 교육부가 그렇게 정했기 때문이다. 상대평가가 가지고 있는 문제이기도 하지만 아무튼 석차가 4% 이내에 들어야 1등급을 부여할 수 있는데 20명이 듣는 수업은 1등을 해도 5%가 되기 때문에 1등급이 나올 수 없는 것이다. 그러니 아이들도 수강하는 학생이 적은 과목은 자기가 관심이 있고 진로에 필요한 과목이라도 듣지 않는다. 학교에서는 내신 1등급을 많이 만들기 위해서 심화과목조차도 많은 학생이 듣도록 교육과정을 편성해서 운영한다. 이것은 심하게 말하면 합법적으로 이루어지는 범죄행위다.

이런 학교에서 아이들의 행복은커녕 제대로 수업에 집중하기를 바라는 것도 무리다. 아이들이 문제가 아니라 학교가 문제다. 물론 특목고나 자사고에서도 배움에 흥미를 잃은 아이들이 없는 것은 아니다. 그러나 그 수가 소수이므로 크게 드러나지 않는 것이다. 일반고에서는 자기에게 필요 없다고 생각되는 과목을 일방적으로 강요당하고 일부의 아이들을 위한 수능문제풀이에 시달리는 아이들이 다수이므로 수업이 제대로 될수 없다. 다수가 외면당하는 학교에서 교육의 효과가 떨어지는 것은 당연하다.

교육개혁을 이야기할 때 빠지지 않는 것이 일반고 문제다. 그러면서 일반고 문제를 해결하기 위해서 특목고·자사고를 해체해야 한다고 이야기한다. 문제의 원인을 외부의 적으로 돌리는 것은 내부문제에 대한 진지한 고민과 성찰을 희석하는 위험한 태도다. 정말 특목고·자사고만 없어지면 일반고 문제가 해결될 수 있을까? 정말 그렇게 믿고 있다면 너무 뭘 모르거나 일반고의 문제를 단순하게 바라보는 데서 오는 오류다.

정말 그렇게 생각했다면 이 이야기는 어떤가? 특목고·자사고가 전국적인 문제처럼 이야기되고 있지만 실제로는 서울의 특수한 상황이 과장된 것일 뿐이다. 서울을 제외하면 대부분의 시도에서는 특목고나 자사고가 교육에 영향을 미칠 만큼 그 수가 많지 않다. 논란이 되고 있는 자사고만 해도 전국적으로 46개가 설립되어 있는데, 그중 절반인 23개가 서울에 있다. 서울보다 학생 수가 더 많은 경기도에는 겨우 2개의 자사고가 운영되고 있을 뿐이다. 그럼에도 서울을 제외한 타 시도에서도 일반고 문제를 이야기한다. 이것을 어떻게 설명할 것인가? 모든 것이 서울에 집중되어 서울 중심으로 사고하다 보니 서울의 특수성이 전국적으로 일반화된 오류일 뿐이다.

이제 일반고 문제를 제대로 드러내고 솔직하게 이야기하자. 일반고의 가장 핵심적인 문제는 서로 다른 수준과 목표를 가진 다양하고 이질적인 학생들이 모인 학교에서 한 가지 통로로 학생들을 내몰면서 생기는 수동적인 침묵, 적극적인 이탈과 자학 현상이다. 억지로라도 맞추려고 노력하는 아이들이 있는 반면 죽었다 깨어나도 맞추지 못하는 아이들도 있다. 튕겨져 나가거나 뛰쳐나갈 용기가 없는 아이들은 제발 구해달라고 자신만의 언어로 외치며 자학한다.

동질적 집단은 획일적 시스템에서도 큰 문제가 발생하지 않는다. 서로의 목표와 경로가 비슷하고 학습 수준의 편차가 크지 않으므로 모든 학습자에게 동일한 교육과정을 제공하는 것이 불만을 일으킬 소지는 상대적으로 낮다. 그러나 서로의 목표와 수준, 적성이 다른 아이들에게 획일적인 교육과정을 제공하는 것은 실패로 귀결될 수밖에 없다.

그런 점에서 일반고 문제의 핵심은 자신의 꿈과 진로에 따라 다양한 선택을 할 수 있는 시스템이 없다는 것이다. 여기서 대학입시에 종속된 고등학교의 현실 문제까지는 다루지 않겠다. 사실이 아니기 때문인데 과거의 관성에서 벗어나지 못하는 것이 문제지 현실은 이미 다른 방향으로 흘러가고 있다. 대학입시를 위해서라도 이제는 학생들의 진로와 적성을 고려한 다양한 교육과정을 운영해야 한다.

무엇보다 일반고가 제대로 자리 잡기 위해서는 유초중고 교육이 대학입시가 아닌 그 자체로서 목표와 완결성을 가져야 하며, 학생들의 삶을 위한 교육이어야 한다. 앞으로의 추세는 대학진학률이 점점 더 떨어질 것이고, 이에 따라서 고등학교를 졸업하는 것만으로도 직업을 가질 수 있는 교육에 대한 요구가 높아질 것이다. 이미 일반고에는 직업교육을 하는 특성화고등학교에 진학하지 못하고 밀려서 온 학생이나 대학 진학에 뜻이 없는 학생들이 상당수 있다. 이들을 위해서 특성화 고등학교를 더 늘리는 것은 쉽지 않은 일이므로 일반고 내에서 직업교육을 할 수 있는 시스템을 갖추고, 직업교육을 위한 일반고-특성화고 협력 프로그램을 만듦으로써 학생들의 수요에 부응하는 교육과정을 운영해야 한다. 그것이 요즘 한참 거론되고 있는 학점제의 기본 개념이다.

이것이 바람직한 방향이기는 하나 현실적인로 제약이 적지 않다. 다양한 목표와 재능을 가진 학생들에게 다양한 교육과정을 운영하기 위한 인프라와 자율권이 제한되어 있기 때문이다. 많이 개선되기는 했지만 여전히 일반고는 특목고나 자사고에 비해 교육과정 자율권에서 제한받고 있으며, 학교의 제반 여건이 학생들의 재능이나 희망에 따른 과목 선택과 진로와 연계한 전문적인 과목 개설이 불가능한 구조이다. 게다가 학교 역시 주어진 교육과정 자율권조차 제대로 활용하지 못하고 수능에서 중요한 과목의 시수만 증대하고 있는 것도 해결해야 할 과제이다.

여기에 과거 입시 중심의 교육과정 운영에 익숙해진 교사들이 다양한 진학·진로 지도 프로그램 개발을 위한 노력을 기울이지 않는 것도 학생들이 학교를 신뢰하지 않은 원인이 되고 있다. 현재의 대학입시가 학교에서의 학습과정을 중요하게 보고 있음에도 소수의 학생 중심으로 학교가 운영되는 것에 대한 다수 학생과 학부모들의 불만이 대학입시제도에 대한 공격으로 비화되고 있어 우려스럽다.

고등학교에서 학급당 학생 수가 많은 것은 수업효과에 크게 문제가 되지 않는다는 연구 결과가 있으나 이것은 과거 교사 중심의 교육관에서 비롯된 것으로 학습자의 다양한 참여와 활동 중심으로 이루어지는 현대의 교육관에 적용되기는 어렵다. 게다가 교사 일인당 학생 수는 교육과정 운영과 교육의 질에 절대적인 영향을 미치는데, 우리나라의 교사 1인당 학생 수는 선진국에 비해 크게 열악한 수준이다. 특히 교과에서 학생들의 관심, 참여, 성장 같은 정의적이고 과정이 중심이 되는 평가로 전환되고 교사의 진지한 관찰을 통한 기록이 중요해짐에 따라 수업당 학생 수는 교육의 질을 크게 좌우하게 될 것이다. 또한 학생들의 심화탐구와 자율동아리 같은 자율활동을 지원할 수 있는 교사 수와 역량이 절대 부족한 것은 극복해야 할 과제이다.

진학·진로 지도를 위한 전문적인 상담 교사 부족과 일반 교사들의 전문성 부족도 학생과 학부모들의 불만을 사고 있는 부분이다. 이런 학생 교육과 관련된 종합적인 영역을 효율적으로 지원하기 위해서는 교사의 정규교과 수업 시수를 줄여야 하므로 교사의 충원은 필수적인 과제이다. 당장 예산이나 장기적인 수급 문제를 고려할 때 외부 전문가에게 고등학교 교육을 개방하는 방안도 진지하게 검토해야 할 것이다.

대학입시에서 학생부전형이 처음 도입되었을 때는 자사고나 특목고가 강력한 위력을 발휘했다. 그것은 자사고와 특목고의 다양한 교육활동이 학생부전형의 취지에 잘 들어맞았기 때문이다. 일반고에서는 그런 변화의 흐름을 제때 파악하지 못하고 천편일률적인 입시 중심의 낡은 교육과정 운영을 답습하고 대학입시에서 수시전형의 비중이 대폭 증가하는 변화에도 불구하고 수능 중심의 입시교육을 하고 있었다.

대학에서 관심을 가지고 보는 생활기록부도 내신 등급이 일정 수준이 되는 아이들만 자세히 기록하고 나머지 아이들은 고등학교 3년 내내 '특이사항 없음'이라는 일관성 있는 기록으로 내버려졌다. 아니면 모든 아이들이 똑같은 기록을 가진 의미 없는 다수에 묻혀버렸다. 말 그대로 방치된 것이다. 학부모들이 이 사실을 알고 어떤 마음이었을지 등골이 서늘하다.

그러나 이것을 학교만의 책임으로 돌리는 것은 부당하다. 교육은 학교와 가정이 함께 책임지는 것이기 때문이다. 자기 자녀의 생활기록부도 확인하지 않으면서 어느 학원이 더 좋은지? 어떤 스펙을 쌓아야 하는지? 사교육의 마케팅만 믿고 아이들을 몰아친 책임에서 자유로울 수 있을까?

09.
모두에게 희망인 학교를 향해서

    이런 문제는 대부분 이제 아는 사실일 수도 있고, 또 문제만 지적하는 것은 우리 아이들의 삶에 아무런 도움이 되지 않는다. 어떻게 하면 제기된 문제들을 해결할 수 있을지 머리와 힘을 모아야 한다. 최근에 벌어지고 있는 상황을 보듯이 새 정부가 들어선 후에도 공약으로 내세웠던 자사고 문제를 해결하는 것도 쉽지 않아 보인다. 교육 문제는 미래와 관련된, 특히나 자식들에 관한 문제이므로 관심이 높고 추호의 양보도 허용하지 않는다는 특성이 있다. 그러므로 일반고 문제는 자사고의 존립과 별개로 접근해야 해결이 가능하다. 자칫 자사고 문제에 말려드는 순간 지리한 논쟁과 갈등만 겪게 될 것이다. 일반고가 요구할 수 있는 당연한 권리부터 주장하자고 제안하고 싶다.

    먼저 학생선발권에서 차별을 폐지하고 모든 학교에 동등한 선발권을 부여해야 한다. 이것은 특목고나 자사고 설립의 논리적 배경인 다양한 학교를 통한 진정한 학교효과를 증명할 것을 요구하는 것이므로 충분한 근거가 있는 주장이다. 성적이 우수한 학생들을 우선 선발하는 특혜를 부여하고 그런 기준을 통해서 다시 학교의 성과를 평가하는 것은 공정하지 못하고 학교효과라고 이야기할 수도 없다. 일반고에 덧씌워진 부당한 굴레와 비난을 걷어내는 것이 일반고가 열패감을 극복하고 역량을 키우는 첫걸음이 되어야 한다. 그리고 이것은 특목고나 자사고의 학생 구성의 다양성이라는 측면에서도 꼭 필요하다. 다양한 아이들이 모여서 다른 배경이나 문화로부터 나오는 다른 시각들이 부딪치고 교류할 때 새로운 아이디어가 피어나게 된다. 그것이 창의적인 인재들이 자라나는 가장 좋은 토양이다. 그래서 선발의 특혜를 폐지하는 것은 일반고뿐만 아니라 특목고와 자사고에도 도움이 되는 방안이다.

구체적인 방법은 모든 학교가 동시에 선발을 진행하되, 학생들의 희망을 존중하기 위해서 자사고와 일반고 구분 없이 희망하는 학교를 순서대로 지망하고 추첨에 의해서 배정하는 방식으로 통일하는 것이다. 이 과정에서 자사고를 희망했다가 일반고에 배정되는 학생들이 발생할 수 있지만 지금도 일정한 비율로 자사고를 지망한 학생들이 자사고 배정에서 탈락하므로 큰 문제가 되지 않을 것이다.

또, 교육과정을 다양화하기 위한 제도와 인프라 구축을 위한 충분한 지원을 요구해야 한다. 다양한 교육과정을 통한 다양한 인재를 기르는 것이 교육의 목표가 되어야 한다. 그리고 교육과정 다양화는 학교 선택권과 달리 단위학교 내에서 학생의 선택권을 확대한다는 차원에서 가장 바람직한 정책적 접근이다. 교육개혁의 우선과제로 거론되는 고교 학점제의 실시를 의미하는 것이다. 그러나 학점제의 실현은 단위학교 내에서 교육과정 다양화를 통한 학생 선택권 확대가 필요한데, 이는 막대한 예산이 수반되어야 하는 문제를 안고 있으므로 이상적이기는 하나 실현 가능성 측면에서는 쉽지 않다.

이를 극복하기 위해서 단위학교 별로 특정 교과군을 집중적으로 지원하는 중점학교를 일정 권역별로 묶어서 교육과정을 공유하는 방안을 대안으로 검토할 필요가 있다. 이미 경기도교육청에서 '교육과정클러스터'라는 이름으로, 서울에서는 '개방형 연합고등학교', 세종시에서는 '캠퍼스형고등학교'라는 이름으로 시도되고 있어 불가능한 것만은 아니다.

학생들의 선택권 강화라는 측면에서는 직업교육 강화도 빼놓을 수 없는 과제이다. 일반고의 직업진로교육 강화는 이미 강조되었던 정책이지만 일반고와 특성화고 간의 교류가 가능하도록 전입학제도를 개선해야 한다. 한 번의 선택으로 진로변경이 불가능한 현재의 시스템에 학생들에게 추가적인 선택의 기회를 부여한다는 점에서 일반고의 교육을 정상화하고 학생 선택권을 확대할 수 있는 방안이다. 학적을 바꾸는 영구적인 전학이 아니더라도 특성화고의 인프라를 활용한 교차 교육도 가능할 것이다. 일반고에서 직업교육이라는 명목으로 학생들에게 학원비를 지원해주면서 학원으로 보내는 것은 너무 무책임한 행동이다. 그런 일을 아무런 죄책감 없이 하고 있는 지금의 교육을 우리는 제대로 된 교육이라고 할 수 있을까? 특성화고의 경우도 대학입학에 유리하다는 이유로 선택하는 부적절한 진학을 막기 위해서 완전 추첨제로 전환하고 설립목적에 맞게 직업교육에 충실하도록 강제해야 한다.

그 외에 전반적인 교육여건 강화를 위한 교원증원, 학급당 학생 수 감축, 교과 교실제 확대 등의 예산을 확대하는 것이 고등학교 전체의 교육을 내실화하는 길이다.

10

착각하지 마라, 학교는 사라지지 않는다

디지털과 모바일 기술의 발달로 온라인 또는 사이버 교육에 대한 기대와 열기가 높아지고 있다. '누구나 언제 어디서나'라는 캐치프레이즈로 미래 교육의 모습을 상징적으로 그려낸 온라인 교육의 매력은 많은 사람들의 관심을 사로잡았다. 온라인 교육에 대한 관심과 기대가 높아질수록 상대적으로 전통적인 학교와 교실의 운명은 위태롭게만 보였다.

우리나라의 대표적인 온라인 교육기관은 EBS다. 사실상 국가가 운영하는 것이나 마찬가지인 특정 기관에서 서비스하는 콘텐츠의 70% 이상을 대학입시에 반영한다는 희극적인 발상 덕분에 자타 공인 우리나라 대표적인 온라인 교육기관이 되었다. 아무튼 EBS는 여러 가지 교육 콘텐츠를 제공하고 많은 이용자를 확보하고 있다. 그 외에도 수능 인터넷 강의는 사기업뿐만 아니라 지방자치단체에서도 제공하고 있다. 온라인 교육의 확대는 아직 주류는 아니지만 상당히 성장하였다.

외국에서도 온라인 교육은 이미 오래 전부터 활성화되었다. MOOC의 전신이라고 할 수 있는 OCN에서는 미국 유수 대학의 강좌가 일반인들에게 공개되고 있다. 재학생 수를 기준으로 봤을 때 미국에서 가장 규모가 큰 대학은 사이버 대학인 피닉스(Phenix) 대학이다. 영리학교법인이 가능한 미국의 교육제도로 인해서 많은 사이버대학이 운영되고 이것이 대세가 될 것이라고 많은 전문가들이 예측했었다. 우리나라에서 학교법인은 비영리기관이다. 이것은 영리(수익의 창출)를 목적으로 할 수 없다는 뜻이다. 학교란 공공재이고 사회에 봉사하는 기관이라는 취지에서 사립대학이라 할지라도 영리를 취할 수는 없다. 그러나 미국에서는 학교법인이 영리를 추구하는 것이 가능하다. 그것이 영리학교법인이다.

그러나 현실은 이와 정반대로 흘러갔다. 한동안 급증하던 사이버대학들이 문을 닫고 새롭게 생겨나는 대학의 수도 줄어드는 현상이 일어났다. 사이버대학의 교육효과에 대한 회의가 대두되고 졸업자들의 학습 성취도가 형편없이 낮았기 때문이다. 사이버대학의 쇠퇴는 온라인 교육에 대한 냉정한 평가가 필요하다는 비판을 낳고 있다.

그러나 테크놀로지에 대한 신념에 가득 찬 이들에게 이것은 인정하고 싶지 않은 현실이었다. 테크놀로지의 한계가 아니라 운영하는 사람들의 문제이고 콘텐츠의 문제로 확신한 것이다. 화살을 돌린 셈이다.

이런 시기에 세계적인 인공지능 연구자인 구글의 자율 주행차 제작자 세바스찬 스런(Sebastian Thrun)과 피터 노빅(Peter Norvig)이 온라인 스탠퍼드 대학교에 올린 인공지능 입문강의에 10만 명 이상의 사용자가 몰리면서 극적인 반전이 이루어졌다. 무크(MOOC: Massive Open Online Course)가 전 세계를 강타하는 계기가 되었던 것이다. 많은 사람들이 전 세계의 학습방식에 변혁을 가져올 거라 장담했다. 우리나라에서도 2015년 10월에 교육부 주도로 한국형 무크인 KMOOC의 홈페이지를 개설하였으며, 현재 20개 대학이 참여하여 140여 개의 강좌를 공개하고 있다. 그러나 사이버대학의 사례처럼 무크의 성과나 장래성도 예상만큼 그리 밝지만은 않은 듯하다.

테크놀로지 신봉자들의 예상처럼 사이버 교육의 급속적인 확대나 전통적인 학교의 급격한 와해는 이루어지지 않고 있다. 아직 티핑포인트에 도달하지 않았다고 주장할 수도 있겠지만 현재로서는 분위기를 달구기는커녕 찬물을 끼얹는 일들이 벌어지고 있다.

미국에서 벌어지고 있는 상황이 이런 분석을 강력하게 뒷받침한다. 무크에 대한 관심이 높아지자 많은 대학교들이 교과목을 온라인에 올리고 가상 학위를 제공하기 시작했다. 더 나아가서 캘리포니아에서 시도한 무크회사인 유대시티(Udacity)와 전통적인 대학과의 제휴 실험은 참담한 실패로 마무리되었다. 이 시도는 기대 이하의 저조한 수료율과 과정을 마치고 수료한 소수의 수강생들마저 학업 성취도에서 그저 그런 결과를 보이면서 한 학기 만에 중단되었다.

개설된 많은 과정의 질이 떨어지는 것으로 평가되었는데 이것은 온라인 과정이 사용자를 수업에 적극적으로 참여시키는 데 계속 실패해왔다는 사실을 감안하면 그리 놀랄 만한 일도 아니다. 실제로 온라인 과정에 등록한 사람들의 90퍼센트가 습관적으로 중도 포기한다고 한다.

온라인 강의는 얼핏 매우 매력적으로 보인다. 학습자는 언제 어느 때든 자신이 원하는 시간과 장소에서 자신이 필요로 하는 강의를 들을 수 있다. 심지어 집에서 잠옷 차림으로도 멋진 강의를 들을 수 있는 것이 사람들을 매료시켰다. 하지만 전통적인 학교는 사라지지 않을 것으로 보인다. 테크놀로지의 제약이 거의 사라진 지금, 많은 대안적이고 혁신적인 교육기관들이 생겨나고 있지만 이런 교육기관들의 대표적인 사례에서도 온라인 교육기관은 거의 찾아보기 어렵다. 오히려 칸 아카데미처럼 온라인 서비스를 제공하던 교육기관이 오프라인 교육기관을 설립하는 사례가 나오기도 한다.

또래 친구들과 함께 교실에서 선생님과 함께 소통하고 배우는 경우에 비해 디지털 매체를 통해서 온라인으로 학습하는 경우 중도에 수업을 포기하는 비율이 높고, 학업 성취도가 낮으며, 배우는 내용이 부실할 가능성이 높다는 것이 여러 연구로부터의 결론이다.

잘 생각해보면 그 이유는 간단하다. 우리가 학교를 다니던 시절을 돌이켜 보면 학교에서 얻은 것은 단순한 지식만이 아니었다. 사실 지식만이 우리가 학교로부터 얻을 수 있는 유일한 것이었다면 대다수가 학교를 다니지 않았을 것이다. 학교가 수많은 비난과 도전을 받고 있음에도 여전히 많은 학생들이 아침마다 교문을 들어서는 데는 이유가 있기 때문이다. 그곳에 또래 친구들과 선생님이 있다. 우리가 학교를 다니던 시절을 잘 생각해보자. 거기에 관계가 있었다. 지금으로서는 상상할 수 없었던 비민주적인 구조이긴 했지만 교사의 권위에 대한 무한의 존중, 친구가 경쟁상대로서 존재하는 아주 짧은 순간에 비해서 의리와 우정의 상대로서 존재하는 긴 시간들로 채워지는 삶의 공간, 그것이 학교의 존재 이유다. 우리가 학교에서 뭔가를 배워야 한다면 그것은 살아가는 지혜일 것이고, 그것은 서로 얼굴을 맞대고 상대의 얼굴 표정과 몸짓, 언어로 소통하고 공감하는 가운데 얻어질 수 있는 것이다.

이런 관계 속에서 이루어지는 소통과 공감은 테크놀로지로 대신할 수 없다. 컴퓨터나 인공지능이 교사보다 더 많은 지식을 가지고 있고 그것을 더 효과적으로 전달할 수도 있을 것이다. 그러나 그런 지식은 거꾸로 컴퓨터나 인공지능으로 대체할 수 있는 것들이다. 우리가 배워야 할 것들이 아니다.

테크놀로지가 발전하더라도 컴퓨터나 인공지능이 할 수 없는 것, 즉 스스로 흥미를 가지고 질문하며 진지하게 탐구하는 열정은 오직 교실에서 학생과 학생 간에, 학생과 교사 간에 형성되는 관계로부터 나온다. 정보나 사실을 전달하는 것은 지식이 아니다. 단순히 데이터를 많이 전달하는 것이 교육의 중요한 기능이라면 테크놀로지가 더 효율적으로 그 기능을 수행할 수 있다. 그러나 데이터를 해석하고 의미를 부여하지 않으면 지식이 될 수 없다. 그런 점에서 교육은 효율적으로 데이터를 전수하는 것이 아닌 데이터를 이용해서 지식을 창출하는 것이 목표여야 하며, 그것은 교실에서 교사와 학생들이 서로를 자극하고 협력하는 가운데 더 효과적으로 이루어지게 된다.

좀 더 부연하면 이제는 언제 어디서나 빠짐없이 등장하는 4차 산업혁명시대에 필요한 중요한 능력이 바로 협력과 공감능력이다. 그런데 이런 협력과 공감능력은 이론으로 배운다고 길러지지 않는다. 실제로 협력을 경험하고 협력의 중요함을 체득하는 것이 협업능력을 기르는 길이다. 그러나 테크놀로지가 교육의 효과를 높이는 보조적인 수단으로 충분한 역할을 할 것이라는 것을 부정하는 것은 아니다. 단지 그 역할이 교육의 중심이 아니라 조력으로 제한될 때 도움이 된다고 말하고 싶을 뿐이다. 교실에서 이루어지는 실제 삶이 만들어내는 문제와 관계들을 경험하면서 아이들은 제대로 배우고 성장하게 된다. 그것이 학교가 존재하는 이유이며 앞으로도 존재하게 될 이유이다.

그런데 우리나라에서는 고등학교 학점제 도입의 방안으로 온라인 강의, 특히 KMOOC를 활용하겠다고 하고 있는 것은 우려스럽다. 학점제를 시행하기 위해서 갖추어야 할 인프라의 부족을 고려해 가장 손쉬운 대안으로 고려되었을 것이다. 가장 손쉬운 것이 최악의 방안이 되기 쉽다. 학점제의 취지가 학생들의 흥미와 진로, 그리고 다양한 수준의 학습을 제공하는 것이며, 이것이 학습의 질을 높이겠다는 것을 의미한다는 것을 생각하면 본질은 사라지고 껍데기만 남는 꼴이 될 것이기 때문이다.

11.
언제까지 선행할래?

언제까지 선행학습을 할 것인가? 이것은 매우 단순한 문제일 수 있다. 선행학습을 통해 좋은 성적을 받고 남들보다 앞서가고 있는 상황에 안도하고 만족할 수도 있다. 이것이 대학입시까지 영향력을 발휘하기도 한다. 그러나 아이의 인생이 대학에서 끝나는 것은 아니지 않은가?

이미 많은 자료에서 선행학습을 많이 한 학생들일수록 학년이 올라가면서 성적이 뒤처지는 결과를 보이고 있다. 사교육과 문제풀이 공부에 더 많이 의존해서 대학에 진학한 정시입학생들이 학교에서의 학업이 중심이 되는 수시입학생들에 비해 대학 적응이나 학습에서 낮은 성취를 보인다는 것이 대학의 설명이다.

얼마 전 카이스트가 재미있는 자료를 공개했다. 이 자료는 2013년 신입생들의 대학생활을 추적해서 그들의 대학생활 동안 학점의 변화를 출신 학교별로 비교한 것이다. 비교 대상은 전국적으로 수학·과학을 잘하는 중학교 최상위 학생들이 진학하는 과학고·영재고 출신 학생들과 일반고 출신 학생들이었다. 참고로 카이스트에는 신입생의 약 70% 정도가 과학고・영재고 출신이다.

대체로 예상하겠지만 과학고・영재고 출신 학생들은 대다수가 최상위권 대학에 진학한다. 그것이 당연하다고 생각될 것이다. 그러나 이 자료에 따르면 정말 당연한 것인지 다시 생각하게 된다. 안타깝게도 우리가 우수한 영재라고 생각했던 아이들은 대학에 진학한 후에는 더 이상 영재가 아니었다. 카이스트가 공개한 2013년 신입생들의 출신 고교별 학점 변화를 보면 과학고・영재고 출신 학생들의 성적은 1학년 때는 높지만 학년이 올라갈수록 지체되거나 떨어지는 경향을 보였다. 결국 3~4학년이 되면 이들은 일반고 학생에 비해 뒤처지는 결과를 보였다.

1학년 성적은 영재고(3.38점), 과학고(3.34점), 일반고(3.13점)로 과학고・영재고 출신들의 학점이 일반고 출신들보다 높다. 그러나 3학년이 되면 일반고 학생들이 영재고 학생들을 추월하고 4학년이 되자 일반고(3.56점), 과학고(3.53점), 영재고(3.34점) 순으로 역전됐다.

이런 현상은 여러 가지 측면에서 해석이 가능하다. 먼저 많은 전문가들이 지적하듯이 과학고・영재고 출신 학생들의 지나친 선행 사교육의 부작용이다. 어릴 때부터 과학고・영재고와 좋은 대학을 목표로 오버페이스를 하면서 달려온 이들이 대학을 가면 목표가 사라지게 되면서 번아웃(burn out: 신체・정신적으로 소진한 상태)되기 때문이다. 이들에게 공부는 재미있고 행복한 일이 아니라 고통스럽고 참아내야 하는 끊임없는 경쟁이었기 때문에 목표가 사라지면 더 이상 자신을 지탱할 이유와 힘을 잃어버리는 것이다.

또 하나, 이들이 정말 영재였는지 의심해볼 필요가 있다. 우리가 영재라고 믿고 있는 아이들이 정말 영재인지 근본적인 질문을 해야 한다. 초등학교 저학년 때부터 영재고와 과학고를 가기 위한 레이스는 시작된다. 과학고·영재고 입시가 이것을 부추기는 원인이기도 하다.

과학이나 수학에 흥미가 있고 탁월한 능력을 가진 아이들을 집중적으로 교육하기 위한 과학고와 영재고는 외고와 달리 존폐의 논란에 덜 시달린다. 어느 정도 필요성에 대한 동의가 이루어지고 있다고 보는 것이 맞을 것이다. 그러나 제대로 영재성을 판단하기보다는 지나치게 높은 수준의 문제로 학생을 선발하다 보니 선행학습을 한 학생들에게 더 유리하다. 선행학습을 하지 않아도 과학과 수학에 대한 흥미와 재능이 있으면 풀 수 있는 문제로 학생을 선발해야 함에도 점점 더 문제가 어려워지니 선행 사교육을 해야만 과학고·영재고에 진학할 수 있다는 믿음을 주고 있다.

좀 더 적나라하게 이야기하면 우리나라에서는 진짜 영재들이 모이는 곳이 아니라 수학 좀 한다는 아이들이 선행 사교육을 통해서 좋은 대학에 가기 위한 통로로 가는 곳이 과학고·영재고다. 이런 아이들이 우리나라의 과학과 수학의 수준을 세계적으로 끌어올리고 새로운 아이디어와 발견으로 국가의 미래를 이끌어나갈 것이라고 믿어도 되는 것일까? 이 질문에 대한 대답은 부정적일 수밖에 없다.

조기 선행 사교육으로 길러진 아이들의 문제점은 앞의 카이스트 학생들의 이야기로 충분히 설명되는 것 같다. 이 학생들이 1학년 때 그나마 좋은 성적을 보이는 것도 선행교육의 결과라고 하니 참으로 씁쓸하다. 선행 사교육이 전혀 효과가 없다고 이야기하지는 않겠다. 우리의 입시가 그것을 조장하는 것도 사실이다. 그러나 결과를 보자. 우리의 목적이 대학이 아니지 않은가? 대학에 가서 진짜 실력을 발휘해야 할 때, 어릴 때부터 부모가 짜주는 시간표와 과정에 따라 시키는 대로 문제풀이식 선행 사교육을 한 학생들의 문제는 스스로 학습하지 못한다는 것이다. 전공에 들어가면 스스로의 능력으로 이해하고 문제를 해결해가야 하는데 이런 부분에서는 선행학습을 덜한 일반고 학생들이 더 뛰어난 자기주도 학습 능력으로 앞서간다고 볼 수 있다.

과도한 선행학습의 결과는 어려운 문제는 잘 풀어내지만 기본 개념에 대한 관심이나 이해가 떨어지고, 공부에 대한 흥미와 열정이 없다는 것이다. 어릴 때부터 의미도 모르는 공부에 내몰려온 학생들은 배우는 재미를 알지 못하고 대학을 목표지점으로 무한 스퍼트를 하다 보니 대학 입학 후에는 지쳐서 더 이상 달릴 힘이 없어지는 것이다.

이것은 데이터로 드러난 확실한 증거다. 지금까지 막연히 고등학교 때 공부 잘했던 아이들이 대학에서도 잘할 것이라는 믿음을 보기 좋게 배신하는 것이다. 이런 데이터가 많아지면 대학도 달라질 것이다. 지금까지 특목고나 자사고 출신 학생들에게 차별적 특혜를 부여했다는 의혹도 있다. 그러나 대학에서 필요한 학생이 누구인지는 명확하다.

자, 이쯤이면 이미 결론은 확실해 보인다. 선행학습을 한 것이 초중고를 다니는 동안 부모의 자기만족을 충족시키고 대학입시에서도 어느 정도 성공을 보장하는 것은 사실이다. 그러나 대학입학까지만 살고 말겠다는 생각이 아니면 다시 이 문제를 곰곰히 따져 보아야 할 것이다.

우리가 대학의 학벌에 목매는 이유는 과거의 경험 때문이다. 1980년 대까지만 해도 대학을 진학하는 수는 매우 소수에 불과했다. 대학진학률이 15% 이하였을 때 대학졸업장은 좋은 직장과 안락한 삶의 보증수표와 같았다.

그것이 학과 공부든 취업을 위한 공부든 공부하는 시간에서나 외국어 능력이나 다양한 경험 등의 스펙에서나 뭐로 비교해도 과거의 대학생은 현재의 대학생에 비해 한참 뒤떨어진다. 그럼에도 과거에는 대학졸업장만 있으면 소위 대기업에 취업하는 것이 어렵지 않았다. 그러나 이제는 상황이 달라졌다. 대학 진학자 수가 70% 수준이다 보니 대학을 졸업하고도 취업하지 못하는 수가 거의 반이나 된다. 게다가 그때는 일단 직장에 들어가면 큰 문제가 없는 한 정년까지 일하는 것이 어렵지 않았다. 그런 상황은 IMF를 겪으면서 완전히 달라졌다. 좋은 직장에 들어가서 안락한 삶을 보장받았다고 믿었던 사람들이 하루아침에 나락으로 내몰리는 일들이 벌어지면서 이제 직장은 언제 잘릴지 모르는 살벌한 전쟁터가 되었다. 하루하루 생존을 위해서 사투를 벌여야 하는 정글 속에 살아가야 하는 것이 우리 삶의 모습이다. 과거에는 좋은 대학에 입학하는 것이 목표가 되어도 괜찮았다. 좋은 대학을 나와서 좋은 직장을 잡고 안락한 삶을 누리는 공식이 제대로 작동했기 때문이다. 그러나 이제는 좋은 대학이 좋은 직장을 보장하지도, 그나마 간신히 들어간 좋은 직장도 우리의 안락한 삶을 보장하지 않는다.

이제 인간은 자신의 삶에서 닥쳐오는 수많은 환경의 변화에 적절히 대처하고 그 가운데서 기회를 창출하는 능력이 필요하다. 대학을 포함한 학교에서의 학습은 이를 위한 준비과정이다. 학벌이 모든 것을 해결해주던 좋은 시절은 이미 흘러갔다.

그럼에도 여전히 자신들의 경험에 갇혀서 변화를 부정하고 싶은 부모들이 아이들을 선행학습으로 내몰고 있다. 아이들을 위한 그들의 사랑이 오히려 아이들로부터 삶을 살아갈 수 있는 힘을 빼앗아가는 독일 수도 있다는 점을 간과해서는 안 된다. 창조적인 아이디어를 만들어내고 창의적인 기업을 설립한 사람들의 공통적인 특징은 열정과 몰입이다. 이 열정과 몰입은 선행학습이나 반복적인 문제풀이에서 나오지 않는다. 오히려 열정과 몰입을 방해하고 배움에 대한 피로감만 높일 뿐이다.

왜 선행학습을 하는지를 생각하면 결론은 명확하다. 선행학습은 당장 그만두는 것이 올바른 선택이다. 평생 배워야 할 학생들이 너무 일찍 지치는 것도 문제지만 배우는 것에 대해서 증오심을 갖도록 하면 안 되지 않겠는가.

이것과 별도로 선행학습을 할 수 없는 구조를 학교와 교육당국이 만들어야 한다. 어쩔 수 없다는 변명은 너무 무책임하다. 선행학습이 효과를 발휘할 수밖에 없는 수업과 평가를 지속하는 한 말로만 선행학습을 하지 말라고 하는 것은 현실감 없는 공염불로 들릴 수밖에 없다. 아이들 입장에서도 자신의 꿈을 학교성적으로 재단하는 현실에서 무조건 선행학습을 하지 말라고 하거나 비난하는 것을 믿고 따르기에는 너무 불안하다.

선행학습이 아이들의 긴 삶을 볼 때 도움이 되지 않는다는 것은 대부분 알고 있다. 그럼에도 선행학습을 하는 이유는 그래도 선행학습을 통해서 좋은 대학을 가면 아예 기회를 가지지 못하는 것보다는 낫다고 생각하기 때문이다. 모두가 대학을 가야 하는 것은 아니다. 그러나 자신이 하고 싶은 일이 대학을 진학해야 하는 경우에는 어떻게 할 것인가? 돌고 돌아서 나중에라도 자기가 진정으로 하고 싶으면 하게 된다는 설득력 없는 이야기는 위로가 되지 않는다. 세상 사람들 중에 그렇게 자신의 꿈을 실현해 나간 사람이 얼마나 될까? 그보다는 자신의 꿈을 포기하지 않을 수 있는 기회를 주는 것이 교육이 할 일이다.

12.
대학이 변한다

고도의 기술이 이끌어갈 미래사회에서 대학의 역할은 더 중요해질 것이다. 그러나 우리 대학이 처한 상황은 결코 만만치 않다. 대학교육의 질에 대한 비판, 대학진학률과 고등학교 졸업생의 감소라는 이중고를 겪고 있는 우리 대학의 전망과 역할을 제대로 설계하기 위해서는 정확한 현실진단이 무엇보다 중요하다.

그러나 우리나라 고등교육 현황에 대해서는 적지 않은 오해가 있다. 고등학교 졸업자 수가 급감하고 급기야 대학정원에 비해 대학 진학 희망자 수가 줄어들면서 대학의 구조조정 문제가 고등교육의 가장 뜨거운 현안이 되고 있다. 그래서 고등교육 문제가 논의될 때 가장 쉽게 등장하는 것이 대학의 수를 줄여야 한다는 주장이다. 현재의 대학정원에 비해 학생 수가 급감하고 있다 보니 일견 이런 주장이 당연한 것처럼 보인다. 그런데 과연 우리나라 대학의 수가 많다는 것이 사실인가? 대학 수가 많다는 주장은 무엇에 근거하고 있는가? 결론부터 말하면 대학의 수가 많다는 주장은 잘못된 전제로 인한 인식의 오류이다.

우리나라 대학의 수가 많다는 주장은 대학입학 정원과 대학의 수를 구분하지 않고 사용함으로 인해 문제의 본질을 빗겨나가고 있다. 우리 대학의 입학정원이 고등학교 졸업자 수보다도 많은 것은 사실이다. 그러나 약 3억 인구의 미국은 대학의 수가 3000개가 넘는다. 인구를 기준으로 비교하면 우리나라의 대학의 수나 교육여건은 그렇게 많은 수준은 아니다. 단순 인구대비가 아닌 대학진학률을 놓고 보면 대학의 수가 절대적으로 부족하다고도 할 수 있다. 이런 차이는 학령기 학습자 교육이 중심인 우리 대학과 취업 후 진학자가 많고 평생교육에 높은 비중을 두는 미국 대학의 역할에 따른 차이로 보인다.

여기에 사립대학이 고등교육의 대부분을 담당하는 우리나라의 고등교육 현실로 인해서 부실대학이 적지 않고 여러 가지 문제를 야기하고 있으니 대학 수를 줄이자는 주장이 설득력을 얻고 있다. 사실 이런 부실대학 문제보다 더 심각한 것이 대학의 전반적인 교육의 질이다. 2016년 기준으로 서울지역 대학 중 전임교원 확보율의 법정기준을 만족한 대학은 단 2곳에 불과하다. 법이란 원래 최소기준이다. 이런 최소기준조차 대부분 맞추지 못하는 것이 우리 대학의 현실이다. 이러한 열악한 고등교육 환경에 비해 대학의 정원은 과도하게 많은 것이 대학교육의 질을 떨어뜨리는 중요한 요인이 되고 있다. 그러나 대학의 구조조정을 이야기하면서 대부분 대학의 교육의 질에 대해서는 언급하지 않고 있다.

따라서 우리 고등교육 정책의 핵심적인 목표는 대학의 구조조정이 아니라 고등교육의 질을 어떻게 혁신할 것인가 하는 구조개혁의 방향을 설정하고, 미래사회에서 대학의 역할을 어떻게 재설정할 것인지에 초점이 맞추어져야 한다. 그런 점에서 현재 추진되고 있는 대학 재구조화 정책은 전략적으로 심각한 문제를 안고 있다.

게다가 고등교육 예산이나 대학의 교육여건을 살펴보면 더 심각하다. 미국을 제외하고 국가가 대부분 대학의 운영을 책임지는 선진국의 경우에는 대학진학률(40~50% 수준)이 높지 않음에도 고등교육에 투입되는 재정이 우리나라와 비교할 수 없이 높다. 우리나라 고등교육 정부 부담은 GDP 대비 0.8%(2012년)로 OECD 평균인 1.2%에 비해 매우 낮다. 박근혜 정부의 공약인 GDP 대비 1%를 달성해도 여전히 OECD 평균에 비해 낮은 편이며 이마저도 제대로 실현되지 않고 있다. OECD 평균 수준으로 확보하려면 2017년 기준으로 약 4조 1천억 원의 예산을 추가로 확보해야 한다. GDP 대비 1%로 올리겠다는 박근혜 대통령의 대선 공약을 기준으로 보더라도 약 9천억 원의 증액이 필요하다.

2016년 기준으로 서울지역 대학 중 전임교원 확보율의 법정기준을 만족한 대학은 국립대인 서울대학교와 사립대 중 성균관대학교가 유일했다. 특히 재학생 기준 전임교원 1인당 학생 수는 서울대학교만 OECD 국가 평균 학생 수(15.6명)와 동등한 수준에 도달했다. 그 외 대부분의 학교는 OECD 평균치보다 적게는 5명에서 많게는 2배에 달한다. 특히 고려대, 성균관대, 연세대 등 소위 명문사립대라고 불리는 대학 중 가장 지표가 좋은 성균관대학교의 재학생 기준 전임교원 1인당 학생 수는 20.9명이며 나머지 대학은 22명 이상으로 나타났다. 이들을 명문대학이라고 부를 아무런 근거가 없다고 봐야 할 것이다. 그저 입시경쟁 속에서 과거의 명성에 기대어 학생선발효과에 따른 기득권을 누리고 있을 뿐이다.

□ 대학별 법정기준 준수율 비교(2016년 기준)

학교명	교사시설 확보율 (재학생기준)	교지확보율 (재학생기준)	전임교원 1인당 학생 수 (재학생)	전임교원 확보율 (재학생기준)
서울대학교	258.0	640.8	15.7	117.9
성균관대학교	148.4	83.8	20.9	103.0
연세대학교	209.5	173.8	22.0	91.4
고려대학교	164.2	109.0	23.4	91.2
이화여자대학교	145.8	93.2	24.7	86.1
경희대학교	111.8	187.4	25.5	77.1
한양대학교	136.0	76.2	25.8	80.3
숙명여자대학교	102.1	20.9	28.5	80.1
서강대학교	146.3	67.8	29.4	78.6
중앙대학교	102.8	108.5	30.1	71.3

수도권 이외에도 법정기준을 모두 만족하는 대학은 포항공과대학 한 곳으로 나타나는 등 우리 대학의 교육여건은 세계적인 대학을 육성하겠다는 구호가 공허한 정책홍보에 불과한 것이었음을 말해준다. 서울대학과 포항공과대학 등 일부 대학을 제외하면 우리나라 대학의 교육여건은 세계 유수 대학에 비해 매우 낮은 수준이다. 미국의 유명 사립대학의 학부 재학생 수는 4000~6000명 정도에 불과하다. 이에 비해서 우리나라 유명 사립대학의 재학생은 무려 2만 명 수준이다. 재학생 수는 최대 5배 이상이지만 교육여건은 양적 단순비교로도 낮다.

그럼에도 불구하고 현재의 대학 구조조정은 신입생 지원율처럼 수도권에 절대적으로 유리한 조건을 적용할 뿐만 아니라, 정원감축도 대규모 대학이나 소규모 대학에 동일한 비율로 적용하고 있다. 이런 방식의 구조조정 문제는 대학의 수를 줄일 뿐 대학교육의 질을 높이는 데 큰 역할을 하지 못한다. 따라서 대학의 구조개혁은 말 그대로 대학교육의 질을 획기적으로 개선하기 위한 개혁이 가능한 방향으로 이루어져야 한다. 그 첫 번째 원칙은 정원감축을 통해 교육여건을 개선하는 학교에 정부 재정을 지원해서 교육의 질을 높이는 것이다.

물론 이렇게 대학정원을 줄이고 등록금의 인상을 억제하기 위해서는 대학에 대한 국가의 지원이 필요하다. 대학정원을 30% 줄일 때 예상되는 대학의 재정손실은 1조 2844억 원으로 이는 2016년 한 해 정부가 대학재정지원사업으로 사용한 1조 5000억 원에 비해 적은 금액이다(사교육걱정없는세상 자료). 정원을 줄인다는 이유로 전임교원의 수를 줄이게 되면 교육여건은 여전히 개선되지 않기 때문이다. 현재의 사립 초중고에 대해서 재정결함보조금을 지급하는 방식을 준용하면 될 것이다.

대학의 역할에 대한 제한된 인식도 극복해야 할 과제다. 우리나라는 전 세계에서 가장 대학진학률이 높은 나라에 속하지만 이것이 대부분 학령기, 즉 고등학교 졸업자나 재수생에 집중되어 있다. 그런 이유로 중장년의 고등교육 이수율뿐만 아니라 고등학교 이상 졸업자의 비율도 OECD 평균에 비해서 낮은 수준이다.

4차 산업혁명시대에는 급격한 직업의 변화가 예상된다. 이러한 시대의 변화에 대응하려면 필요한 기술과 지식에 대한 재교육에 국가의 지원이 필요하며, 그 역할을 많은 부분 대학이 담당해야 한다. 즉, 대학을 구성하는 학생의 인구사회학적 특성이 달라질 것이다. 학령기 인구와 사회와 직업의 경험이 풍부한 중장년이 한 장소에 섞여 학습하는 새로운 대학의 풍경을 경험하게 될 것이다.

이를 위해서는 대학입학의 경로를 다양화해서 학령기 학생들의 입학경로와 졸업 후 일정기간 취업하고 실무를 경험한 지원자의 입학경로를 분리해서 대학의 진입문턱을 낮추는 제도를 도입해야 한다. 이렇게 하면 불필요한 대학 진학으로 인한 사회적 비용을 줄이고 자신이 필요를 느낄 때 진학함으로써 대학에서의 학습 몰입도를 높일 수 있다. 또한, 학령기 대학진학률이 낮아져서 대학입학 경쟁도 줄어드는 효과를 기대할 수 있을 것이다.

대학정책에서 고려해야 할 또 다른 중요한 문제는 지방대학에 대한 역차별적인 지원의 필요성이다. 사회·경제·문화적 인프라 대부분이 서울과 수도권에 집중되어 있는 우리나라의 사회적 구조로 인해 서울과 수도권의 대학은 대학 자체의 교육력과 무관하게 유리한 지위를 차지하고 있다. 이러한 비정상적인 구조를 깨뜨리는 것은 대학이 교육의 질을 높이기 위해서 경쟁하도록 하는 길이자 서울 수도권의 대학에 입학하기 위한 과도한 경쟁이 벌어지는 대학서열화를 해소하는 방안이다.

이미 시행 중인 정책에서 이러한 대학의 서열화와 지방대학의 침체를 어느 정도 해소하는 역할을 한 것이 지역거점대학과 지역인재 우대정책이다. 이런 효과적인 정책을 더 강화하고 대학 간의 역할을 분담하고 협력을 촉진하는 방법으로 대학을 재구조화하려는 정책이 필요하다.

대학교육의 질을 획기적으로 높이기 위해서는 과감한 투자가 필요하다. 그리고 대학은 교육에 필요한 기본적인 수준과 그에 맞는 정원으로 재조정해야 한다. 학교의 간판이 아니라 교육의 질로 승부할 수 있도록 해야 하는 것이다. 따라서 대학 개혁의 방향은 대학의 수를 줄이는 것이 아니라 현재의 교육여건에 비해서 과도한 대학정원을 줄이는 것으로 설정해야 한다. 우선 수도권 대규모 대학부터 정원을 감축해야 하는데 정원감축으로 인한 대학의 재정손실을 국가의 재정결함보조금 지급으로 보전하되, 이를 대학의 공공성 강화의 기회로 삼으면 국가가 대학교육까지 책임지면서 대학의 투명성과 교육의 질을 높이는 일석삼조의 효과를 얻을 수 있다. 사립대학 운영의 독립성은 보장하되 대학 구조개혁 등에 적극적으로 참여하는 조건으로 지원하면 도덕적 해이를 우려하는 국민적 반발도 설득할 수 있을 것이다. 그래도 너무 부실한 한계 사립대학에까지 지원하는 것은 설득력이 떨어지므로 국가가 책임지는 공영형 사립대학으로 전환하여 지역거점대학이 관리하는 연합대학으로 편입하는 방법을 고민해볼 수 있을 것이다.

그리고 앞으로의 대학의 역할은 학령기 고졸자 중심의 교육에서 상당부분 평생교육으로 무게 중심이 이동될 것이다. 따라서 대학정원 중 일정 부분은 고등학교를 졸업한 후 취업을 하고 일정기간이 지나서 다시 대학에 진학하는 선취업 후진학 전형(전체 정원의 10% 이상)으로 배정해서 기술 환경의 변화에 따른 재교육이나 새로운 직업교육에 긴밀하게 대응할 수 있는 시스템을 구축해야 한다. 이런 선취업 후진학이 확대되면 고등학교 졸업 후에 바로 대학에 진학하는 학생의 수가 줄어들 것이므로 대학의 진입장벽을 완화하는 효과도 기대된다.

필자가 대학의 수를 줄이는 것을 반대하는 이유는 현재 상황에서 대학의 수를 감축하면 대부분 지방대학이 그 대상이 될 것이기 때문이다.

그러나 대학의 지역사회에서의 경제사회적 역할을 고려하면 이런 방식은 지역격차를 심화시키는 결과밖에 되지 않는다. 따라서 대학 구조개혁은 지역균형발전의 관점에서 추진되어야 하며, 이는 지방대학을 집중 육성하는 방안이 포함되어야 한다.

현재도 지역거점대학에 대한 지원과 지역인재 우대제도가 시행되어 높은 평가를 받고 있다. 그러나 지역거점대학을 중심으로 인근의 대학이 역할을 분담하고 협력하는 연합대학 운영과 지역인재 우대제도의 개선 역시 필요하다. 지역에서 고등학교를 졸업하고 지역의 대학에 진학하는 학생들에 대한 공공기관, 공기업, 사기업 우선선발권을 대폭 확대하는 것이 그 내용이다. 현재는 출신고교와 상관없이 지역소재 대학 졸업자에 대해서 약 30% 정도 우선 선발하는 제도가 운영되고 있으나 이것은 다른 지역에서 고등학교를 나와도 대학만 그 지역에서 졸업하면 우대하는 제도로 지역인재 우대정책으로 보기에는 문제가 있다.

또 현재 우리 대학들의 교육인프라는 세계적인 대학에 비해 열악한 편이다. 각 대학이 보유하고 있는 인프라를 적극적으로 활용할 수 있도록 지역 대학들이 연합하고 역할을 분담하는 컨소시엄(consortium) 대학으로 재편하면 미국의 주립대학처럼 수준 높은 대학들을 만들 수 있을 것이다. 이렇게 높은 경쟁력을 확보한 대학들을 육성하면 대학 간의 격차를 줄이면서 대입경쟁도 완화시킬 수 있다. 지역 연합대학 간의 역할 분담은 연구대학, 학부교육, 직업기술교육, 평생교육 등으로 나눌 수 있다.

앞에서 제시한 대학교육 정책을 제대로 추진하기 위해서는 고등교육 예산을 GDP의 1.2% 수준으로 증액해서 고등교육 정부지원을 OECD 평균 수준으로 확대해야 한다. 대학의 교육여건을 개선하기 위해서는 대학의 정원을 대폭 감소해야 하며, 이때 발생하는 재정적 손실은 재정결함 보조금을 지원해서 대학들이 정원감축에 참여하도록 해야 한다. 이때 재정결함보조금을 지원하면 대학을 평생교육이나 직업교육, 대학인프라 재편에 참여하도록 유인할 수 있으며 재정 집행의 투명성이 확보되므로 대학교육의 질을 개선하고 공공성을 강화하는 역할을 하게 될 것이다.

우리나라 고등교육에서 해결해야 할 문제들이 산적해 있지만 우선적으로 추진해야 할 정책은 미래사회에서 대학의 역할을 명확히 재정립하고, 이런 역할에 충실할 수 있는 대학교육의 질을 확립하는 것이어야 할 것이다.

13.
교육정책이 변한다. 기초학력미달자와 폭탄 돌리기

어느 의사와 환자의 이야기다.

"선생님, 제 귀에 이상이 생겼는지 요즘 들어 방귀소리가 잘 들리지 않습니다."

그러자 의사는 환자를 살펴보더니 처방전을 써주면서 "그럼 식후에 이 약을 두 알씩 복용하세요. 금방 효과가 있을 겁니다."라고 했다. 환자는 좋아하면서 "와! 이게 귀가 좋아지는 약인가요?"라고 의사에게 되물었다. 의사의 반응은 이랬다. "아닙니다. 방귀소리를 크게 하는 약입니다."

이 우화가 이야기하고자 하는 것은 무엇일까? 환자가 의사에게 방귀소리가 잘 들리지 않는다고 했지만 그것은 자신의 현재 상황, 즉 현상을 설명하려는 의도였다. 자신의 귀가 잘 들리지 않는다는 것을 가장 잘 설명할 수 있는 예를 방귀소리로 든 것뿐이다. 그런데 의사는 그 원인을 제거해서 치료하는 것을 택하기보다 현상을 개선하려고 한다. 이것으로 의사가 환자를 제대로 치료했다고 할 수 있을까? 이 의사에게 아무런 이의 없이 치료비를 지불할 환자는 거의 없을 것이다.

그런데 일상에서는 이런 일들이 자주 일어난다. 교육도 예외는 아니다. 아니 오히려 대부분의 사람들은 원인보다 현상에 더 매달리고 현상을 해결하는 것이 문제를 해결한 것이라고 착각한다. 여전히 원인은 제거되지 않고 남아서 다시 문제를 발생시킨다.

사례로 들 수 있는 것은 셀 수 없이 많다. 학생들의 연령에 비추어 일정한 수준의 학력에 도달하지 못하면 '기초학력미달자'라고 분류한다. 기초학력미달자의 원인은 다양하다. 학습장애가 있는 아이, 가정이나 학교에서 제대로 관심을 받지 못해서 학습 자체가 이루어지지 않는 아이, 이해하는 속도와 학습의 효과가 다른 아이 등 여러 가지 원인에 의해 기초학력미달자가 되는 것이다.

특히 문제가 되는 것은 학습부진이 누적되어온 아이들이다. 이런 아이들은 단기간의 효과를 기대하기보다는 장기적으로 학습부진의 원인을 찾고 이것을 해소하려는 노력이 필요하다. 그런데 우리 학교의 현실은 이런 여유와 근본적인 대처를 허용하지 않는다. 기초학력미달자의 수로 시도교육청과 학교의 교육력을 비교하고 이를 사회적으로 공포함으로써 망신 주기에 활용되기 때문이다.

그러고서는 기초학력미달자를 줄이기 위해서 교육적 노력을 다해야 한다고 강조한다. 많은 돈을 뿌려서 학교에서 강제적으로 기초학력미달자를 줄이는 프로그램을 운영하도록 다그친다. 정작 학교 현장에서 이루어지는 일들을 보면 매우 실망스럽다. 기초학력미달자의 원인에 대한 관심이나 분석을 위한 노력은 외면하고 어떻게 해서든 이 아이들을 자기 학년에서 기초학력미달자에서 탈출시키기 위한 그들만의 노하우가 발동된다. 꼼수나 편법까지도 서슴지 않고 동원된다. 아이들을 위한 고려는 별로 중요하지 않다. 이렇게 해서 상당수의 학생들이 기초학력미달에서 탈출하고 그제야 기초학력미달자 지원 정책이 우수한 성과를 거둔 것으로 평가된다. 서류상으로는 완벽해 보인다.

그러나 이 학생들 대다수는 학년이 올라가면 또 다시 기초학력미달자가 된다. 이론적으로 해가 지날수록 학년이 올라갈수록 기초학력미달자의 수는 줄어들어야 한다. 그러나 현실은 그렇지 못하다. 어디에 문제가 있는 것일까? 이런 현실에도 불구하고 매년 막대한 예산을 아무렇지도 않게 또 쏟아붓는 정책당국은 무슨 생각을 하고 있을까? 진심으로 궁금하다. 그 이유는 정말 간단하다. 근본적인 원인을 치유하지 않았기 때문이다. 방귀소리를 크게 하는 약을 처방하고 자기 책임을 면하려는 태도 때문이다. 소위 말하는 '폭탄 돌리기'다.

이것은 기초학력미달자에게만 해당되는 이야기가 아니다. 모든 아이들에게 적용되는 이야기이다. '우리 교육이 아이들에게 정말 필요한 역량을 갖추도록 하고 있는지? 제대로 배우고 있는지?'에 관심이 있는 것이 아니라 교과서에 나온 내용과 정해진 분량을 기계적으로 가르치고 상급학년이나 상급학교로 올려 보내는 일을 하고 있는 건 아닐까?

읽고 쓰고 계산하기는 기본적으로 갖추어야 할 능력이다. 그것을 부정해서는 안 된다. 그러나 기본적으로 갖추어야 할 능력이지 어떤 점수 자체가 목표가 되어서는 안 된다. 제대로 읽고 쓰는 것은 내용을 제대로 이해하고 자신의 생각을 글로 표현할 수 있다는 것을 의미한다. 계산할 수 있다는 것은 계산을 하는 원리를 알아야 한다. 숫자 계산은 계산기가 훨씬 더 빠르고 더 정확하다. 그런데도 우리는 시험결과만으로 판단한다. 다른 것은 중요하지 않다. 시험점수만을 과도하게 강조하면서 교육의 여타 중요한 목표를 배제한다면 아이들이 느낄 배움의 즐거움과 지식 습득의 열망을 훼손하게 될지도 모른다.

시험 준비에 보통 이상의 시간을 투자하면 어쨌든 시험점수는 오를 것이다. 그러나 아이들은 시사, 여러 형태의 정부 구조, 경제원칙, 과학적 원리, 주요한 문학작품, 예술 활동과 감상, 우리나라와 세계에 영향을 끼친 중요한 사건과 사상 등에 대해 모른 채 자랄 수 있다. 시험점수는 오르겠지만 이해와 지식의 깊이를 더하려는 열망은 사라질 수도 있다. 자신의 깨달음과 기쁨을 위해서 무언가를 읽는 것에 대한 흥미를 느끼지 못할 수도 있다.

이런 면에서 이제는 폐기된 미국의 낙오방지법에서 배울 교훈은 적지 않다. 부시정권에서 시작된 낙오방지법으로 인해 미국에서도 일제고사가 도입되었다. 읽기와 수학에 대한 표준적인 학업성취를 보장하겠다는 목적으로 실시된 이 제도는 원래의 취지를 달성하지 못했다. 학교를 시험 준비에 맞춰서 운영하게 하는 폐단을 가져오고 심지어 성적을 올리기 위한 온갖 부정한 수단이 동원되었다. 막대한 돈을 쏟아부었음에도 불구하고 실제로 학생들의 학업성취도가 개선되었다는 증거는 나타나지 않았다. 한마디로 실패한 정책이다.

미국의 사례처럼 읽기와 수학에만 치중하게 되는 시험제도가 학교를 지배하게 된다면 교육의 본질을 이루는 여타 과목을 등한시 하는 일들이 일어난다. 결과적으로 새로운 기술을 설계하고, 과학적 해결책을 모색하며 엔지니어링 기술을 발휘할 준비가 된 인재를 배출할 수 없게 된다. 사회의 문화적 성취에 대한 이해가 없이 문화발전에 기여할 수도 없거니와 우리 사회의 민주적 유산을 이해하고 강화할 수도 없을 것이다. 포괄적인 교양을 배우지 못하면 학생들은 민주사회에서 책임 있는 시민으로 자랄 수 없다. 지식을 쌓고 식견을 갖춘 토론을 하며 이성에 기초해서 의사결정을 내릴 능력도 갖추지 못할 것이다.

시험제도는 학생의 학업 진척도에 대해서는 유용한 정보를 제공할지 몰라도 정작 교육에서 가장 중요한 것은 측정하지 못한다. 중요한 모든 것을 정량화할 수는 없는 법이다. 시험에 나오는 내용은 어찌 보면 시험에 나오지 않는 내용보다 덜 중요할 수도 있다. 대안적 설명을 찾아내는 능력, 의문을 제기하고 자신만의 지식을 추구하는 능력, 남들과 다르게 사고하는 능력 등은 시험으로 평가하기 어렵다.

개성을 존중하는 가치를 소중하게 여기지 않으면 혁신, 탐구, 상상, 다양한 의견을 존중하는 정신도 잃게 될 것이다. 이런 가치는 한 인간의 성공적인 삶과 사회의 발전을 위해서 너무도 중요한 요소이다. 시험에만 의존하는 평가 방식은 부정행위를 조장하게 된다. 학교가 응시 대상자를 조정하고 학교와 주 정부 관료들이 점수 산정방식을 교묘하게 조작하는 일들이 미국에서 실제로 벌어졌다. 실제시험과 유사한 모의시험을 통해서 집중적으로 시험에 대비하도록 하기도 했는데 이 모든 것은 조직적인 부정행위에 가깝다.

아무리 좋은 정책이라 할지라도 그것이 추구하는 목적과 해결하고자 하는 문제의 근본 원인에 대한 정확한 이해가 필요하다. 그리고 현장에서 정책을 직접 실천할 사람들과 정책의 목표를 공유하고 함께 구체적인 실천방안을 수립해야 한다. 그래야 그 정책이 효과적으로 작동하고 지속적이고 발전적으로 확산되는 것이다. 교육의 본질은 다양한 분야의 교과지식과 탐구를 통해서 균형 잡힌 식견과 공정한 의사결정 능력을 갖추는 것이다. 시민이 역사, 정부, 경제의 작동원리를 잘 모르거나 무관심하다면 민주사회는 유지될 수 없다. 아이들에게 과학, 기술, 지리, 문학, 예술을 가르치는 데 태만하다면 우리 사회는 번영할 수 없다.

우리의 시험제도가 학교와 아이들을 재단하고, 시험에서 특정한 과목만이 중요해진다면 학교와 아이들은 어쩔 수 없는 선택을 할 수밖에 없다. 시험에서 중요하지 않은 과목에는 태만해지는 것이다. 그래서 아이들이 엎드려서 잠을 자거나 다른 과목의 문제를 풀고 있어도 교사가 제재하지 못하는 참담한 일들이 학교에서 벌어지고 있다. 우리는 선택해야 한다. 평가방법의 전면적인 변화를 시도하든지 아니면 아이들이 좀 힘들더라도 모든 과목이 중요해지도록 평가 제도를 바꾸어야 한다.

우리는 아이들이 유용한 삶을 살기를 바란다. 세상 밖으로 나가서도 스스로 생각하는 힘을 키우고 건전한 인성을 함양하고 그들의 삶, 일, 건강에 대해서도 현명한 결정을 내릴 수 있어야 한다. 삶이 즐거울 때나 힘들 때도 용기와 유머를 잃지 않기를 바라며 다른 사람과의 관계에서도 친절과 연민을 발휘하기를 희망한다. 정의감과 공명정대함을 갖추고 국가와 세계 그리고 우리가 직면한 도전과제까지 이해하는 사람이어야 한다. 그럼으로써 적극적이고 책임 있는 시민으로 자라고 어떤 사안에 대해서 주의 깊게 사고하고 서로 다른 견해를 경청하고 합리적인 결정을 내릴 수 있는 준비가 되어야 한다. 과학과 수학을 공부해서 현대사회의 문제점을 이해하고 해결책을 찾을 수 있기를 희망한다. 우리나라와 여타 다른 사회의 풍부한 문화예술의 유산을 향유하기 바란다.

우리의 교육정책이 이런 바람을 제대로 실현할 수 있는지 그것만이 정책을 판단하는 기준이 되어야 할 것이다.

14.

학제개편, 다 변하는데 6-3-3만 70년째다

지난 대선에서 교육관련 공약 중 가장 뜨거운 논란을 불러일으킨 것은 학제개편 문제라는 데 대부분 동의할 것이다. 워낙 파격적인 안이라 그 실현 가능성을 두고 찬반논쟁이 집중되는 바람에 가장 우선되어야 할 필요성과 교육적 효과에 대해서는 제대로 논의가 이루어지지 못했다. 개인적으로 학제개편을 주장한 입장이라 많은 아쉬움이 남는다.

사실 학제개편과 관련된 논의는 어제 오늘의 일이 아니다. 2012년 대선 당시 문재인 현 대통령도 공약으로 학제개편을 제시했었고, 그 전으로 거슬러 올라가면 2007년에도 학제개편을 검토하였으나 막대한 비용에 비해 효과가 크지 않다는 이유로 추진되지 않았다.

이는 역설적으로 어떤 의미로든 학제개편의 필요성을 대변하는 것으로 볼 수도 있다. 학제개편의 필요성에 대해서는 공감하지만 발생할 수 있는 문제와 비용 등이 걸림돌이 된 것이므로 이에 대한 적절한 해결 방안이 모색된다면 가능하다고 해석할 수 있기 때문이다.

그렇다면 현 시점에서 학제개편이 과연 필요한지에 대해 먼저 검토해볼 필요가 있다. 그 이유는 2007년 학제개편 검토 당시로부터 10년 이상의 시간이 흘러서 그동안 사회경제적으로나 교육환경에서 많은 변화가 있었기 때문이다.

좋든 싫든 4차 산업혁명이라는 이야기를 우리는 끊임없이 듣고 있고 그 영향에서 자유로울 수 없다. 이것이 허상이 아니라면 우리는 문명사적 변화를 목격하고 있는 중이다. 이런 거대한 변화에 대응하기 위해서는 우리 정치·사회 전반에 걸친 새로운 시스템이 필요할 뿐만 아니라 교육체제의 변화 역시 필요하다. 일부에서 이야기하고 있는 4·16 교육체제 수준의 고민이 아니라 더 거대한 변화를 담아내는 새로운 교육체제가 필요하다. 4·16 교육체제는 세월호 참사를 계기로 경기도교육청을 중심으로 교육적인 차원에서 반성과 새로운 교육의 필요성을 제기하면서 만들어진 교육개혁 방안이다. 세월호 참사가 가슴 아픈 일이긴 하지만 교육체제를 이야기할 정도의 문명사적 변화로 보기는 어렵다.

그 교육체제의 근간은 학제이다. 학제개편은 사회와 과학기술의 변화 그리고 아동청소년의 조기 성숙 등을 고려한 최적의 학교급과 학년 구분, 그리고 학습내용의 조정을 의미하는 것이다.

우리나라의 6-3-3학제는 70년 이상 지속되어온 시스템으로 그동안 산업화와 정보화라는 엄청난 변화를 겪으면서도 한 번도 제대로 손질되지 않은 제도이다. 그리고 연령에 따라 일률적으로 학년을 구분하고 초중고로 구분한 현재의 교육과정이 어떤 근거에 따른 것인지 설명되지 않고 있다. 그냥 과거부터 해오던 것을 그대로 따르는 것이다. 고치려면 너무 많은 돈이 들고 혼란스러울 것 같으니까. 그런데 현재의 초등학교 5, 6학년은 과거의 중학생보다 더 성숙하고 지적 능력도 떨어지지 않는다. 뭔가 맞지 않는 옷을 입고 있는 것이다. 또 3월 학기제가 대부분 국가들이 시행하는 9월 학기제와 맞지 않는 점도 문제다.

특히 우리나라의 유초중고 교육은 대학입시에 종속되어서 그 자체로 서 교육의 완결성을 갖지 못하는 치명적인 한계를 안고 있다. 다가오는 미래에는 더 이상 학벌도 대학졸업장마저도 중요하지 않게 될 것이다. 그런데도 여전히 한국적 특수성으로 인해서 보통교육의 정상적인 운영 이 되지 않는 것은 학생 개인의 삶이나 국가의 미래를 위해서도 불행한 일이다. 이것은 아시아적 특성이기도 하다. 물론 학제개편으로 대학입시 경쟁을 줄일 수는 없지만 최대한 이를 차단하는 방향으로의 학제개편을 추진하면 어느 정도 효과는 발휘할 수 있을 것이다.

정리하자면 우리는 인류가 겪어본 문명사적 변화 중 가장 거대하고 획기적인 변화에 직면하고 있다. 이런 변화에 제대로 대응하기 위해서는 새로운 교육체제가 필요하며, 그 근간이 학제개편이다. 현재의 학제는 70년 이상 유지되어온 근대기에 확립된 학제이므로 시대의 변화에 따른 재검토가 필요하다는 주장은 충분히 타당성을 가진다. 특히 학생들의 조 기성숙과 사회문화적 환경의 변화로 인해 입학 연령 하향의 필요성은 꾸 준히 제기되었다. 마지막으로 대학입시에 종속된 현재의 유초중고 교육 을 자체로서 완결성을 갖도록 재편할 필요가 있다.

이상에서 살펴본 이유로 학제개편의 필요성을 충분히 뒷받침할 정도 로 중요한 과제라고 판단된다. 필요성이 인정되면 실현 가능성과 실현 방안을 구체적으로 살펴보자.

필자는 고등학교 체제의 혁신적인 전환이 학제개편의 중심이 되어야 한다고 생각한다. 그러나 고등학교 체제의 혁신적인 전환은 전체 학제를 건드리지 않고는 불가능하므로 유아교육 단계까지 전반적인 학제 변화가 필요하다.

만 5세로의 초등학교 입학연령 하향 조정은 오래 전부터 그 필요성이 제기되어 왔다. 만 5세의 유아기적 특성을 고려해야 한다는 반론도 만만치 않지만, 어차피 학제개편은 교육과정의 전환을 의미하므로 교육과정의 조정과 교육내용 감축 등으로 해결할 수 있을 것이다. 만 5세를 유아학교로 해서 초등학교 과정으로 편입하되 교육내용은 유치원교육과 초등교육의 이행기 형태로 진행하면 무리가 없을 것이다. 또한 초등학교 5, 6학년 학생들의 신체적, 정신적 발달 상황이 과거 중학생 수준 이상으로 평가되므로, 이 연령을 중학교 단계로 편입하는 것이 오히려 자연스럽다.

고등학교 체제 전환의 내용은 대학과 유초중고 교육의 유연한 단절, 그리고 중학교 이하는 시민 교육의 완성에, 고등학교에서는 전문교육에 주안점을 두는 것을 핵심으로 해야 한다. 대학과 유초중고 교육을 단절시켜야 한다는 필요성은 대학입시에서 평가의 중점을 유초중고 교육과정에서의 성과보다 대학에서의 수학능력에 두어야 한다는 것을 의미하므로 설득력이 있다. 이를 통해서 유초중고 교육은 자기 선택과 잠재력 개발에 집중할 수 있도록 해야 한다. 현재 우리 유초중고 교육은 대학입시에 종속되어 파행적으로 운영되고 있고, 그에 따른 교육왜곡의 폐해 역시 심각하다는 것에는 대다수가 동의하고 있다.

따라서 유초중고 교육을 대학입시와 단절하기 위해, 적어도 유초중고 교육 자체로서의 목적을 충실히 달성하기 위한 방안의 모색이라는 차원에서 유초중고 교육 왜곡의 정점에 있는 고등학교 체제의 전환은 필수적이다. 학제개편의 핵심은 바로 이 지점에 있다고 본다. 이것이 '학제개편이 필요한가?'라는 질문에 대한 대답이 될 것이다.

다시 정리하면 유초중고 교육과 대학교육의 단절, 인성을 다져가는 시기(초등교육)와 시민으로서 성장하기 위한 여유롭고 충분한 교육 기간(중등교육), 이를 기반으로 자신의 진로를 탐색하는 진로탐색학교로 현재의 유초중고 교육을 혁신적으로 재편해야 한다.

그동안 학제개편 시도의 발목을 잡아왔던 재정적인 측면에서도 실현 가능성은 높아졌다. 현재 유아교육 및 보육의 무상화로 인한 교육재정 부담이 심각한 상황이다. 이로 인해 박근혜 정부가 대선공약으로 제시했던 고교 무상교육은 시작도 하지 못하고 문재인 정부로 넘어갔다. 문재인 정부도 구체적인 재원 조달 계획 때문에 무상교육의 시작을 2020년으로 미루어 놓은 상황이다. 따라서 재정적인 측면에서 검토할 때 초등학교 입학연령을 1년 내리면 전체 유초중고 교육기간이 1년 줄어드는 효과가 있고 학생 수가 감소하는 추세를 고려하면 고교 무상교육 실현도 가능해질 것이다.

이런 점에서 고등학교는 학생의 선택권을 높이는 교육과정 다양화(학점제)를 추진하고 대학 진학이나 직업선택에 따른 철저한 진로교육에 집중해야 한다. 그러려면 고등학교는 2년 과정으로 줄이는 것이 바람직하다. 게다가 2015 개정교육과정에 따르면 현재 고등학교 교육과정은 학생의 선택권을 보장하는 것을 핵심으로 하고 있어, 고등학교를 진로탐색 집중과정으로 운영하는 것은 크게 어려움이 없을 것이다. 고등학교 과정을 2년으로 줄이는 데는 몇 가지 합리적인 이유가 있다. 먼저 현재의 고등학교 교육과정이 선택형으로 되어 있지만 공통으로 이수해야 하는 과목들을 제외하면 선택과정은 2년으로 운영되는 것과 마찬가지다. 진로탐색 중심의 완전 학점제는 2년이면 충분하다.

　현재의 고등학교 체제에서는 학생 수가 자연 감소하더라도 학생들의 선택권을 확대하는 것에는 한계가 있다. 고등학교에서 학점제를 하겠다고 하지만 현재의 3년제로는 학생 수가 감소하더라도 인프라 부족으로 제대로 학점제를 실행하기 어렵다. 어차피 고등학교에서 선택교육과정은 2년이면 충분하므로 현재의 고등학교 인프라를 그대로 유지하면서 2년 과정의 진로탐색중심의 학점제 학교로 전환하는 것이 현실적인 방안이다. 현재의 고등학교가 진로탐색학교로 전환되고 학교, 교사, 교실 수를 그대로 유지할 때만이 교육계에서 지속적으로 필요성을 주장해온 무학년제, 학점제와 같은 학생 희망에 따른 다양한 교육과정 운영이 가능해질 것이다.

　그리고 현재 고등학교 교육과정에서 1학년 과정은 공통교육과정으로 운영되고 있으므로 중학교 단계로 하향하면 중학교는 1년 과정이 늘어나고 초등과정에서 1년이 상향되면 5년으로 운영하게 된다. 중학교를 5년으로 제안하는 것에는 타당한 이유가 있다. 4차 산업혁명으로 상징되는 미래사회를 준비하기 위해서는 학생들이 스스로의 진로를 탐색하는 능력이 필요하다. 그런데 현재의 학제에서는 3년의 중학교 과정을 통해 충분한 진로탐색이 이루어지기 어렵다. 한 학기 동안의 자유학기제나 1년의 자유학년제로는 턱없이 부족하다. 이미 중학교 이상은 상급학교 진학을 위한 준비의 과정으로 전락했기 때문이다. 따라서 고등학교 입시를 전면 폐지하고 중학교 과정이 시민으로서의 성장과 진로 탐색을 위한 충분한 기간을 가지도록 하는 것은 매우 긍정적인 교육적 효과가 기대된다. 특히 중학교 과정을 통해서 시민으로서의 창의적인 사고를 기르고 진로에 대한 충분한 고민과 탐색으로 직업세계로 진출하거나 학문을 추구하는 진학을 선택함으로써 불필요한 대학 진학을 줄이는 효과가 예상된다. 물론 학력 간 임금격차와 차별을 방지하는 정책이 수반되어야 하는 것을 전제로 해야 한다.

학제개편이 효과를 발휘하려면 먼저 고등학교 입시 폐지와 전면적인 선지원 후추첨의 실시가 동반되어야 한다. 고등학교 입시를 폐지하면 중학교 교육과정의 다양하고 여유로운 운영과 경쟁완화로 진지한 자기계발과 진로 탐색이 가능해진다. 진로에 대한 올바른 탐색은 선취업 후진학을 보편화함으로써 과도한 대입경쟁을 해소할 수 있을 것이다. 뿐만 아니라 자신의 필요에 의해서 고등교육에 진입하게 함으로써 학습 몰입도와 학습의 질을 높일 수 있어 전반적인 대학교육의 내실화에도 기여할 것으로 예상된다. 따라서 대학입학의 경로를 다양화하는 것 또한 학제개편의 성패를 좌우하는 중요한 조건이며, 평생학습이 요구되는 사회경제적 변화에도 적절한 대응이 될 것이다.

이렇게 고등학교 진학을 위한 경쟁 해소와 대학 진학의 다양한 경로가 보장되면 사교육은 획기적으로 해소될 수 있을 것이다. 대학입시의 제도 변경으로 접근해온 기존의 실패한 사교육 경감정책에 비해 효과가 기대되는 내용이다.

학제개편과 관련해서는 여전히 입학연령 하향에 대한 논란이 존재한다. 지식교육보다는 정서적이고 여유로운 환경에서의 성장이 필요한 유아기 특성을 고려할 때 만 5세를 학교교육에 편입하는 것은 적절하지 못하다는 유아교육계의 반발이 있다. 이것은 만 5세에 초등학교에 입학하더라도 유아기의 특성을 고려하고 초등학교로 옮겨가는 이행기적 특성을 고려한 교육과정으로 해결할 수 있다. 특히 현재 유치원교사들을 포함한 만 5~6세의 교육을 담당하는 교사 군을 별도로 두는 것도 고려할 수 있다.

물론 입학연령을 만 5세로 낮출 때 발생할 수 있는 혼란, 즉 만 6세와 만 5세가 동시에 1학년이 되는 문제와 중학교 과정의 연장으로 인한 과밀화 문제와 대학입학이나 직업세계 진출 시 발생하는 과도한 경쟁 문제, 즉 학제개편 전년도 입학생과 개편 시기 입학생이 동시에 배출되어 일시적으로 두 배의 경쟁이 발생하는 문제를 해결하기는 쉽지 않다. 이미 여러 차례의 학제 논의에 가장 큰 걸림돌로 작용한 문제이니만큼 이에 대한 대안을 제시하지 못하면 설득력이 떨어질 것이다.

먼저 학제개편이 시작되는 시기에 만 5세와 만 6세가 동시에 초등학교에 입학함으로 인해 발생하는 혼란은 학제개편 시작 시기에 만 5세를 6개월 늦춰서 9월에 입학하는 방법으로 처리하면 큰 혼란 없이 해결할 수 있을 것으로 보인다. 학제개편과 9월 학기 시행이라는 두 마리 토끼를 동시에 잡으면서 유아기 특성에 대한 유아교육계의 우려까지 반감시키는 등 학제개편에 따른 혼란을 크게 줄일 수 있는 방안이다.

문제는 중학교인데 중학교는 2개 학년이 늘어나게 되므로 과밀현상이 초래될 수도 있다. 그러나 초중학교 학생 수가 크게 감소하고 있는 것을 감안하면 오히려 장기적으로 고등학교의 인프라를 늘리지 않고 진로탐색 과정의 학점제를 제대로 시행할 수 있고, 일부 초등학교를 중학교로 전환하여 인구 감소에 따라 초등학교와 중학교에서 남아돌 것으로 예상되었던 인프라를 제대로 활용할 수 있게 된다.

문제는 대학입시와 직업세계 진출 시기에 6개월 차이로 2개 연령이 배출되므로 이를 수용하기 위한 방안을 마련해야 하는 것이다. 그러나 이 점도 학제개편의 방향이 대학만이 아니라 다양한 진로를 선택할 수 있도록 진로탐색학교를 통해서 경로를 다양화하면 어느 정도 해소할 것이라 기대된다. 진로탐색학교에서 직업세계로 진출한 후 대학 진학이 쉽도록 경로를 다양화하면 현장의 실무를 경험한 후 필요에 의해 고등교육에 진입하는 학생들이 많아질 것이다. 이것은 평생학습시대에 매우 바람직한 방향이다. 따라서 이런 문화를 확대하고 정착하기 위한 제도적 지원이 필요하다. 여기에서는 구체적인 방안에서 몇 가지 보완이 필요해 보인다.

중학교 과정을 마치고 대학 진학을 위한 과정으로 현재의 일반 고등학교에 진학하는 것은 논란의 여지가 없으나 직업세계로 진출하는 경우 직업현장에서 실무를 쌓은 후 국가자격증을 취득하면 취업 후 진학제도를 이용해서 쉽게 대학 진학이 가능하도록 하는 방안을 마련해 선취업 후진학 문화를 확산할 수 있을 것이다.

학제개편이 미래사회의 변화에 조응하기 위해서는 제대로 된 인성과 시민의식을 기르는 과정으로서 보통교육 자체에 충실할 수 있는 방안을 제시해야 한다. 지금까지 대부분의 교육개혁안이 대학입시를 어떻게 할 것인가에 주안점을 두어 왔다면 새로운 학제개편안은 대학입시의 문제를 의식적으로 외면할 뿐만 아니라 아예 분리해서 사고할 필요가 있다.

교육계뿐만 아니라 우리 사회 대다수가 동의하듯이 우리나라 교육은 대학입시에 볼모가 되어 있다. 이로 인해서 고등학교가 우리 교육의 병목지점이 되고 있다는 점을 제대로 바라보아야 한다. 따라서 고등학교 교육을 대학입시와 분리하고 새로운 체제로 전환하는 아이디어를 학제개편안의 기반으로 해야 할 것이다.

그리고 초등학교 과정에서는 연령과 학년의 구분 없이 학생들의 관심에 따라 수업을 진행하는 획기적인 학교 운영도 상상해볼 필요가 있다. 이미 외국에서는 이런 실험들이 진행되고 있고 상당한 교육적 효과를 증명하고 있다.

'문제에 집중할수록 문제는 해결되지 않는다'는 격언처럼 문제에서 한 발짝 물러서거나 문제 자체를 무시하는 전략으로 접근해볼 필요가 있다. 지금까지 해오던 방법으로 더 열심히 한다고 해서 문제가 해결될 것이라고 믿는 것은 어리석은 일이다. 과거의 인식에서 가능성을 판단하려는 태도를 벗어나서 새로운 상상력으로 새롭게 접근할 때 혁신이 가능해질 것이다.

흐름에서 조금 벗어나긴 했지만 학제개편과 유치원교육에 대해 더 다룰 이야기가 있다. 학제개편에서 만 5세 과정을 초등학교로 편입하면 공립 유치원이 대규모로 확대되는 효과를 얻게 된다. 대선과정에서도 논란이 되었지만 우리나라의 국공립 유치원 취원율은 매우 낮다. 그래서 학부모들은 국공립 유치원 중에서도 단설유치원을 간절히 요구한다. 그러나 단설유치원을 짓는 것은 간단한 문제가 아니다. 대형 단설유치원의 교육적 폐해는 이미 유아교육계에서도 인정하는 바다. 더구나 학생의 수가 줄어들고 있어서 당장 초등학교의 시설이 남아돌아가는 것이 현실화되고 있다. 이런 형편인데도 대형 단설을 자꾸 지어야 할까?

단설이 시설도 세련되고 좋은 것은 누구나 안다. 그러나 단설 하나 지을 돈으로 똑같은 규모의 병설유치원 다섯 개 이상을 지을 수 있다. 많은 아이들이 국공립유치원에 다녀야 하는 것이 국공립유치원 확대를 요구한 원래의 취지 아닐까? 단설에 당첨되는 아이들은 행복하겠지만 교사 1~2명이 운영하는 병설유치원에서 열악한 교육을 받는 아이들과 그나마도 추첨에 떨어진 더 많은 아이들은 누가 책임질 것인가? 그것보다는 초등학교 유휴공간을 리모델링해서 병설형 단설로 전환하는 것이 더 현실적인 방안이다.

만 5세를 초등학교에 편입하면 이런 문제가 단숨에 해결될 수 있다. 최소한 만 3~5세의 30% 이상은 당연히 공립학교에 취학이 될 것이고 현재 유지되고 있던 단설과 병설유치원의 취원율을 고려하면 50% 정도의 국공립유치원의 취원율도 가능해질 것이다. 이렇게 되면 수많은 사립유치원과 어린이집을 어떻게 할지 걱정해야 할지도 모르겠다.

그리고 1교실 2교사 제도는 유치원부터 시행하는 것이 옳다. 유치원 아이들은 눈을 떼지 않고 지켜보지 않으면 언제 사고가 발생할지 모른다. 그래서 교사들은 화장실도 가지 못하고 교실을 지켜야 하는 고충에 시달리고 있다. 이런 열악한 교육환경을 파악하고 있다면 당연히 1교실 2교사 제도는 유치원 때부터 시행하겠다고 했어야 했다.

15.
교사와 학교가 변한다. 이래야 학교지!

이제는 퇴임하신 모 교장 선생님 이야기다. 나는 이 분을 개인적으로는 좋아하지 않는다. 이 분은 학교에서 교실을 순회하면서 막대기로 벽을 딱딱 치고 다니는 것으로 유명하다. 아이들과 교사들에게 자신이 복도를 돌고 있음을 알리는 행위다. 아이들은 잠에서 깨어나고 선생님들은 제대로 수업을 하라는 메시지인 것이다. 교사들에게 수업이나 아이들 지도에 대해 많은 것을 요구하고 그것이 잘 안 되면 교사를 혼내고 심지어 다른 학교로 쫓아 보내기도 했다고 한다.

여기까지만 듣고 보면 어떤 생각이 드는가? 뭐 이런 교장이 있나 싶을 수도 있다. 그런데 이 교장 선생님이 정년으로 학교를 떠날 때 아이들이 눈물을 흘렸다고 한다. 이유가 뭘까? 이유는 단순했다. 이 분이 아이들을 살갑게 대하거나 애정을 잘 표현하는 성격도 아니고, 교장실에 맛있는 간식을 챙겨두어서 아이들에게 호감을 산 것도 아니다. 이 교장 선생님은 교육과정 전문가로서 자부심을 가지고 살아왔고, 수업이나 교육과정 운영에 남다른 애정과 애착이 있었다. 문제가 되는 아이들은 직접 교장실에 데려다가 본인이 상담하고 교사와 이야기를 나누었다고 한다. 이런 진정성이 아이들에게 전달된 것일까?

또 자신의 학교에서 하는 특별한 활동이나 아이들의 동아리에 대한 내용들을 일일이 손 편지로 써서 여러 대학에 보냈다고 한다. 아이들의 생활기록부를 일일이 다 읽고 선생님들에게 제대로 적도록 독려했다고 하니 그 열정에 혀를 내두르게 된다. 그래서 교사들도 힘들기는 하지만 교장 선생님이 더 대단하다고 평가했다고 한다. 그 학교에서 근무하던 교사가 자신의 아이를 그 학교에 보내기 위해서 자신이 다른 학교로 전보를 신청했을 정도니 무슨 설명이 더 필요할까. 학부모로서 자기 아이를 보내고 싶어 할 정도로 믿을 수 있는 학교, 이런 것이 우리가 꿈꾸는 학교여야 할 것이다.

교장, 교감 선생님의 역할은 무엇일까?

가만히 있어주는 것이 좋은 관리자라고 하는 사람도 있고, 어떤 사람들은 교장, 교감 선생님이 수업을 해보면 선생님들의 어려움을 잘 이해하게 될 것이라고도 한다. 물론 교장이나 교감 선생님이 수업을 하면 아이들에 대해서 이해하고 교사의 어려움을 알 수 있는 기회가 될 수는 있을 것이다. 그러나 교장, 교감 선생님이 해야 할 더 중요한 일은 학교의 수업과 교육과정이 제대로 운영되고 있는지를 살피고 질적인 발전을 가져오도록 하는 것이다.

요즘은 교장, 교감 선생님이 수업을 참관하는 것조차 감시라며 교사들의 비난을 받는다. 감시라는 말이 그리 설득력 있게 다가오지는 않는다. 교장, 교감이 수업을 돌아보는 것은 필요하다. 수업에 과도하게 간섭

하고 교사들을 통제하는 것은 잘못이지만 어떻게 수업이 이루어지고 있는지 알고 있어야 관리자가 아닐까? 많은 학교에서 시험을 앞두고 1~2주 자습을 하는 선생님들이 있다고 한다. 기말고사 시험이 끝나면 또 1~2주 수업이 제대로 이루어지지 않는다. 교육과정 취약기라는 말이 나올 정도다. 관행이라는 말로 그냥 눙치고 넘어가는 시간들이다. 분명히 문제가 있다. 교사들에게 토론 수업이나 프로젝트 수업을 하라고 하면 진도 나가기도 힘들다고 핑계를 댄다. 그럼 이 버려지는 시간들은 무엇인가?

교장, 교감 선생님이 이런 분위기를 바로잡는 역할을 해야 한다. 어려운 아이들의 상담을 맡아주고 수업이 제대로 이루어지는지 늘 관심을 가지며, 교사들과 협의하고 격려하는 역할을 해주는 것이 관리자가 해야 할 최우선 과제다.

교사의 태도에는 단위학교의 문화, 지역의 문화가 적지 않은 영향을 미친다. 어떤 학교나 지역의 문화가 과거의 관행을 고집하고 수업의 변화에 수동적이라면 그런 학교와 지역을 바꾸기 위한 집중적인 작업이 필요하다. "나 좀 그냥 내버려둬." 하는 교사들을 설득하고 바꾸어 내야 한다. 학교에서는 아이들의 삶과 성장이 교육의 중심이 되고 교육과정의 핵심이 아이들의 배움에 있어야 한다. 이것은 교사가 아니면 누구도 할 수 없는 일이다. 교사의 자발성을 통해서 함께 배우고 스스로 깨우치는 과정을 통해서만 가능한 것이 배움이다. 그것을 지원하는 것은 교장, 교감 선생님의 몫이다.

핀란드의 성공 원인이 교사를 중시하는 분위기와 전문성을 높이기 위한 지속적인 투자였다는 점에 주목해야 한다. 핀란드에서는 지역사회의 교육지원에 대한 열린 마음과 헌신성이 뒷받침되고, 교사들은 지역의 공동교육과정을 함께 개발하고 자신들의 전문성과 자질을 향상시키기 위한 공동의 노력에 적극적으로 참여한다. 학교를 넘어선 전문적 학습공동체의 바람직한 모습이다.

요즘 우리나라에서 벌어지고 있는 학교 내 전문적 학습공동체 운동과는 결이 다른 접근을 보게 된다. 전문성은 폭넓은 참여와 교류를 통해 더 발전하게 된다. 다양성과 수용성, 협력성이 기본이 되어야 하는 것이다. 학교 내에서 협력의 문화가 잘 이루어지지 않는다고 해서 학교를 넘어서 협력의 문화를 차단하고 학교 내부로 협력을 가두거나 그 안에서만의 공동체성을 강조하면 편협하고 단절된 문화를 만들어낼 가능성이 높다. 학교 내의 공동체성과 학교 밖의 협력은 서로 대립되는 개념이 아니라 상호보완 관계임을 이해해야 한다. 어떤 학교는 높은 성과를 내는 반면 다른 학교는 어려움을 겪을 수도 있다. 이럴 때는 다른 학교의 경험을 공유하고, 같이 고민을 이야기하고 듣는 과정이 가장 효과적인 해답을 찾는 방법일 수 있다.

지역의 공동 교육과정을 만들어가는 것은 집단지성의 모습이다. 각 학교에 재직하는 몇 명 안 되는 교과 선생님들이 고민해서 만드는 교과교육과정보다 더 많은 지역의 교사들이 모여서 만드는 교육과정이 우수하고 교사들의 노력과 시간도 덜 들어간다. 이것은 교사들을 여유 있게 만들어서 더 많은 시간을 자신의 수업에 대한 고민과 아이들에게 집중할 수 있는 기회를 제공하게 되는 것이다.

교사들도 열심히 한다. 그러나 방향에 문제가 있다.

'교육을 혁신하기 위해서 가장 중요한 것이 무엇일까?'라는 질문에 대다수의 교사들은 수업의 혁신이라고 대답한다. 어떤 책 제목에서인지 아니면 교육청의 슬로건에서 보았는지 기억이 잘 나지 않지만 "혁신학교, 수업혁신이 답이다"라고 쓰여진 글을 보고 한숨만 내쉬었던 적이 있다. 교육과정이 빠진 수업의 변화는 껍데기일 뿐이기 때문이다.

혁신학교 운동이나 혁신교육이 학교 현장, 특히 교실에 큰 변화를 가져온 것은 사실이다. 그러나 이것이 진정한 배움으로 이어지고 있는지, 즉 우리 아이들이 우리가 기대하는 만큼의 성장을 하고 있는지에 대해서는 의문이다. 우리가 기대하는 만큼이란 '그 아이들이 가진 가능성과 재능을 제대로 살리고 있는지?'라는 말과 같다.

많은 학교에서 그리고 학교 밖에서 아이들은 빠르게 혹은 느리게, 협동해서 혹은 혼자서 학습한다. 기존의 모습과는 분명히 많이 달라져 있다. 강의 중심의 수업에서 아이들의 참여와 협력을 강조하는 수업이 늘어나고 있다. 토론과 활동이 수업에 더 많이 도입되고 있는 것도 명백하게 달라진 교실의 모습을 만드는 기폭제가 되었다.

그러나 학습의 내용이 세상에 일어나는 일의 본질이나 우리 삶의 중요한 것들과 연결되지 못하는 한계 또한 분명하게 드러나고 있다. 그저 학생들이 기존과 동일한 전통적인 학습 내용을 색다른 방법으로 접근할 뿐이다. 이것은 교육과정 재구성이 교사들에게 교과서나 교사용 지도서의 재구성으로 받아들여지고 있는 것과도 무관하지 않다. 교육과정에서 벗어날 수는 없지만 교과서의 굴레로부터는 분명히 벗어날 필요가 있다. 무조건 교과서를 배제하라는 이야기가 아니다. 교과서의 내용도 다루어야 하지만 그것을 모두 다 다룰 필요도 없으며 학생들에게 배움의 본질에 더 가까이 접근하고 더 높은 도전으로 나아가게 할 수 있는 다른 더 좋은 텍스트가 있으면 그것을 찾고 활용해야 한다. 교과서에 나오는 시를 모두 다 해석해보아야 시를 제대로 배우는 것일까? 하나의 시에서 제대로 감동을 받는다면 그것으로 충분할 수도 있다.

수업방법의 변화로 학생들의 본질적인 변화를 이끌어내기 어렵다는 것은 여러 가지 증거로 나타난다. 학생들이 토론과 교내외의 활동을 많이 하면서 학교생활을 즐거워하고 밝아지긴 했지만 기본적인 학습 능력은 나아지지 않고 있다. 자유학기제에 대한 긍정적인 평가는 교사들이 수업에 대해서 다시 생각하게 되었다는 것이지만 그것이 학생들의 삶의 문제와 더 높은 수준의 도전이나 탐구로 이어지고 있다는 증거는 여전히 부족하다. 그 이유는 개인 맞춤형학습이라는 목표하에 수업방법의 변화는 진행되고 있지만 그것이 대량 맞춤화로 변질되었기 때문이다. 학습의 내용 변화 없는 수업방법만의 변화가 가져오는 공허한 결과는 교사들을 지치게 하거나 아니면 자신의 직관적 판단에 의존한 자기만족으로 빠져들게 해서 일관성 있고 지속적인 개혁을 어렵게 한다.

학생 맞춤형 교육은 단순히 학생들의 학습 진도를 관리하고 학습량을 조절하는 것이 아니라 배움을 더 심오하게 하고 도전을 자극하는 방향이 되어야 한다. 그리고 각자의 관심과 재능이 다른 아이들의 가능성을 발견하고 끌어내는 역할을 할 수 있게 되기를, 우리는 교사에게 바란다. 데이비드 하그리브스가 지적하는 개인화의 의미가 대량 생산에서 대량 맞춤으로의 변화와 종종 동일시되는 오류를 범하지 않기를 기대한다.

16

학생이 변한다. 질문으로 배우게 하라

소크라테스는 메논의 노예인 소년에게 "왜? 어떻게?"라는 반복적인 질문을 통해 논리적 사고를 가르쳤다. 기하학에 대해서 아무것도 모르는 어린 노예에게 해답을 주지 않고 질문만으로 기하학을 가르치는 것이 가능했다. 플라톤의 대화편 메논에 나오는 다른 이야기에서 소크라테스는 짧은 시간 만에 날카로운 질문으로 돈과 영향력은 그 자체로는 미덕의 필요충분조건이 아니라는 사실을 메논에게 논증했다. 부유한 사람은 존경받을 수 있지만 그 존경은 어디까지나 그들이 부를 축적한 방식에 달려 있다. 마찬가지로 가난한 사람의 궁핍을 그들의 악행의 증거로 생각할 이유는 전혀 없다는 내용이다.

이것이 우리가 알고 있는 소크라틱 교수법이다. 소크라테스의 방식은 진리란 오랜 세월을 걸쳐서 많은 사람들에 의해서 받아들여진 것, 또는 학문적으로 뛰어난 전문가나 중요한 사람들에 의해서 이야기된 것이 아니라 '이성적으로 결코 모순되지 않는 것'이라고 말한다. 어떤 주장이나 상식도 오류가 증명될 수 없어야 진리가 될 수 있다. 그러므로 모든 것에 대해 의문을 품는 자세가 진리에 접근하는 당연한 태도임을 이야기하고 있다.

현재도 탁월함을 인정받고 있는 이 교수법의 핵심은 '끊임없는 질문'이다. 끊임없이 질문을 하면서 자신의 인식의 오류를 깨닫게 하고 합리적인 사고로 이끌어나가는 것이다. 이 과정에서 질문이 있어야 배움이 일어난다는 것을 아주 단순하고도 명징하게 증명해 보인다.

이것은 서양의 교훈만이 아니다. 《논어》의 〈학이〉 편에 '학즉불고(學則不固)'라는 말이 나온다. 과거 공중파 드라마에도 등장한 유명한 경구다. 이 말은 학문에 의하여 지식과 식견을 넓혀 항상 너그럽고 유연한 정신 상태를 지니도록 노력하라는 교훈을 담고 있다. 제대로 공부하지 않는 사람은 자신이 무엇을 모르는지 모른 채 자신이 아는 것이 전부인줄 알고 자신의 좁은 생각에 갇혀 완고한 사람이 되기 쉽다. 예나 지금이나 이런 진리는 변함없이 통한다. 그래서 학문을 한다는 것은 제대로 배우는 것이고 제대로 배우면 자신이 얼마나 모르는지를 알게 된다. 자신이 얼마나 모르는지를 알게 되면 생각이 넓어지고 유연한 머리로 진리를 탐구하게 된다.

생각이 넓어지고 머리가 유연해지면 자신의 생각에 갇히지 않으므로 자신이 모르는 것뿐만 아니라 자신이 안다고 생각하는 것에 대해서도 의문을 갖게 된다. 그것이 비판적 사고의 출발이며, 이 비판적 사고는 세상의 모든 지적 권위에 도전하는 태도를 만든다. 지적 권위에 도전하고 우리가 당연하다고 생각하는 것에 회의할 때 새로운 상상력이 생겨난다. 수천 년 전 동양과 서양에서 공히 인정하고 있는 제대로 된 배움으로 나아가는 길, 그것은 바로 스스로 질문하는 자가 답을 얻는다는 깨달음이다.

그런데 우리의 교실에는 질문이 없다. 아이들도 질문하지 않고 선생님도 질문하지 않는다. 선생님이 질문하기는 하지만 그것은 사고를 자극해서 배움으로 이끄는 올바른 질문이 아니다. 자신이 채워준 지식을 기억하는지 확인하는 절차일 뿐이다.

심지어 질문을 하는 아이를 문제아 취급하기도 한다. 어떤 학부모가 자기는 한국을 떠나는 것을 목표로 살고 있다고 하면서 자녀의 이야기를 들려주었다. 자기 아이는 호기심이 많고 그것을 참지 못하는 성격인데 수업시간에 질문을 하면 선생님이 쓸데없는 질문을 한다고 짜증을 내고 매번 전화해서 아이가 문제가 있다는 식으로 이야기한다는 것이다. 그러다 보니 친구들도 몰려와서 수업 끝나고 교무실에 가서 따로 질문하라고 아이를 몰아붙인다고 한다.

교실에서의 질문 없음은 사회에서도 그대로 이어진다. 그것이 생각 없음의 결과이든 의도된 침묵의 결과이든 강요된 질서를 의심하지도 그 질서를 강요하는 배후에 대해서 도전하지도 않는다.

우리가 질문하지 않는 이유는 마음속에 의문이 일어나지 않기 때문이다. 물론 의문이 생기더라도 그것으로 인해 이상하게 취급받거나 사회 구성원 모두에 대한 도전으로 보일지 모른다는 두려움에 스스로 의문을 눌러버리는 탓도 있다. 그러나 의문이 생기지 않는 것도, 의문이 생기더라도 쉽게 무시해버리는 것도 사회적 권위에 대한 굴복 때문이다.

관습이라고 불리는 그것들은 오랫동안 많은 사람들에 의해서 지켜져 내려왔다는 이유만으로 우리 마음속에 일어나는 의문을 꺾어버리는 강력한 힘이 있다. 그것들이 유지되어야 할 정말 타당한 근거가 있는지 그 근거가 무엇인지 확실히 알지도 못하면서 우리의 인식은 사회적 관습이라는 것이, 그리고 전문가의 의견이니 당연히 그만한 근거를 가지고 있음에 틀림없다고 치부해버린다. 이런 것들의 대부분이 상식이라는 이름으로 성역처럼 되면서 상식은 의문의 대상에서 배제된다. 상식은 너무 당연한 것으로 규정되기 때문에 상식에 대한 판단 자체가 너무나 민감하거나 검증이 불가능한 것으로 취급되기 때문이다.

그런데 너무도 명백한 것이라거나 '당연한' 것으로 선언된 것들 중에서 실제로 당연한 것은 거의 없다. 기존의 확고한 견해들도 완벽한 추론 과정을 통해서 태어난 것이 아니라 그 시대의 지적 한계를 반영한 불완전한 사고의 결과이기 때문이다. 우리는 사회가 어떤 신념을 정착시키는 과정에 저질러온 수많은 중대한 실수와 오류를 확인했음에도 불구하고 그것을 쉽게 인정하지 못한다. 그것을 인정하는 순간 내가 믿고 있는 그리고 내가 현재 누리고 있는 많은 것들이 위태로워질 수도 있다는 두려움 때문일 수도 있다. 민주적이고 소수의 차별에 대해서 비판의 목소리를 내는 남성 중에서도 여성에 대해 심각할 정도의 혐오감을 드러내 깜짝 놀라게 하는 경우가 바로 이런 예일 것이다.

우리는 인간이 불완전한 존재임을 인정해야 한다. 나 아닌 다른 사람들도, 심지어 높은 학식을 가진 전문가나 중요한 지위에 있는 사람들도 틀릴 수 있다. 우리가 아는 것은 우리 인식의 한계까지일 뿐이다. 우리가 모르는 것들이 우리가 아는 것보다 비교할 수 없을 정도로 많다는 점을 인정할 때 틀린 것을 인지할 수 있는 유연한 사고가 생겨날 수 있다. 그런데 어떤 사회나 많은 사람들이 틀리는 이유는 의외로 단순하다. 자신들의 지식과 신념을 합리적으로 논증하지 않았기 때문이다. 그래서 의심하는 태도와 질문하는 용기가 진리에 다가가는 유일하고도 확실한 길이다.

일반적인 오해처럼 교사 중심주의에 대한 비판은 교사 중심의 강의식 교육에 있는 것이 아니다. 강의식 교육은 아주 오랫동안 유지되어온, 다른 말로 하면 검증된 교육방법이다. 이것을 무조건 잘못된 것이나 낡은 것으로 치부하는 것 또한 심각한 오류이다. 어떤 내용들은 강의식 수업을 통해서 가장 효율적으로 학습목표를 달성할 수 있다. 중요한 것은 방법이 아니라 내용이다. 어떤 내용을 학습 내용으로 하느냐에 따라서 그에 맞는 최적의 학습방법이 결정되어야 한다.

교사 중심주의의 가장 위험한 특징은 교사의 재량대로 학습내용과 방법을 선택하고 수업을 진행할 수 있는 자유를 너무 지나치게 확대해서 해석한다는 것이다. 학습내용과 방법을 선택하는 것은 교사의 온전한 권리이다. 그러나 이 권리가 보장받기 위해서는 그 내용과 방법이 학생들의 참된 배움을 전제로 해야 한다. 그러나 주제에 대한 완숙한 이해를 뽐내며 기나긴 강의로 수업시간을 채우는 것을 그 자유로 이해한다면 그 권리는 공격받고 반대에 직면하게 된다.

하그리브에 의해서 '제1의 길 시기'라고 일컬어지는 20세기 초의 교육현장에서나 21세기의 교실에서도 여전히 혁신을 표방한 어떤 교육 이론이 일단 가동되면 열성적인 소수의 교육자들을 중심으로 열정적인 기운으로 확산되었다. 지금과 놀랍게 닮아 있다. 특히 수업방법론의 경우 이런 경향이 매우 두드러지게 나타난다. 그러나 이런 수업방법이 정말 효과적이고 바람직한지에 대한 객관적인 평가나 판단이 이루어지는 경우는 드물다. 새로운 학습방법은 대부분 과거에 경험해보지 않은 것들이라 신선하게 받아들여진다. 이것은 교사들뿐만 아니라 학생들에게도 마찬가지이다. 그러다 보니 교사 개인의 능력이나 관심의 정도에 좌우되기 쉽고 일관성 있는 결과를 기대하기 어렵다. 보편성이 결여된 성과나 일반적인 적용이 어려운 수업방법이 지속적으로 확산되기 힘든 것은 당연한 귀결이다.

이런 교사 중심주의의 오류는 열성적이고 헌신적인 교사들일수록 쉽게 빠져들 수 있는 함정이다. 단순하고 촌스러운 방식으로 보이더라도 학생들의 배움을 일으킬 수 있는 수업이 제대로 된 교육이다.

아무리 새로운 수업방법을 동원하더라도 교사는 가르치는 주체가 되고 청취자라는 수동적인 학생을 전제로 하면 배움은 일어나지 않는다. 학생들은 지식이 실제적으로 의미하는 바를 알지 못하고 응시하고 기억하고 반복할 뿐이다. 이런 인식은 학생을 빈병으로 즉 교육자가 채워야 할 그릇으로 바꾸어 놓는다. 교사는 빈 그릇을 채우면 채울수록 더 훌륭한 교사가 되고 학생들은 온순하게 자신의 그릇을 채우면 채울수록 더 좋은 학생이 된다. 그 결과 학생들은 지식을 보관하는 기록보관소의 역할만 하게 된다. 창조성도 변화도 지식도 존재하지 않게 된다.

지식이란 발명되거나 재발견되어서 세상을 변화시키고 또 다시 세상과 소통하면서 함께 수행하는 연구를 통해서 얻어지게 되는 변화를 위한 힘이다. 기록 창고에 보관되기 위한 지식은 스스로 안다고 판단한 사람들이 무식하다고 판단되는 사람들에게 주는 기부이다. 그래서 교사는 항상 아는 사람이어야 하며 학생들은 항상 모르는 사람이 된다.

이러한 고정된 사고는 탐구와 연구의 과정, 즉 배움의 과정으로서의 지식과 교육을 부인하고 교사가 학생들의 무식을 절대화함으로써 자신의 존재 이유를 찾는다. 이것은 교사 스스로를 이율배반적으로 만든다. 교사가 교육을 하는 목표가 학생들을 유식한 존재로 만들기 위해서라면 학생들은 무식한 존재로 남아서는 안 된다. 교사가 학생들을 무식한 존재로 절대화하면 교사의 역할은 무의미해지기 때문이다. 이런 관계에서 교사의 질문은 자신조차 답을 알지 못하는 문제를 해결하기 위한 열린 질문이 되지 못하고 답이 정해진 확인을 위한 질문이 될 수밖에 없다. 이런 질문은 학생들에게 부담을 주고 틀릴 것을 걱정하게 만든다. 성격 급한 교사는 질문을 던지고는 기다리지 못하고 답을 알려줘버리고, 친절하게 기다려주는 교사도 자신이 정한 답이 나올 때까지 질문을 반복한다. 이른바 답정너 교사다.

자신에게 주어지는 지식을 보관하는 것에만 신경 쓰게 되면 학생들은 변화의 인자나 주체로서 세상에 뛰어들 수 있는 비판의식을 내부에서 기를 수 없게 된다. 비판적 사고로 세상을 이해하고 새로운 변화를 주도하는 사람은 의심하고 회의하는 태도로부터 키워진다. 이런 태도는 질문을 통해서 드러난다. 질문의 긍정적인 힘은 상상 이상으로 강력하게 학생들의 사고와 삶에 영향을 미친다.

다음은 질문의 7가지 힘을 필자가 나름대로 해석한 것이다. 질문은 배움을 일으키는 강력한 힘을 발휘한다. 질문으로 배울 수 있다는 확신을 가지자.

1. 질문을 하면 답이 나온다. 굳이 교사가 답을 주고 지식을 학생들의 머리에 담아주려고 노력하지 않아도 된다. 그래서 질문의 질이 중요하다. 답을 찾아갈 수 있도록 하는 열린 질문이 좋은 질문이다.
2. 질문은 생각을 자극한다. 지식을 머릿속에 집어넣어 줄 때 학생들은 수동적인 관전자가 된다. 그러나 질문을 하면 학생들은 적극적

인 참여자가 된다.

3. 질문을 하면 정보를 얻는다. 교사만 질문하는 것이 아니다. 질문을 통해서 우리가 필요로 하는 많은 정보를 얻을 수 있다. 물론 적절한 질문을 할 경우를 전제로 한 것이지만. 그래서 교사만 질문해서는 안 된다. 학생들이 질문하도록 만들어야 한다. 어떤 질문을 할 때 자신이 원하는 정보를 얻을 수 있는지를 실제 경험을 통해서 배우게 해야 한다. 그것은 교사의 질문이 모범이 될 것이다.

4. 질문을 하면 통제가 된다. 질문을 하면서 상황에 대한 통제가 이루어진다. 우리가 추구하는 것이 무엇인지 공유하게 되고 길에서 벗어나지 않도록 조절할 수 있게 된다. 교사도 학생이 너무 멀리 벗어나지 않도록 통제할 수 있다.

5. 질문은 마음을 연다. 자신의 의견을 전달하려 하거나 주장하는 태도는 거부감을 주기 쉽다. 그러나 질문은 상대방이 자신의 이야기를 하도록 하는 것이므로 좀 더 열린 마음이 되게 한다. 감정적 거부감이 개입하지 않으므로 좀 더 이성적이고 합리적인 사고로 이끌어갈 수 있다.

6. 질문은 귀를 기울이게 한다. 질문에 답을 하려면 질문의 요지를 파악해야 한다. 일방적인 의견이나 지식을 전달하는 경우 집중력이 흐트러지고 주의 깊게 받아들이지 않는 경우가 많지만 질문을 받으면 답을 하기 위해서 집중해서 경청하게 된다. 적어도 긴장하게 된다. 제대로 된 소통이 일어나는 것이다.

7. 질문에 답하면 스스로 설득이 된다. 우리 머릿속에 있는 생각은 말로 표현하거나 글로 쓰면서 정리되는 경우가 많다. 머릿속에 있을

때는 막연하던 것이 말하려고 하면 정리가 되어야 한다. 마찬가지다. 질문에 답을 하려면 생각을 정리해야 한다. 그러면서 불완전하던 생각이 정리되고 스스로 확고한 생각을 가지게 되는 것이다.

내면화된 지식, 즉 배움이 아닌 지식을 단순히 보관하고 있는 사람들은 사회가 그들에게 순응을 강요하면 할수록 세상을 변화시키는 대신 자신이 보관하고 있는 단편적인 현실의 표상에 순응하려고 한다. 이러한 기록보관으로서의 지식에 대한 시각은 학생들의 창의력을 말살하거나 비판의식 대신에 단순한 측면을 두둔하면서 자기생각을 억누르고 제한하기 때문에 기득권이나 체제에는 이익이 되는 역할을 한다.

기존의 체제와 기득권을 지키려는 의도를 가진 사람들은 주어진 사회구조와 계층구조에서 현상적인 변화를 용인할 뿐이다. 시민들의 탄생 즉, 억압의 구조와 사회적 모순을 드러내고 자신의 상황을 바꾸어내는 사람들을 길러내는 것이 그들이 바라는 바가 아니다. 그러나 이것은 기득권조차 지키지 못하는 미련한 짓이다. 새로운 상상력과 아이디어로 세상의 변화를 주도하지 못하면 그들이 가지고 있는 기득권도 결코 유지되지 못한다. 이제는 우리 모두의 생존과 지속가능함을 위해서 우리의 패러다임을 바꾸어야 한다.

끝없이 의심하고 회의하며 세상에 질문을 던지는 아이들로 가득 찬 살아있는 교실을 꿈꾸는 것은 우리 모두의 미래를 위한 책임이다.

배움의 길에서 교육의 미래를 찾다

*

정의에 대해서 어머니가 물었을 때 키루스 대왕은 그의 스승 이야기로 대답을 대신하였다. 그의 스승은 키루스가 정의에 대해서 다 배웠다고 생각하고 판결을 하나 맡겼다. 몸집이 큰 아이와 작은 아이가 있었는데 몸집이 큰 아이는 옷이 작아서 잘 맞지 않았고 몸집이 작은 아이는 옷이 컸다. 몸집이 큰 아이가 강제로 작은 아이에게서 옷을 빼앗아서 바꿔 입었더니 둘 다 옷이 딱 맞게 되었다. 이것을 정의라는 관점에서 어떻게 판결해야 할 것인가?

어린 키루스가 '둘 다 옷이 맞게 되었으니 무죄'라고 답하자 스승은 "너는 정의가 무엇인지 제대로 배우지 못했구나." 하고 매질을 하였다. 키루스 대왕은 무엇을 보지 못하였던 것일까? 그는 스승에게로부터 무엇을 배운 것일까? 이 글을 읽고 있는 독자 여러분의 판결은 무엇인가?

*

무라카미 하루키의 여행 에세이 《먼 북소리》에 그리스의 스펫체스 섬에 대한 이야기가 나온다. 무라카미는 이 섬에서 한동안 머문 이야기를 쓰고 있는데, 이

섬은 한때 해상무역의 중개지로 매우 융성하였다가 이제는 쇠락한 여름 한철 관광지로 전락했다. 좋은 목재가 많이 나고 지중해 무역의 중간계류지로 큰 조선소가 여럿 있었던 이 섬에 부가 모인 것은 당연한 일이었다.

한때 상선대를 구성해서 미국까지 왕래했을 정도로 전성기를 누렸던 이 섬이 그리스 독립의 결정적인 역할까지 하게 되는 아주 흥미진진한 이야기는 독자를 몰입하게 만든다. 그리스가 조선업이 강한 것은 지중해와 에게해를 잇는 바다를 접한 나라이고 오랜 기간 해상무역의 중개지 역할을 해왔기 때문이다. 이 섬도 그런 영향으로 조선업이 발달하고 큰 조선소가 여러 개 있을 정도로 번창한 도시였다. 목재선이 주를 이룰 때는 그러했다는 것이다. 오스만 트루크로부터 독립을 하는 과정에서 결정적인 역할을 하기도 했다. 그런 섬이 이제는 관광객 수입으로 생계를 유지하고, 그나마도 겨울철이 되면 쓸쓸하고 황량한 공간으로 변해버렸다.

오스만 투르크와의 독립전쟁에서 이 스펫체스 섬사람들이 결정적인 역할을 했었다. 오스만 투르크 함대가 스펫체스 앞바다에 떠 있는 배들을 보고는 그길로 줄행랑을 친 것이다. 스펫체스 섬사람들의 용맹에 두려움을 가지고 있던 터키 군은 스펫체스의 배를 보자마자 전의를 상실했다. 이것이 결정적인 요인으로 그리스는 독립을 얻게 되었다고 한다. 스펫체스 섬의 쇠락은 이 전쟁에 모든 것을 집중한 것이 원인으로 알려졌지만, 사실은 증기선이 나오면서 더 먼 거리를 운항할 수 있는 배들이 건조되고 이제 스펫체스 섬을 거치지 않고도 지중해에서 에게해를 건너 서아시아로 갈 수 있게 된 것이 진짜 이유다. 이렇게 기술의 변화와 시대의 변화는 전혀 예상하지 못한 곳에서 결정적인 결과를 가져온다.

교육내용 _ 이런 내용을 배우는 것이 역사이고 그것을 통해서 시대의 변화를 읽는 눈의 중요성을, 전혀 관계없을 것처럼 보이는 것들을 연결하는 사고의 중요성을 배울 수 있다. 이렇게 배우는 역사는 읽기를 배우고 사회를 배우고 경제를 배우게 한다. 배움이란 이런 것이어야 한다. 스펫체스 섬의 역사를 통해서 사회의 작동원리와 삶의 지혜를 배울 수 있어야 올바른 배움이다. 이성의 힘으로 심연을 꿰뚫는 혜안을 갖추도록 자극하는 이런 올바른 배움을 가능하게 할 때 교육개혁은 제대로 방향을 잡은 것이다.

교육방향 _ 올바른 교육개혁을 위해서는 먼저 교육적 비전이 있어야 한다. 교육적 비전의 핵심은 무엇을 성취하려는지 정의하는 것이다. 그것은 교육과정의 품질, 즉 무엇을 가르칠 것인가에 대한 명확한 방향을 제시해야 한다. 구체적으로 학생들이 다양한 과목에서 무엇을 배워야 하는지 명시하고 학생들이 배울 필요가 있는 필수 지식과 기술을 지정해서 교육과정을 새롭게 정립하는 과정이 핵심이다.

단순한 지식이나 내용의 암기가 아니라 자유와 권력 간의 충돌, 사회의 권리와 개인의 권리 간의 충돌, 인간 존재의 풀리지 않는 딜레마 등 시대를 초월한 문제에 관해 생각하고 토론하도록 자극하는 것이어야 한다. 수학처럼 기본 연산을 필수적으로 가르쳐야 하는 과목도 있지만, 위대한 역사 이야기로 흥미와 관심을 불러일으키되 단순히 재미있는 이야기가 아니라 의문을 심어주고 논쟁을 불러일으켜 깊은 탐구로 이끌 수 있도록 구성해야 한다. 예술은 교양과 취미의 수준을 넘어 학생들이 자기절제와 집중력, 열정, 창작활동의 순수한 기쁨을 경험함으로써 창의적인 사고를 키우는 데 중요한 역할을 하도록 해야 한다. 다시 말하면 불필요한 배움이란 없다.

교육평가 _ 이렇게 교육의 방향이 확립되면 올바른 배움으로 출발하기 위한 준비는 갖추어진 셈이다. 그러나 교육방향의 확립만으로 제대로 된 배움이 가능해지는 것은 아니다. 이미 오랜 경험으로 드러났듯이 학습자들은 교육방향이나 수업방법과 무관하게 평가에 의해서 학습태도를 결정한다. 따라서 교육방향이 확립되면 그 내용을 반영하고 강화하는 방향으로 평가제도가 개선되어야 한다.

그렇다고 해서 기존의 평가방법을 전면 부정해야 한다는 말은 아니다. 답안 선택형 평가는 특정 순간에 빠르게 학생들의 학업성취를 파악할 수 있다는 장점이 있으므로 필요한 경우에 활용하는 것조차도 무조건 경원시해서는 안 된다. 그러나 이런 평가는 배움의 폭과 깊이를 파악하기에 충분하지 않다는 점 역시 분명하다. 따라서 과목의 특성과 교육내용에 적합한 학습목표 달성여부를 평가하기에 가장 적합한 방법을 사용해야 한다. 예를 들어 역사 과목은 사례조사나 연구 보고서, 문학과 예술은 작품 창작, 과학은 연구 프로젝트, 수학은 논리적 사고 과정과 문제해결 능력, 외국어는 언어 구사력을 평가하는 것이 적절하다.

평가는 교육의 질을 높이고 교육활동을 지원하기 위한 자료수집의 목적으로 활용되어야지 학생을 변별하고 학교와 교사를 망신주고 책임을 묻기 위해 사용되어서는 안 된다. 많은 사례가 가리키고 있듯이 잘못된 평가는 교육을 왜곡시키고 학생의 성장을 방해하는 주된 원인이 되어왔다는 점을 제대로 인식할 필요가 있다.

학교와 교사 _ 교육개혁을 추진하는 주체는 학교와 교사다. 교사가 배움의 기쁨을 이해하고 가르치는 것에 대한 자부심과 전문성을 갖출 때 학생들에게 배움의 행복을 전해줄 수 있다. 교사가 아이들을 배움으로 제대로 이끌고, 학급은 어떻게 관리해야 하는지, 아이들과 마주치는 문제를 어떻게 해결할 것인지에 대한 전문성을 기르기 위한 지원이 필요하다. 더불어 교사의 자긍심과 사명감을 높이기 위해서는 교원에 대한 사회적 지위 향상이 병행되어야 한다.

가정 _ 더불어 가정과 사회적 배경이 아이들의 학습에 미치는 영향을 무시할 수 없다. 3세 이전에 사회적으로 우위에 있는 가정 출신 아이들은 가난한 환경에서 자란 아이들에 비해 단어나 학습을 유도하는 환경에 훨씬 더 많이 노출된다(Betty Hart & Todd R. Risley)는 연구결과도 있다. 이것은 3세 이전의 조기교육이 필요함을 의미하기도 하지만 학부모를 위한 집중적인 성인교육이 필요하다는 반증이기도 하다. 학교교육 못지않게 가족이 학교공부를 수행할 수 있도록 돕는 가정교육이 중요하다. 오늘날 우리 교육은 학교에 너무 많은 것을 요구하고 있다. 이는 교육 수요자라는 개념이 도입되면서 발생한 폐해로 이로 인해서 교육에 대한 가정의 책임이 방기되면서 더욱 황폐화되었던 것이다. 이것은 우리의 교육문제에 가정의 책임이 작지 않음을 의미한다.

가족은 배움에 대한 기본적인 태도와 가치뿐 아니라 집단에 속해 학습할 때 필요한 자기 절제와 바람직한 행동방식을 가르칠 수 있다. 가족은 아이들과 상호작용해서 그들의 학습동기를 북돋워주고 학교과제를 감독하며, 담당 교사와 상담하고 공부할 수 있는 일상적인 환경 마련에 관심을 기울여야 한다. 학교 공부에 진지하게 임하고 선생님을 존경하며 학교에서 올바르게 행동하도록 도와야 한다. 그리기 위해서는 가정에서 학교교육의 방향을 이해하고 올바른 배움을 위해서 함께 협력할 수 있는 역량이 필요하다. 학부모 교육의 중요성이 강조되는 이유이다.

교육정책 _ 학교의 힘만으로는 올바른 배움을 위한 교육을 하기에는 여러 가지 측면에서 자원이 부족하다. 교육은 사회의 미래를 위한 공공의 자원을 형성하는 과정이므로 지역사회의 참여를 통한 자원과 역량을 적극적으로 활용하기 위한 정책이 수반되어야 한다.

그리하여 우리에게 다가올 교육개혁의 미래 _ 교육개혁은 단순히 대학입시 문제를 해결하고 사교육을 줄이겠다는 접근으로 성공하기 어렵다. 교사와 학교를 압박하면 오히려 부작용만 생길 수 있다. 어느 한쪽의 욕망을 무조건 억누르는 것은 반발과 갈등만 키울 것이다. 앞에서 언급한 여러 가지 요소를 고려한 본질적이고 종합적인 방안이 체계적으로 추진될 때에야 가능해질 일이다. 이를 위해서 사회적 합의를 도출하고 비전을 공유하며 함께 협력해나갈 때 더디지만 탄탄하게 지속가능한 교육개혁을 이룰 수 있을 것이다.

●

혁신학교는 이런 본연의 역할로 학교를 되돌려 놓고자 하는 것
이 책에서 한 말 중 이 말이 가장 가슴에 와 닿는다.
"학교가 본래 학교가 해야 할 일을 하도록 되돌려 놓는 일. 혁신학교는 이런 본연의 역할로 학교를 되돌려 놓고자 하는 것이다."

김정빈 | 교육학박사, 서울특별시교육청 교육연구정보원 책임연구원

잘 만들어진 우리 교육의 생각지도
가정교육과 부모 역할의 중요성을 제대로 다룬 점이 고맙다. 비관적이 되기 쉬운 우리 교육의 현실에서 희망을 회복할 수 있는 좋은 생각과 잘 짜여진 구상, 훌륭한 교육의 생각지도를 만났다.

박재원 | 아름다운배움 부설 행복한공부연구소 소장

진정한 교육, 배움에 대해 이야기
책 속에는 여러 학문의 영역을 넘나드는 재미있는 에피소드들이 주의를 환기시키며 우리 교육의 실체와 문제점을 이야기합니다. 저자는 구체적인 해결방안들도 제시하며 진정한 교육, 배움에 대해 이야기 합니다.

강수찬 | 사)한국숲밧줄놀이 연구회 대표